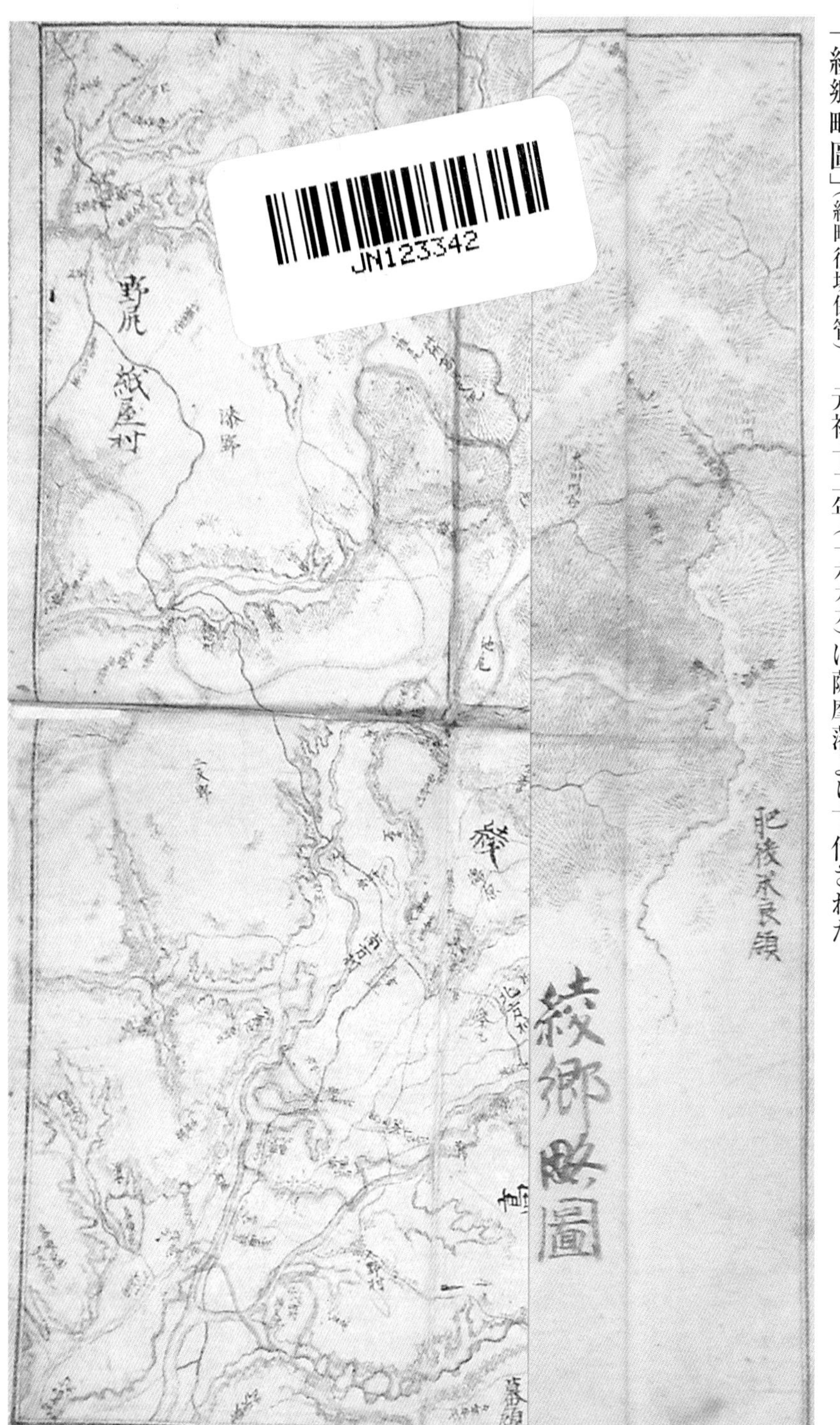

「綾郷略圖」（綾町役場保管）　元禄十二年（一六九九）に薩摩藩より下付された。

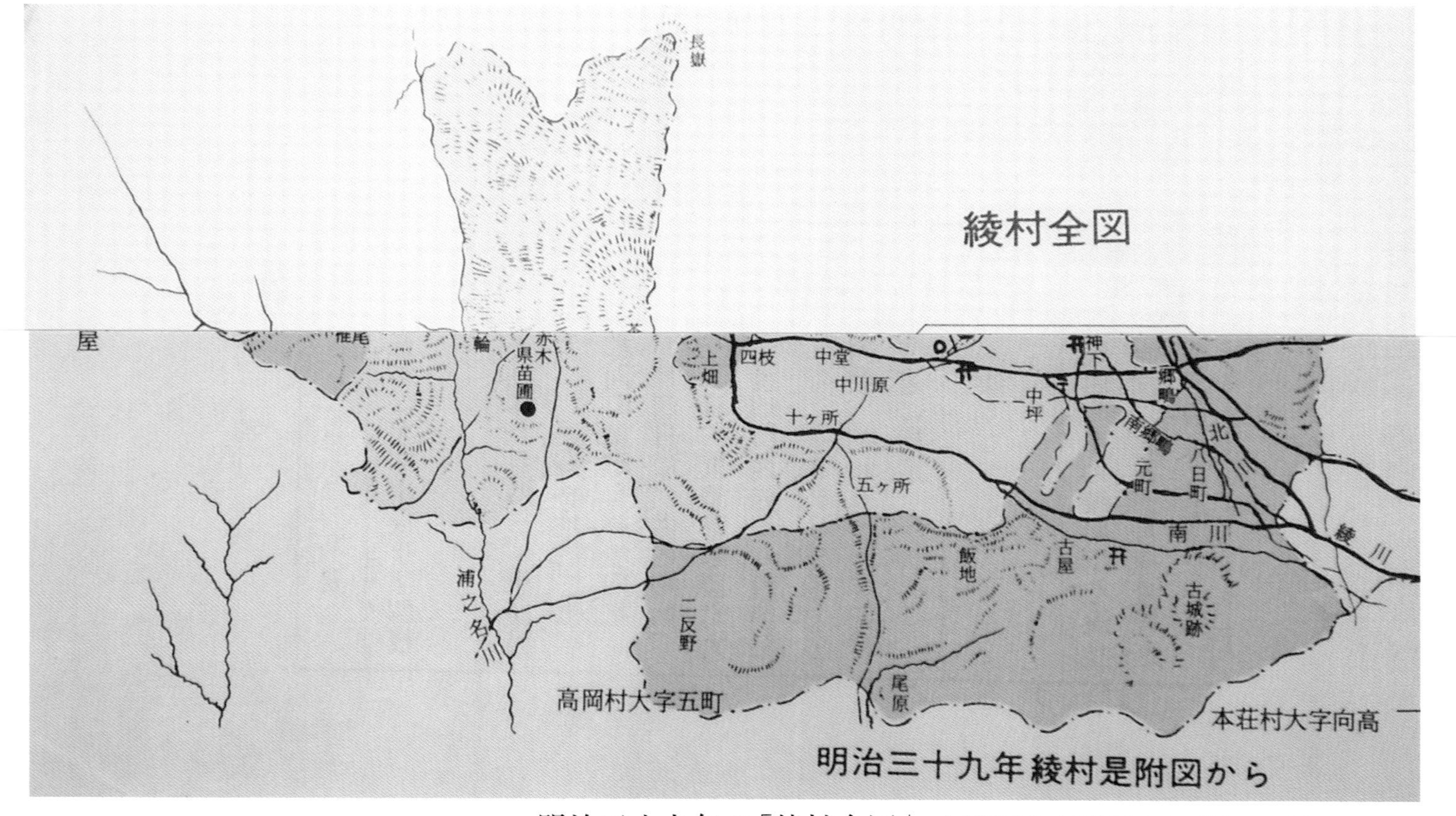

明治三十九年の「綾村全図」　同年綾村是附図から（『綾郷土誌』より転写）

まえがき

古来、地名は日常生活に使われてきたが、貴重な無形の言語文化財でもある。地名にはその土地の地形や地質、古語や方言、風習や人々の暮らし、災害や歴史的な事件などが刻み込まれていて、自然や言葉の痕跡、神話や伝説の源、さらには歴史の証言ともなっている。そのような地名に魅力を感じ、こよなく愛着を持っている。

地名との出会いは中学生の時であった。敗戦後の昭和二十二年三月大連港から引き揚げ、父の生誕地・延岡市北方町の**下崎**で中学生時代を生活した。町中心地の**川水流**でV字形に蛇行する五ヶ瀬川が五〇〇メートル余り下流で逆U字形に蛇行する。その逆U字形の内側に小集落の**下崎**がある。今も針金と縄の渡し船がある。**下崎**とはどういう意味なのかと思ったことを覚えている（太字は地名）。

綾町の地名との出会いは、偶然か運命の糸か、教員を定年退職し綾町の社会教育指導員として勤務した時であった。地名には以前から関心をもっていたが、「綾町小字名一覧」・「綾町小字図」などを入手したのがきっかけで、綾町地名の謎解きを思いたったのであった。

本書は、綾町地名の①収集、②記録、③由来・語意の解明、を目指したものである。

①綾町地名の収集について　「綾町土地台帳」には約三百の小字名がある（綾町小字名一覧）。そのほか、「元禄綾郷略図」、『綾郷土史』、『綾郷土誌』、『宮崎県史史料編』や他の文献資料に記載の地名、及び綾町の古老や住民からの聞き取り地名などの約四百、合計七百有余の地名を収集した。幸いに明治・昭和・平成の市町村の大規模合併の難を免れ、明治期の地租改正（十二年［一八七九］五～

七月）以来の綾郷の地名の大半が残っている。『綾郷土誌』に所載の綾南川・綾北川の川筋地名（第四章）は長年の伝承の貴重な地名である。

綾町の地名には次のような特徴がある。㋐自然の地形地名が多い（約七割）。㋑合併地名が少ない。㋒小区域の地名が多い。㋓川筋地名には仮名地名が多い。㋓訓音地名が多い。㋔漢音地名や訓音と漢音の混用地名（音訓の重箱読みの郷鴫・百田・大丸などや訓音の湯桶読みの中堂・沖代・杢道など）が少しある。

②綾町地名の記録について　地名が発生した当初はその由来・語意・発音が理解されていたであろうが、一旦地名化すると、人名と同様に由来や語意などとは無関係に無意識に使われるようになる。住所を訊ねたり封書の住所を書く時にその語意を考えることは稀なことである。

古来、記録される地名は少なく、住民が不在になると忘れられ、世代交替が進むと化石化し消滅する。また自然災害や人々の移転によって消滅する地名もある。しかし、音声や映像や文字として残せば地名は保存される。一旦記録されると遥か大昔からの地名も、例えば壱岐・対馬（三世紀後半の『魏志倭人伝』）のように、二十一世紀の今日もなお使われている地名がある。記録すれば悠久の生命が保証される可能性がある。ここに地名を記録し保存することの意義・重要性がある。

最近珍奇な地名が増えている。「さいたま市西区プラザ」（平成15年4月1日。プラザは広場・市場の意）は漢字・ひら仮名・カタ仮名混じりの地名である。東臼杵郡入郷の北郷村・南郷村・西郷村が合併（平成6年1月1日）した美郷町は、三郷町か美郷町が良かったと思う。

地方自治法第三条に「地方自治体の名称は従来の名称による」、住居表示法第五条に「地名はできるだけ従来の名称に配慮して定めなければならない」とある。古くからの地名やその故事来歴などをできるだけ多く記録に残し、大事にしなければならないと切に思う。

③綾町地名の由来・語意の解明について

収録した七百余のすべての地名について、その由来・語意の解明を試みたが、これはなかなか困難な手作業で、誠に無謀な挑戦であった。地名は使われなくなれば化石化し消滅する運命にある。年月が経つと自然の地形や地名の範囲なども変転し、文字の発音や表記も変化する。『角川日本地名大辞典』や平凡社の『日本歴史地名大系』でさえも、由来・語意に触れていない地名が少なくないのは、その解明が困難なためであろう。

綾町地名の場合も、史料・資料は少なく、確証のある地名はあまり多くはない。由来・語意の解明に当たっては、訓音に注意して仮説をたて、地名の謎解きを楽しんできた。地名辞典などで同名・類似の地名を参考にし、適切な実例を一つは本文に引用した。他の有力な諸説や参考資料は第七章に記載した。読者も想像をたくましくして謎解きを楽しんでいただければ幸いである。

地名は多様な性格を持ち、由来・語意が不確定で曖昧である。地名の魅力は謎に満ちていることにあると思う。最初の地名誌ともいうべき『風土記』には地名伝説が多く記載されているのもそのためであろう。地名は想像力を掻き立て、好奇心を刺激する。

謎解きは問いに始まる。地名が生まれたのはどのような自然の状況であったのか、どのような庶民の暮らしがあったのか、どのような災害や歴史的事件と関係があったのか、どのような祖先の智慧が込められているのかなど、想像をたくましくして地名の謎を楽しむことができる。

私見や実例の引用には牽強付会も多々あることと思う。忌憚なきご教示をお願いしたい。

本書をきっかけに地名に魅力を感じる人が一人でも多く増えるならば、望外の喜びであります。

柳田康博

綾町地名の謎解き 目次

（国土地理院「宮崎県東諸県郡 綾町管内図」（1万分の1図）を下敷きにしている）

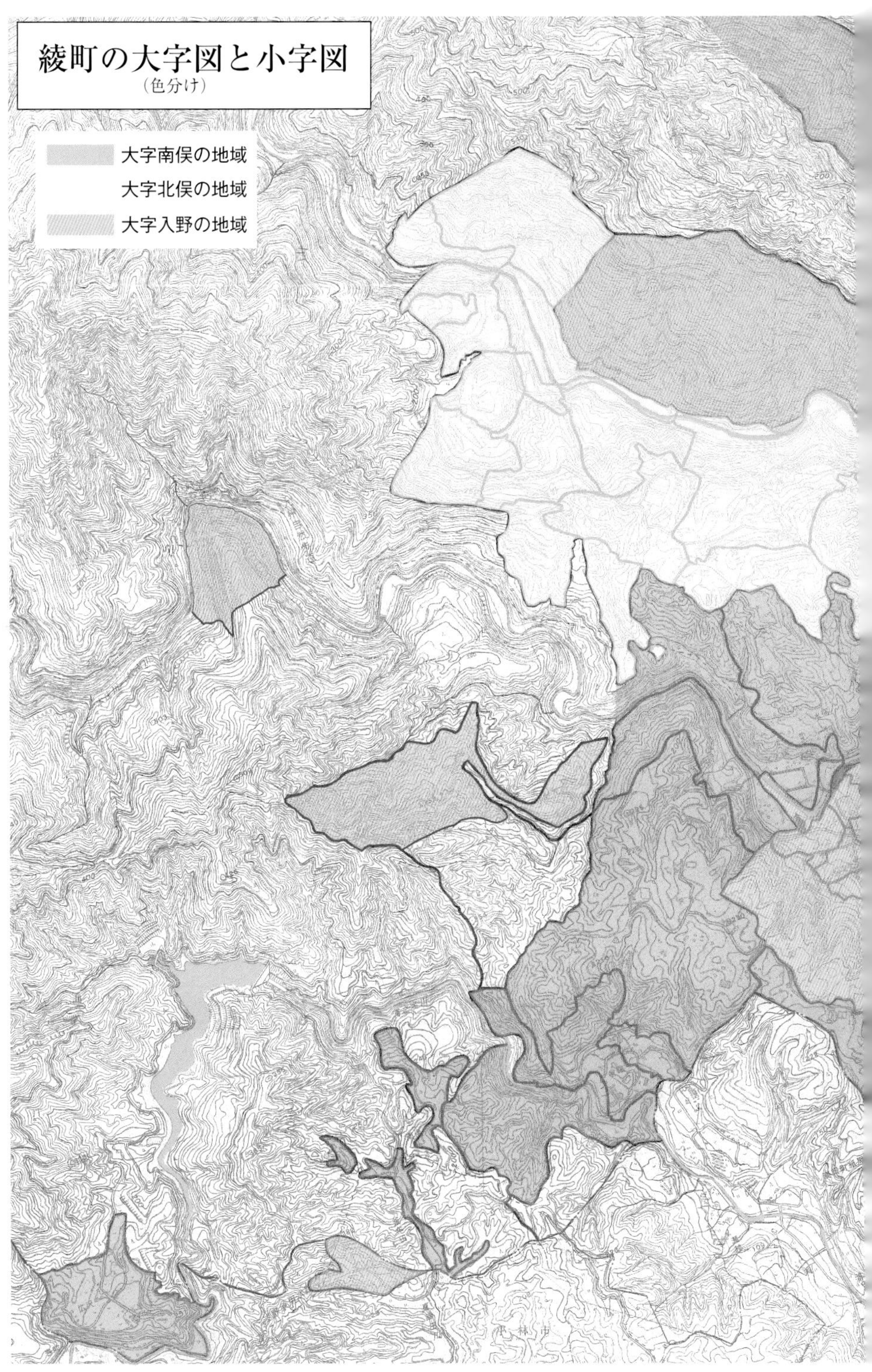
綾町の大字図と小字図
（色分け）
大字南俣の地域
大字北俣の地域
大字入野の地域
小林市

【綾町小字名一覧】

※上から三段に分けて、上段が小字名の番号、中段が小字名、下段がその読みを示す

【大字南俣の地域】

番号	小字名	読み
1	小坂元	こさかもと
2	元町	もとまち
3	森元	もりもと
4	郷鴫	ごうしき
5	永田	ながた
6	桑下	くわした
7	中坪	なかつぼ
8	仮屋園	かりやぞの
9	大坪	おおつぼ
10	宮下	みやした
11	提原	ひさげばる
12	中須	なかす
13	二反田	にたんだ
14	深田	ふかた
15	坂下	さかした
16	古町	ふるまち
17	下川原	しもがわら
18	十ヶ所	じゅっかしょ
19	元蔵	もとくら
20	畑田	はただ
21	馬場田	ばばだ
22	古川	ふるかわ
23	前川原	まえがわら
24	中川原	なかがわら
25	表川原	おもてがわら
26	龍官須	りゅうかんず
27	東田	ひがしだ
28	水流前	つるまえ
29	壱町田	いっちょうだ
30	柳田	やなぎた
31	岸ノ上	きしのうえ
32	豆新開	まめしんかい
33	辺保木	へぼのき
34	瀬脇	せわき
35	梅木田	うめきだ
36	四枝	よつえ
37	口ノ坪	くちのつぼ
38	尾園	おぞの
39	草萩	そうはぎ
40	中堂	なかどう
41	窪原	くぼばる
42	下中堂	しもなかどう
43	星原	ほしばる
44	内屋敷	うちやしき
45	古城	こじょう
46	大工園	だいくぞの
47	長山	ながやま
48	上原	うえはる
49	赤松	あかまつ
50	遠目塚	とうめづか
51	山ノ城	やまのしろ
52	向新開	むこうしんかい
53	松原	まつばら
54	大谷	おおたに
55	水窪	みくぼ
56	宇都	うと
57	宮田	みやた
58	石原田	いしはらだ
59	堀ノ内	ほりのうち
60	梟ヶ谷	ふくろうがたに
61	六反田	ろくたんだ
62	五ヶ所	ごかしょ
63	宮ノ谷	みやのたに
64	天付	あまつけ
65	本宮	もとみや
66	田平	たひら
67	沖代	おきだい
68	鳩峯	はとみね
69	子生	こやし

番号	小字名	読み
70	柿ヶ野	かりがの
71	百田	ひゃくだ
72	白砂	しらすな
73	萩ノ窪	はぎのくぼ
74	大平山	おびらやま
75	なはへぎ	なわへぎ
76	小平谷	こびらんだに
77	二反野	にたんの
78	梅ヶ野	うめがの
79	陣ノ尾	じんのお
80	薄原	うすばる
81	倉輪	くらわ
82	岩川	いわがわ
83	釜牟田	かまむた
84	広沢	ひろざわ
85	向田	むかいだ
86	広沢原	ひろざわばる
87	大口	おおくち
88	中尾	なかお
89	東寺地	ひがしてらじ
90	寺地	てらじ
91	北寺地	きたてらじ

【大字北俣の地域】

番号	小字名	読み
100	平田	ひらた
101	郷鴫	ごうしき
102	中川原	なかがわら
103	中水流	なかづる
104	神下	こうげ
105	灰原	はいばる
106	開元	かいもと
107	塚原	つかばる
108	八反ヶ丸	はったんがまる
109	川窪	かわくぼ
110	瀬ノ口	せのくち
111	菱池	ひしいけ
112	牧原	まきばる
113	池田	いけだ
114	久木ノ丸	くぎのまる
115	麓	ふもと
116	岩下	いわした
117	新村	しんむら
118	梅藪	うめやぶ
119	堂ノ木	どうのき
120	水流	つる
121	本堂	ほんどう
122	鳥巣	とりのす
123	蛭田	びった
124	山下	やました
125	中島	なかしま
126	川原田	かわらだ
127	射場川原	いばがわら
128	浦田	うらんた
129	杢道	もくどう
130	堂前	どうまえ
131	鷲ヶ野	わしがの
132	割付	わりつけ
133	大窪	おおくぼ
134	北別府	きたべっぷ
135	吉井原	よしいばる
136	窪上	くぼうえ
137	石坂	いしざか
138	野首原	のくびばる
139	野首	のくび
140	二本松	にほんまつ
141	遠目塚	とうめづか
142	愛宕下	あたごした
143	南割付	みなみわりつけ
144	尾立	おだて
145	中迫	なかざこ
146	竹野前坂	たけのまえさか
147	竹野前畑	たけのまえはた
148	竹野	たけの
149	狩果	かりはて
150	鷲巣	わしのす

番号	地名	読み
151	上原	うえはる
152	中尾	なかお
153	北浦	きたうら
154	崩瀬	くえんせ
155	鶴田	つるた
156	吉原	よしばる
157	爰野	ここんの
158	平瀬	ひらせ
159	椎屋下	しいやした
160	尾谷	おたに
161	杢道川原	もくどうがわら

番号	地名	読み
162	平野	ひらの
163	山ノ口	やまのくち
164	湯ノ谷	ゆのたに
165	畑ヶ迫	はたがさこ
166	前平	まえびら
167	小田爪	こだづめ
168	梅ヶ谷	うめがたに
169	松下	まつした
170	岩戸	いわど
171	外川原	そとがわら
172	堂木川原	どうのきがわら

番号	地名	読み
173	下川原	しもがわら
174	小山田	おやまだ
175	野中田	のなかだ
176	上萩ノ窪	かみはぎのくぼ
177	下萩ノ窪	しもはぎのくぼ
178	谷尻	たにじり
179	八町	はっちょう
180	八町下	はっちょうした
181	川原元	かわらもと
182	宮ノ下	みやのした

【大字入野の地域】

番号	地名	読み
200	古川	ふるかわ
201	堂前	どうまえ
202	中水流	なかづる
203	中川原	なかがわら
204	松原	まつばら
205	上水流	かみづる
206	下畑	しもはた
207	前畑	まえはた
208	前原	まえばら
209	上畑	うわばた
210	水久保	みくぼ
211	梅ノ木川原	うめのきがわら
212	平ノ山	ひらのやま
213	小峯	こみね

番号	地名	読み
214	四ツ枝	よつえ
215	四枝下	よつえしも
216	樋口	ひぐち
217	溝代	みぞしろ
218	谷向	たにむこう
219	向沖代	むこうおきしろ
220	野中	のなか
221	柳田	やなぎた
222	宿神	しゅくじん
223	下水流	しもづる
224	イゾロ田	いぞろだ
225	寺山	てらやま
226	沖代	おきしろ
227	平田	ひらた

番号	地名	読み
228	五ヶ所	ごかしょ
229	岩スリ	いわすり
230	飯地	いぢ
231	中坪	なかつぼ
232	江後口	えごぐち
233	永田前	ながたまえ
234	石原田前	いしはらだまえ
235	石原田上	いしはらだかみ（うえ？）
236	石原田中	いしはらだなか
237	石原田	いしはらだ
238	田中	たなか
239	永田	ながた
240	池ノ元	いけのもと
241	永田脇	ながたわき

番号	小字名	よみ
242	木森	きもり
243	柿畑	かきはた
244	飯地山	いぢやま
245	百田	ひゃくだ
246	萩ノ久保	はぎのくぼ
247	大明神	だいみょうじん
248	尾亀原	おかめばる
249	下原	しもばる
250	白畑	しろばた
251	向尾原	むこうおばる
252	尾原	おばる
253	椛ヶ迫	かばがさこ
254	池ノ尻	いけのしり
255	古屋	ふるや
256	畑前	はたまえ
257	八重ヶ迫	やえがさこ
258	牛ヶ谷	うしがたに
259	ノリコエ	のりこえ
260	久保田	くぼた
261	浜弓場	はまゆんば
262	ゴク田	ごくでん
263	踊場	おどりば
264	東	ひがし
265	山田ヶ迫	やまだがさこ
266	竹脇	たけわき
267	高尾	たかお
268	大丸	だいまる
269	古園	ふるぞの
270	梶ヶ迫	かじがさこ
271	崎ノ田	さきのた
272	城平	じょうびら
273	前田	まえだ
274	水流	みずあらい
275	八日町	ようかまち
276	観音面	かんのんめん
277	上八日町	かみようかまち
278	小川筋	おがわすじ
279	川原下	かわらしも
280	向川久保	むこうかわくぼ
281	川久保	かわくぼ
282	川原元	かわらもと
283	榎田	えのきだ
284	向新開	むこうしんかい
285	別府向	べっぷむかい
286	ヒタテ	ひたて
287	堂ノ木	どうのき
288	岩堂	いわどう
289	社前	しゃぜん
290	島廻	しまめぐり
291	月ヶ平	つきがひら
292	尾堂	おどう
293	宮原	みやばる
294	中袋	なかぶくろ
295	新屋敷	しんやしき
296	北ノ薗	きたのその
297	菅迫	すがさこ
298	前平	まえびら
299	平原	ひらばる
300	桑水流	くわづる
301	一ツ堂	ひとつどう
302	四反田	したんだ
303	スミ床	すみとこ
304	津々野	つづの
305	二又	ふたまた
306	柳迫	やなぎさこ
307	年神	としがみ
308	後平	うしとびら
309	善八松	ぜんぱまつ
310	長迫	ながさこ
311	湯ノ谷	ゆのたに
312	久木ヶ尾	くぎがお
313	久木野々	くぎのの
314	立山	たちやま
315	迫ノ内	さこのうち
316	黒岩	くろいわ
317	大川原	おおかわら
318	椎屋	しいや
319	百ヶ倉	ひゃくがくら
320	小屋ヶ谷	こやがたに
321	小椎尾	こじお

凡　例

1　小字名の漢字表記は「綾町土地台帳」に拠り、その読みはおおむね「綾町小字名一覧」（昭和40年代前半作製）に拠った。

2　見出し語の地名、文中の地名・町道名は太文字とした。※印は関連語意や参考資料に付けた。

3　記述は『綾町小字名一覧』の小字名の番号に従って、南俣（1〜91）・北俣（100〜182）・入野（200〜321）の順に行い、他の聞き取り地名などはその所在地に近い小字名の後に記載した。

4　記述は次のように(1)(2)(3)に分け、(2)のないものは(1)から(3)へ続けた。
(1)は、地名の所在地や主な現在の状況・橋名などである。地名の所在地は「綾町地籍集成図」（役場の地番図・一部）や「綾町地籍図字図」（昭和49年度・61年度作製）に拠り、「綾町小字一覧図」やゼンリン住宅地図などを参考にした。
(2)は、地名の出典・由来などを『綾郷土史』・『綾郷土誌』などから引用した。誤解の恐れのあるものは（ママ）のルビを振った。辞典事典類の編著者や引用ページは略したが、第七章関連語意・資料にはページを付けた。
(3)は、地名の謎解きで、地名の由来や語意の諸説及び私見を①②③…にまとめた。

5　地名図は「一万分の一綾町管内図（平成28年）」に書きこんで作製した。不確定な所が少なくない。

6　写真は地名に関するものに限定した。すべて綾町の許可を得て掲載した。

7　引用の文献資料名は文末に記した。引用にあたって略称を用いた文献は次のとおりである。
『綾郷土史』→『綾史』、『綾郷土誌』→『綾誌』、『古記録写本・綾郷土史』→『旧綾郷土史』、松尾俊郎著『日本の地名〜歴史のなかの風土』→松尾『日本の地名』、鏡味完二・鏡味明克著『地名の語源』→鏡味『地名の語源』、『定本柳田國男集第二十巻「地名の研究」』→『定本柳田⑳地名の研究』、『角川日本地名大辞典○○県』→『○○県地名大辞典』、『日本歴史地名大系○○県の地名』→『○○県の地名』。宮崎県『宮崎県史 史料編 中世編1・近世5』→『県史史料編 中世編1・近世5』。

綾町地名の謎解き

序章　綾町　その地理と歴史

宮崎市の中心部から西北の方向に20数キロメートル、車でおよそ40分走ると、東諸県郡国富町または宮崎市高岡町を経て東諸県郡綾町にやってくる。綾町は県中央部の中西部に位置し、東側は国富町に、西側は小林市須木に、北側の一部は児湯郡西米良村に、南側は宮崎市高岡町と小林市野尻町に境する。人口は約７５００人で、宮崎市の奥座敷とも言われている。総面積は95・31平方キロメートル、その約80％が山林山岳地である（耕地７・８％、都市計画区域８・８％）。古来狩猟農林業の綾郷・綾村・綾町であった。

現在綾町人口の七割以上の人々が小平野の綾盆地に居住している。綾盆地は約一万年前から現在までの沖積世（新生代第四紀完新世）に綾南川（本庄川、上流端は小林市須木の山中）と綾北川（本庄川支流、上流端は熊本県球磨郡多良木町槻木の山麓）が上流から運んだ土砂などが堆積してできた沖積扇状地である。綾南川は盆地の西側と南側をほぼL字状に南流東流し、綾北川は盆地の北側を東南流して、国富町に入った所で合流する。盆地の北側西側南側は台地丘陵山地で、東側だけが開けて本庄平野に繋がっている。

綾盆地に西から突き出た舌状の**錦原**台地（標高約70メートル・面積約１８０ヘクタール）やその北側西側南側の丘陵山地は、沖積世前の約一七〇万年前から一万年前までの洪積世（新生代第四紀更新世）に火山灰土が堆積し、その後隆起してできた台地丘陵山地である（**太字**は綾町の地名）。

錦原台地の西側奥地の山岳地は九州中央国定公園に指定されている（昭和57年5月15日指定、２４５５ヘクタール）。その最南峰である大森岳（１１０８・６メートル、約二億四千二百万年から六千四百万年までの中生代の地層）の南側と北側は東南流する綾南川と綾北川によって深いV字渓谷が形成されている。大森岳の南東の尾根とその周辺には照葉樹林（カシ・シイ・タブ・クスなど）の森が広がっていて、綾の照葉大吊橋（高さ142メートル、2011年10月架け替え）ではその景観を楽しむことができる。

綾南川の上流には綾南ダム（1915年完成。小林市須木）、綾北川の上流には古賀根橋ダム（1959年完成）と綾北ダム（1921年完成。小林市須木）がある。綾町の西南部の山地には浦之名川（大淀川支流）が大字南俣の**広沢**から北流・東南流し、広沢ダム（2000年完成）が建設されている。小林市須木との境には獅子額山（621・2メートル）が聳えていて、浦之名川の水源地の一部となっている。

縄文海進の頃（六千五百年前頃が最高）の綾盆地は、まだ海であったと想像されるが（「太古綾村海岸想像圖」97ページ参照）、周辺の台地や山野地には土器や石器などが出土している。**錦原**台地西部の大字北俣の**割付**には八千年以前から、山野地の**尾立**台地（石碑尾立遺跡がある）には六千年以前から「**割付縄文人**」「**尾立縄文人**」がいたものと推定されている（『綾郷土史』）。また大字南俣南部の**陣ノ尾**・**二反野**・**大平山**でも石器や土器などが出土していて、約五千年前の縄文時代後期には縄文人がいたものと思われる。

時代は下って、綾北川下流域の東北部、大字入野の**スミ床**台地には**四反田**古墳・王ノ塚古墳（ともに円墳。昭和八年県指定）、**津々野**には**スミ床**古墳（同前）があり、数個の横穴墓も見つかっている。四・五世紀の頃には小豪族や人々が居住していたのであろう。北俣**尾立**台地の**中迫**には推定五世紀末～六世紀前半の地下式横穴墓群が平成元年（1989）に見つかっている。また**錦原**台地の東南部には**大工園**古墳（円墳。昭和八年県指定）があり周囲に多くの小塚もあったという。近くには**内屋敷**古墳（地下式古墳。五世紀末期）もあって、「上代における住民居住の中心地であった」（『綾郷土誌』）。**スミ床**・**尾立**・**錦原**の台地はもちろんのこと、平地の綾盆地にも幾つものムラ（村＝集落）があったことが想像される。

『古事記下巻』に「イヘムラ（家群）」とある。ムラ（村）はムラ（群）と同根で、「家が群がっている所」の意である。「風土記逸文日向国」（七三〇年代）に「日向の国宮崎の郡。高日の村」・「槵生ノ村」があり、すでに「人が群がり住む所」が「村（むら）」と呼ばれていた。

八世紀の初期になると、日向国の官道に北から南西へ（長井・川辺…亜椰・野後…）十六の駅が置かれた。他の駅と同様に七一〇年代には「亜椰駅」も置かれたのであろう。古代末期の「延喜式」（927年）に「亜椰驛」があり、南俣**坂下**に石碑**亜椰驛址**がある（32ページ参照）。七・八世紀の頃には盆地（平地）のあちこちでも開拓開墾が進み、幾つもの集落が形成されていて、その中心地に「亜椰驛」が置かれたのであろう。ただし「亜椰」が当時の綾郷全体を指す集合地名であったかどうかは不明である。

古代の官道は国府（西都市三宅）から国富町を経て入野の**宮原**を通りどこかで綾北川を渡って（宮の下か尾堂か）南俣の**立町**（亜椰驛）に着き、**元蔵**（十ケ所渡し場の石碑がある。36ページ参照）で綾南川を渡り、**宮ノ谷**から**二反野**へ上り高岡町の背越へ下って行ったものと想定されている。

中世の荘園の開発に伴い「○○村（集落）」が次第に増えていった。十四世紀の初期には「入野村」がある。『高岡名勝志』（一八二四年）に「日州諸県郡高岡入野村之内**上畠**、軍護大明神…徳治元年」、「入野村**貴森**権現之棟　上棟日向国諸縣郡内入野名**貴森**三所権現…徳治元年」とある。徳治元年は一三〇六年である。「入野村之内**上畠**」、「入野村之内**木野森**」ともあって、「入野村」は単に一つの村ではなく、「**上畠・木野森・宮原・岩戸・尾原・前原・平原**」（『高岡名勝志』）などの集合地名であった。

十四世紀の中期には「**綾**」がある。『日向記上』（一九一一年）の「祐重（スケシゲ）日州下向之事」の中に「日向国諸県郡内**綾上畑**ノ僧侶垂水弁阿舍利（アジャリ）…」とある。記事は正平元年（一三四六）のことである。また「小山田文書」の「某宛行状写」に「諸県本庄八段　**綾**公文□（跡カ）…貞和六年十二月三日」とある（『宮崎県史史料編　中世1』）。貞和六年は一三五〇年である。十四世紀にはすでに「綾郷」が使われていたのである。

十四世紀の初期・中期に集合地名の「入野村」や「綾郷」があることは、「入野村」と同様に集合地名としての「南俣村」「北俣村」も十三世紀以前から使われていたことが推測される。

天正五年（一五七七）島津軍が伊東軍を敗り綾城を攻め落とした。以後綾郷は薩摩藩の支配を受け、高岡郷・穆佐郷・倉岡郷とともに関外（去川関の外）四カ郷の一つとなった。

『高岡名勝志』に「慶長五（一六〇〇）年高岡外城（鹿児島の本城以外の城）御取建之節穆佐之内高浜村倉岡之内花見村綾之内**入野村**紙屋之内**上畑村**野尻之内浦之名村高岡江被召付候…尤**上畑**之儀当分者**入野村**之内ニ而御座候」とある（一部省略）。続いて「高岡十二ケ村」の中に「南俣村」「北俣村」が記されている。「高岡十二ケ村　内山郷之内浦之名村…飯田郷五町村　同郷**入野村**…穆佐院之内高浜村…綾郷之内八代南俣村　同郷八代北俣村　右之通往古ヨリ之古帳ニ郷分ケ相見得申候」とある（詳しくは第五章Ⅲの2参照）。

江戸期には南方村・北方村も用いられた。「天保郷帳（一八三四年）や幕府提出の資料類では北方村・南方村が使用された」（『宮崎県の地名』）。そして「行政単位として村が出現したのは、天正十七年（一五八九）から文禄四年（一五九五）にかけて行われた太閤検地以降である」（『北川町史』）。南俣村（南方村）・北俣村（北方村）が行政組織の正式名称として使われたのは十六世紀末期からのことであろう。

元和元年（一六一五）の一国一城令によって綾城は廃止され、北俣の**麓**に地頭仮屋が置かれた。その周辺は綾郷の郷士の集住地となった。今に門構えの立派な郷士の屋敷跡が残っている。

以後、綾郷は明治維新まで薩摩藩の支配下にあった。江戸期の入野村・南俣村・北俣村については、第五章Ⅲ「村名から大字名へ」の1・2を参照していただきたい。

明治期以後の綾郷・綾村・綾町については、第五章Ⅲの3「明治期以後の村名・大字名」、及び第六章Ⅳの5「綾町のイメージ」を参照していただきたい。

平成18年（2006）の綾町全景（綾町役場提供）

第一編　綾町の地名散策

第一章　大字南俣の地名散策

綾町には南俣・北俣・入野の三つの大字名があり、大まかには南俣と北俣に二分される。綾盆地・**錦原**台地・西部丘陵山地の南北の中間より南側がほぼ大字南俣の地域である（太字は綾町の地名）。すなわち、綾南川（本庄川）・浦之名川の上流部（大淀川支流）・郷鴫川（綾南川支流）・牛喰谷川（同前）・宮谷川（同前）などの流域周辺や周囲の丘陵山地に及ぶ広い地域である。

「綾南川周辺の地域には綾南川の流域に因縁深い字の名が付けてある」、「綾町の小字名の地番は必ず隣接地に続くように付けられている」（『綾郷土史』、略称『綾史』）。

南俣の地域は小字名の番号（❶～㊽）の順に、Ⅰ綾盆地東南部の平地、Ⅱ**錦原**南部の台山地、Ⅲ盆地綾南川右岸西南部の平地台山地、Ⅳ南俣南部西部の山地、の四つに分けることができる。綾南川は昭和四十年（一九六五）四月河川法の改正により公称・本庄川となる（『綾郷土誌』、略称『綾誌』）。

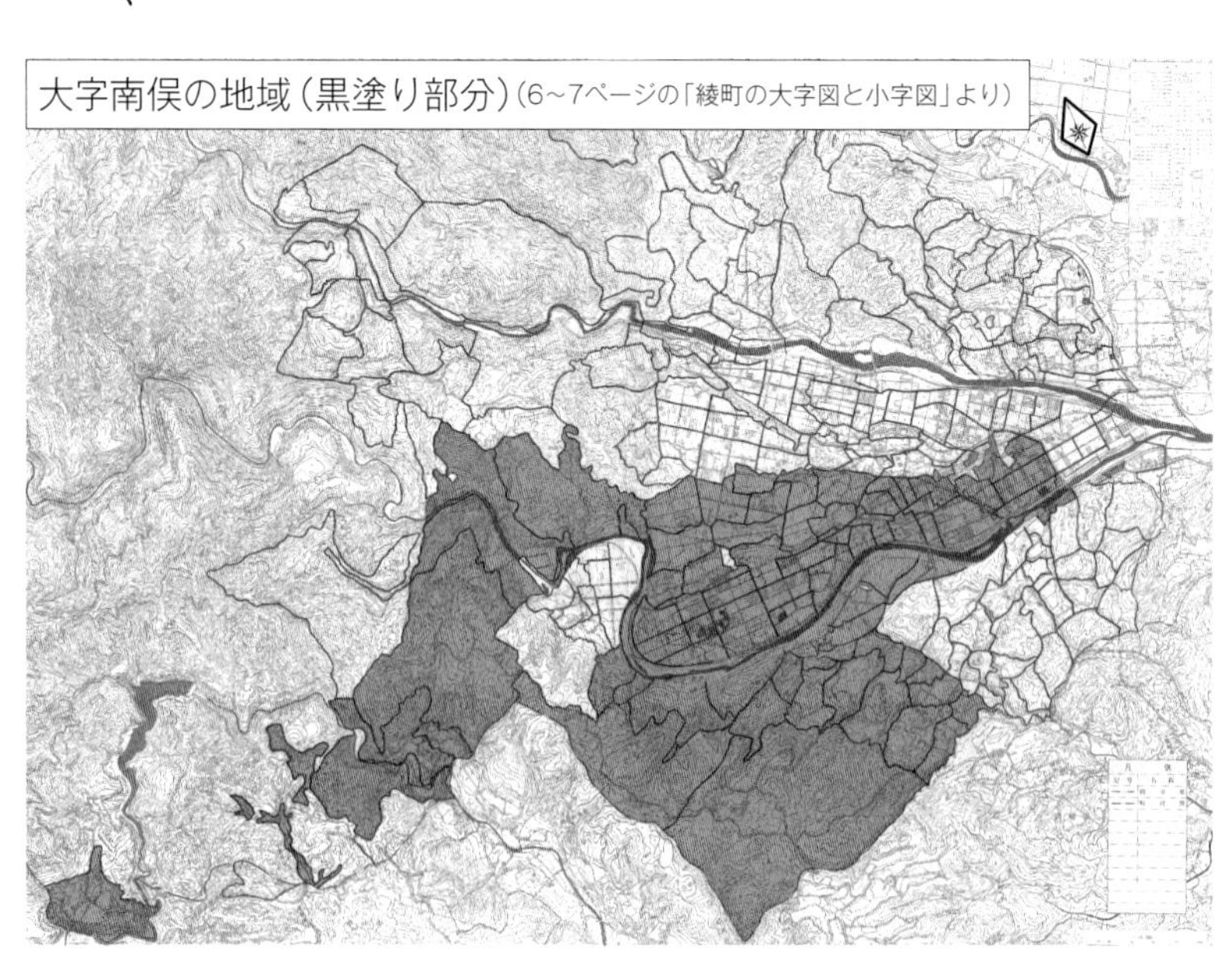
大字南俣の地域（黒塗り部分）（6～7ページの「綾町の大字図と小字図」より）

I　綾盆地南部の平地

綾盆地南部の平地は盆地南部を南流東流する綾南川左岸の地域で、綾盆地のほぼ三分の二を占めている。

(一) 小坂元から深田まで［地名図①］

❶小坂元＝こさかもと

(1) 綾盆地東南部を東流する綾南川（本庄川）に元町橋（もとまちはし）（昭和37年［一九五二］11月、八日町橋を改名。主要地方道南俣宮崎線）が架かっている。**小坂元**はその南詰（右岸）辺りから西側の東西に細長い下り上りのある緩傾斜地で、人家田地は僅かである。北側は綾南川に面し、南東側に**城山**（じょんやま）（154ジペー参照）がある。**城山**西側の山際を小迫谷川（綾南川支流）が北流し国広橋（道路と一体化。町道**八日町**・尾平線。**古屋**生まれの刀工田中国広［一五三一～一六一四］にちなむ）がある。国広がこの辺りを渡って**城山**に登ったか。国広橋から**城山**への坂道は今は草木が茂り通れない。かつて綾川陶苑（川村賢次）の窯元（一九七三～二〇〇六）があった。(2)「**八日町―尾原**間の道路は大正六（一九一七）年四月から翌七年三月に改

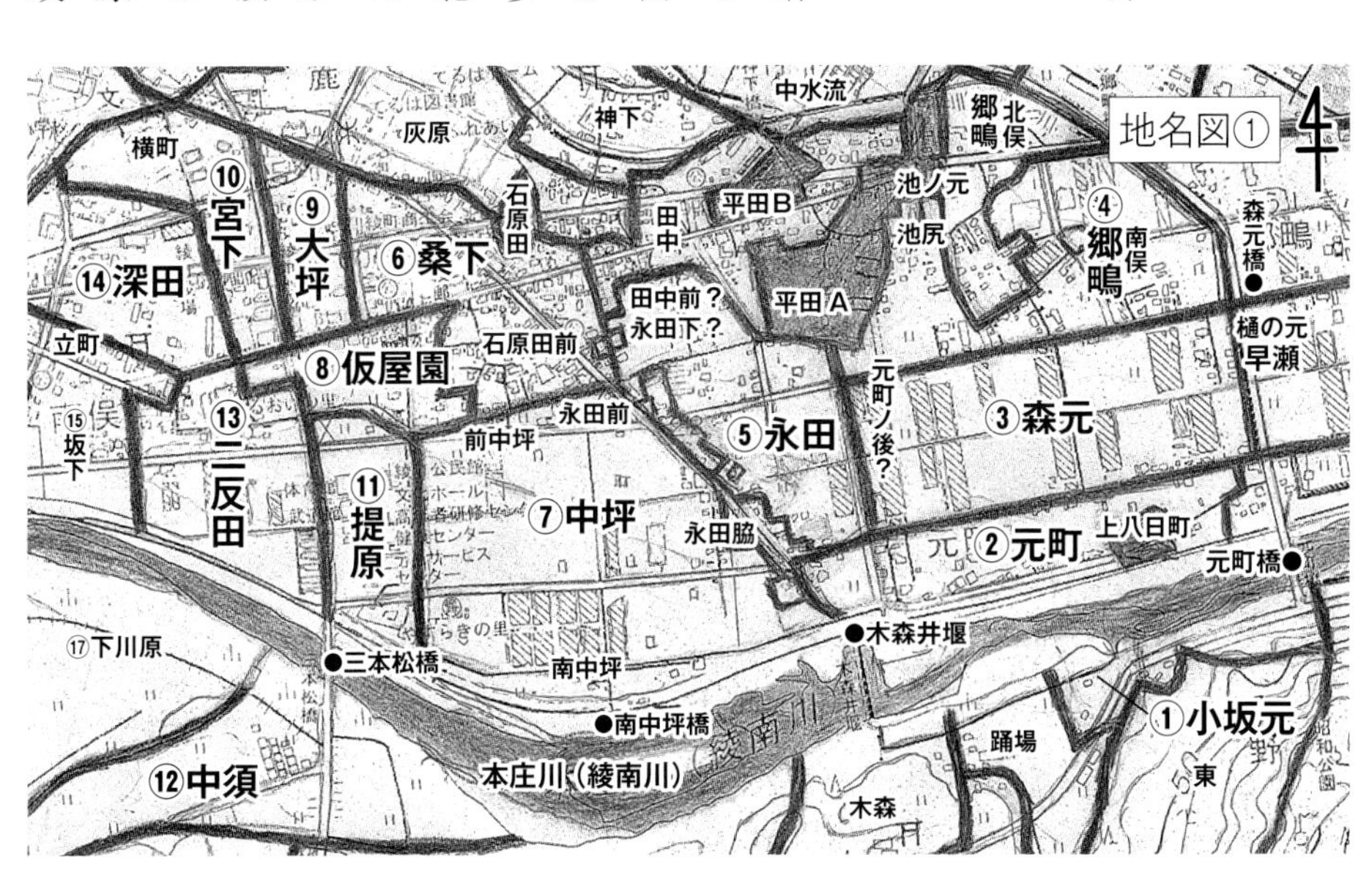

修された。当時は八日町橋（今の元町橋）南詰から右岸の川岸を上り、**木森堰**（143ページ参照）から坂に上っていたのではないかと考えられる」（『綾誌』）。

(3)**小坂元**は「小さな坂の下辺り・登り口」の意であろう（例：兵庫県姫路市広畑区小坂、緩やかな傾斜をなしていたので小坂といったのであろう。『兵庫県地名大辞典』）。小坂元という地名がなぜ付いたのか由来不明。**小迫谷**は「山が迫った末端の狭小な谷間」の意。迫はサコ（狭処）で「山の迫った狭い細い谷間」の意。

❷元町＝もとまち

(1)**小坂元**の対岸（左岸）、元町橋の北詰（下に親柱の写真）のやや西側から西方の東西に細長い平坦地。堤防下の町道**西中坪・元町**線沿いに人家が並び、八日町ふれあい館・元町陶苑・霧島神社（創建等不明。寄進の花瓶に慶長9年［一六〇四］とある。『綾史』）・元町公民館・石碑「元町貯木場の跡」（大正元年。同前）などがある。石碑裏面に「大正の中頃まで綾小林区（営林署）の貯木場があった　川を利用して弁甲材や木炭を宮崎市に積み出す」とある。宮崎県『宮崎県林業史』によると、河川敷辺りの三百坪である。(2)「伊能大図」（伊能忠敬らの綾郷調査は文化9年［一八一二］）に「南方村**元町村**」とある（138ページの写真参照）。「明治期以前から**本町**の渡し場に舟番屋と舟があり、渡し賃をとって交通の便をはかっていた」（『綾誌』）。『日向地誌』（平部嶠南著。明治17年［一八八四］）に「**本町**（モト）　**郷鳴**ノ南三町許ニアリ人家十二戸」とある。「明治の前期中期にかけて船着き場として物資の集散する勘場（かんば）として経済的に最も繁盛した町であった」（**勘場**204ページ参照）。「大正期には貯木場・焼酎醸造所・電

元町橋右岸のカラー親柱

気精米所や荷車運送業ありのにぎやかさがあり」、昭和初期までは綾村の表玄関口であった。「**元町**の霧島堂下に一本橋があり、夏期には蛍が無数に飛びかい**木森井堰**から下流はまれにみる魚の釣場でもあった」（『綾誌』）。かつては霧島講が行われていたか。第七章の**霧島講**参照。**(3)元町**は①「**城山**の麓の町」の意か。入野**垂水城跡**（156ページ）・**城山**（154ページ）参照。②「早くから地域の中心であった町」（『地名用語語源辞典』）の意か（例・長崎県佐世保市元町、江戸期から佐世保の中心地であり、市街の起点となったことが町名の起こりである。『長崎県地名大辞典』）。③「元からの町」の意か。「元村は元からある村」の意（『日本国語大辞典⑫』）。④東隣りの「**八日町**より古い町」の意か。第七章の**元町**、**霧島講**入野275**八日町**参照。

❸森元＝もりもと

(1)元町北側の広い耕地で人家は東部に僅か。東北側の❹**郷鳴**との境の郷鳴川（次ページの**郷鳴**参照）に森元橋（町道**千草通り**線）がある。東北部には入野276**観音面**がある（160ページ参照）。**(2)**「昭和四十二年県営の圃場整理事業着手以前の圃場は、郷鳴川沿いに藪や雑木林があり、崩潰の危険地あり、必要以上に排水路も大きく、まるで川の如き状態の所もあり、雑草と柳や竹雑木等や石塚も随所にあり、土地の高低差が大きく、農道はなく畦畔も曲がりくねって人が漸く歩行できる位であった」（『綾誌』）。

(3)森元は①「かつて森林であった所」の意か。②「鎮守の森の辺り」の意か。かつて霧島神社の鎮守の森があったかもしれない。「モリはたんに木のあるところでなく、神聖な森、神社の鎮守の森をさすことが多い。森の木々は神の宿る神聖なよりしろであった」（黒田祐一「自然地名の事典」『日本「歴史地名」総覧』）。③「山（**城山**）の麓」の意か。「ムレ・ムロ・モロ・モリは本来ヤマ（山）の意である」（『地名語源辞典』）。

○樋の元＝といのもと・○早瀬＝はやせ（ともに聞き取り地名）・**○長助窪＝ちょうすけくぼ**（『綾誌』要約引用）

(1)何れも森元橋の南側辺りの俗称(=その土地周辺で通用する地名)。消滅地名。(2)「郷鳴川の下流と郷鳴前(160ページ参照)を流れる排水路が交差する所があり、橋が架けられていた。橋に並行して樋が架けられていて…俗に樋の元と称した」、「樋の元は郷鳴川に県営圃場整備事業(昭和42~46年の耕地整理)の際に出来た八メートル道路に橋が架けられ、その橋の少し下流附近である」(『綾誌』)。「樋は松の老大木を利用したもので、太さ五〇~六〇センチ以上、長さ二〇メートル以上もあった」(松元捨雄氏談。郷土史家・元助役。平成21年8月没。綾町の歴史などについての教示及び綾町地名解明の激励を受けた)。入野276観音面、松の木の下参照。「早瀬は樋の元のやや南側で、鍬や牛馬などを洗うのに良い所であった」(住民談)、「時代は不詳、郷鳴を流れる溝に長助窪があった。漸く飛び越えられる程の小水路であった。泥層の底からはブクブクと泡が立ち、雑草が生い繁り所々に柳菖蒲が生え嫌な溝であった。ある時蛭がびっしり着いた人の水死体が見つかった」(『綾誌』)。(3)樋の元は「樋のかけてある所」の意であろう。早瀬は「水の流れが速い所」の意。「水死体が長助という人であったので長助窪と呼ぶようになった」(同前)。

❹郷鳴=ごうしき

(1)森元の北側で人家は南部に、耕地は東部に多い。東北部にくらし館・薬店などの大型店舗がある。東側を主要地方道南俣宮崎線と平行して郷鳴川が南流する(綾南川支流。別称耶治川・弥次川。82ページに耶治川銘板の写真)。北側の北俣101郷鳴との境に郷鳴橋が架かっている(主要地方道宮崎須木線。東詰が主要地方道南俣宮崎線の起点、町道杢道・郷鳴線の終点)。南北分離の時期など不明。(2)元禄十二(一六九九)年の「元禄綾郷略図」(口絵写真参照)に「郷鳴　南方

交通案内標識の「Goshigi」

内」、『日向地誌』に「**郷鴨**（ガフシギ）　**中坪**ノ東三町許ニアリ人家十三戸」とある。「綾の昔話地図」（継松敏夫『綾のむかし話』第一集）に「**郷鴨**（コウシキ）」とある。**ゴシキ**とも**ゴシギ**ともいう（住民談）。道路案内標識はGoshigi（前ページ下に写真）。

(3)郷鴨は①ゴ（川）シキ（敷）の転で「川の流域・河川敷」の意か。「**郷鴨**は河川の流域であったことが推定される」（『綾史』）。「宮崎県では川・河はコー・ゴーと発音するのがめだち、カワは一般に少ない」（山口恵一郎『地名を歩く』）。「ゴー」は流れる水音ゴーゴーの擬音語であろうか（「水ノ流ルル音カ。がはがは」。『新編大言海』）。（例・西臼杵郡高千穂町三田井**山川**、児湯郡都農町**舟川**、都城市吉之元町**小川内**、北諸県郡三股町樺山**河辺田**、西諸県郡高原町蒲牟田**川原口**など。綾町では**表川原**・**中川原**・**下ん川原**など）。あるいは「川をゴウと読むのは江の転訛かもしれない」（古川愛哲『地名の秘密』）。そうだとすれば入江であった頃の地名であろうか。②シキ（鴫）はスカ（洲処）の転で「川洲・砂洲のある処」の意か（例・奈良県吉野郡天川村五色、ゴ（川）シキ（洲処）の義。ゴシキは河川の沿岸に多く分布する。池田末則『日本地名基礎辞典』）。③ゴ（川）スキ（削き・剥き）の転で「洪水による浸食地」の意か（例・岡山県後月郡芳井町鴫、鴫は鋤の訛語で、削ったり剥いだりを表す。小川豊『地名の語源が意味する地すべり危険地帯』）。④「川の分かれる所」の意か（例・小林市野尻町五色、五つの小字の分かれ目。五敷で五つに分けると解釈することが妥当と考えられる。園田隆『南九州路をさるく』）。⑤「鴫の舞う郷」の意か。鴫は水辺に棲むシギ科の渡り鳥の総称。口ばしと足が長い。鴫は「田＋鳥」の会意文字で和製の漢字（国字）。国字は訓読みしかない。郷鴨は音訓の重箱読みである。

❺永田＝ながた（**西中坪**は行政区名。第七章の**行政区**参照）

(1)森元などの西側で耕地が広い。町道**西中坪・元町**線

栄町バス停留所の標柱

沿いの入野の飛地233永田前・239永田・241永田脇などに人家が連なり、北部に西中坪団地がある。(2)「元禄綾郷略図」に「永田　南方村内」とある。(3)永田は①「縦横の一方が長い田地」の意。②永田門に由来するか。西中坪は「中坪の西部」の意。西中坪区に国広班があるが由来不明。

❻桑下＝くわした（南麓は行政区名。第七章の行政区参照）

(1)中坪北側の市街地住宅地で、県道町道沿いに商店が並ぶ。主要地方道宮崎須木線の通りを中央通りといい（昭和15年［一九四〇］頃から、住民談）郵便局、栄町バス停留所（昭和30年12月開設、宮崎交通。前ページに標柱の写真）、綾ふれあい館（平成23年9月）がある。東部に西中坪公民館、北部に南麓公民館がある。

(3)桑下は①「桑畑の下方の地」の意か。かつて養蚕の盛んな頃、桑の木の群生地があったかもしれない（例・岡山県久米郡久米町桑下、かつて当地が桑畑で桑村と呼ばれていたことによる。『岡山県地名大辞典』）。桑はクワ科の落葉高木、木材は家具などの用材、葉は蚕の飼料、果実は甘い。②桑下は鍬下年季の略転で「鍬下年季の開墾地」の意か。「鍬下年季と云ハ、地所に応じて開き手間其外開発入用を積り、何ケ年にても年季を極め、其内ハ作り取りに致すを鍬下を差免と云」、「場処に応じて三年とか五年とか鍬下を免すことなり」（『地方凡例録下』（寛政6年［一七九四］、大石久敬著、近世の農政全般の手引書）。③桑はクエ（崩）の転で「崖地の下」の意か。「桑坂・桑谷・桑川などの桑のつく地名は、崩崖や断崖の迫る地形の所に当たっている」（松尾俊郎『地名の探究』）。錦原台地の東側南側の10宮下・15坂下・44内屋敷・43星原などは崖地が続く。入野300桑水流参照。栄町は「ますます栄える町」という願望地名。南麓は「麓の南部」の意。

❼中坪＝なかつぼ（東中坪は行政区名。第七章の行政区参照）

(1)桑下南側の耕地で人家僅か。南部に中坪保育所など、北部に綾ユネスコエコパークセンター（平成30

年4月開設。以前は綾中央医院）、東部に町営住宅がある。西側の⑪**提原**との境の深田川（綾南川支流）に第2中坪橋（町道**堤原**・川久保線の起点）・第3中坪橋（町道二反田・堤原線の終点）がある。北東部を**前中坪**といい、町道**前中坪**線が北南に通る。南部を**南中坪**といい、堤防下に**南中坪橋**（町道中坪通り線の終点。深田川）がある。

(2)「元禄綾郷略図」に「**中坪**」がある。「明治七（一八七四）年十二月**立町**に郵便取扱所が設置された。当時は**町尻**から**郷鴨**部落まで見渡すかぎり田んぼで**南麓**や**東西中坪**などの区も一軒の人家もなかった」（『綾史』）。『日向地誌』に「字地　**中坪**（ナカ）　**綾町**ノ東五町許ニアリ人家七戸」とある。「明治十九年五月**竹野**部落に綾小林区署（しょうりんくしょ）が設置され」、「広大な国有林の伐採や植林などが始まると、**南麓**、**中坪**など中央部に人家が増え、次第に町が形成されていった。それまで十数軒しかなかった旧県道筋（現在の町道**立町**・**郷鴨**線）は、家並が続いて繁華街にかわった」（『綾誌』）。「旧町（**立町**）から旧県道（町道**立町**・**郷鴨**線）より南に（八坂神社前より分岐）**前中坪**に通ずる道（町道**千草通り**線）は旧県道が出来るまでは只一筋の大通りであった」、「明治三十五年六月に旧県道が開通し**中坪**の十字路も北へ移り、明治末期より大正初期にはこの辻を中心として栄えた。大正十三年（一九二四）三月新県道開通（現在の主要地方道宮崎須木線）により**中坪**十字路は又北の方に移動し中心街となった」（『綾史』）。「本村の東方やや開けた綾盆地の中心に**中坪町**があり、大正四、五年頃南北両川に架設された発電所の工事中に多数の人夫等が来て衆落（ママ）したものである」（『古記録写本・綾郷土史・郷土地理資料』。第六章Ⅰの2の(3)参照。略称『旧綾郷土史』）。『綾郷土誌』に「田の神座像　**前中坪**　中薗氏裏　旧道筋（町道**地蔵通り**線）」とある。

(3)**中坪**は①「大坪・小坪の中間の広さの田地」の意か。（例：宮崎市新名爪中坪（にいなづめなかつぼ）、中坪は大坪・小坪の中間に当たる広さの田地か。岩満重信編著『宮崎市の小字地名考』）。②「中間の小集落・小区域」の意か。「坪は村落内の村組・小集落を示す呼称」（『日本民俗事典』）。（例：群馬県邑楽（おうら）郡明和（めいわ）村千津井（むらせんづい）の上ノ坪、中の坪、斗合田（とごうた）の下坪・西坪・中坪、ごく古くは集落をツボと呼んだ。都丸十九一『地名のはなし』）。③古代条里制（土地の区画）の「中の坪」にちなむか。「一ノ坪・二ノ坪などの地名や、数字を具体的な地名に変えた「堂坪」「中ノ坪」「島ヶ坪」などは条里制を伝える地名と考えてよい」（石井淳「時の為政者が名づけた地名」『日本の地名 別冊歴史読本44』）。なお、町内に条里制遺跡は見つかっていない。❾**大坪**・㊲**口ノ坪**、第七章の**条里制の坪**参照。

前中坪は「**中坪集落の前方辺り**」の意、**南中坪**は「**中坪集落の南部**」の意。

❽仮屋園＝かりやぞの

(1)**桑下南部西側の市街地住宅地**。**南麓中央団地**（平成18年。かつて綾営林署庁舎があった。大正3年5月～昭和35年10月。『綾史』）がある。(2)「日州諸縣之郡綾名寄目録」（明和6年［一七六九］）の綾南俣村浮免に「**かりや薗** 下々田十一間半十八間…」とある（『県史史料編 近世5』）。名寄目録は年貢等収納のための土地台帳。第七章の**土地の種目**、**田畠の等級**参照。

(3)**仮屋園**は「地頭仮屋に蔬菜を供する園地」の意か。地頭仮屋は北俣の115**麓**にあった。115**麓**参照。

❾大坪＝おおつぼ

(1)**仮屋園北側の大半市街地**。県道町道沿いに商店が並び、報徳寺・バス待合所・銀行などがある。

(3)**大坪**は①「広い田地」の意か。（例：長野県駒ヶ根市等の大坪、大きい面積の広い田と思われる。松崎岩夫『長野県の地名 その由来』）。②「大きな集落」の意か。「条里制が施行されたとはどうしても考えられない土地に大坪・小坪等、何坪の地名がある。坪は元来、古い条里制に起源をもつ居住区画の名であるとしても、後には一般の村落の意に転じたものと推定される」（松尾俊郎『地名の探究』）。③古代条里制遺跡の地名もあり得るか。第七章の**条里制の坪**及び、❼**中坪**・㊲**口ノ坪**参照。④坪は窪の転で「大きな窪地」の意か。

❿宮下＝みやした・横町＝よこまち

(1)**大坪**西側の東西に長い区域。北西部の綾町中央ふれあい公園に「綾トープはつけんじま」がある（町有地と私有地。トープはギリシャ語のビオ［命］・トープ［場所］を組み合わせたドイツ語の略語［命の場所＝地域の多様な野生生物の生息空間］）。綾小学校南側崖下の町道**横町**・**栄町**線沿いを「**横町**（**上町**の名もある）」（『綾誌』）という。東部には人家や児童館・シルバーワークプラザ・綾手づくりほんものセンター（全国の直売所・物産館の先駆け）などがある。

(2)「**宮下**は明治十二年（一八七九）五月～七月に行われた綾郷の地租改正土地調査の時に綾光寺の境内（綾小学校敷地辺り一帯、境内の写真50ページ参照）にあった権現社や祠にちなんで付けた地名であろう」、「綾郷の地番はこの時に小字を地番区域として付けたのであろう」（松元捨雄氏談）。「明治七年頃の**横町**は人家二、三軒であった」（『綾史』）。「綾小学校南側崖下の**横町通り**（町道**横町**・**栄町**線）は、元県道穂北―綾線であった」（入野**中袋**から南俣**内屋敷**までの区間を昭和40年に区間を北俣**平田**までに変更、昭和51年9月1日廃止。『綾誌』）。「明治中期に水車の力でつける様に工夫した精米の臼が**横町**に出来た。大正時代になり電力精米機が考案され精米所が開業した」（『綾史』）。「**横町**は明治末から大正にかけて酒屋・食堂・風呂屋・大きな水車などがあり、賑わった時期があった」（松元捨雄氏談）。「明治三十五年六月に旧県道ができ」、「綾小学校の崖下沿いを**横町**と言うようになった」（『綾史』）。

(3)**宮下**は「お宮の下段の地」の意であろう。(2)の引用文による。**横町**は「横（南北）に長い町」・「表通りから横に入った町」の意、**上町**は「**立町**の上手（北側）の町」の意であろう。

⓫提原＝ひさげばる

(1)**仮屋園**の南側。中央公民館・文化ホール・体育館などの公共施設ややすらぎの里などがある。北部には綾駐在所がある（平成27年1月、入野㉓⑧**田中**より移転）。東側の❼**中坪**との境を深田川（綾南川支流）が南流し、堤原橋（町道**千草通り**線）・第2堤原橋（町道**堤原**線の終点）が、南西部の⓭**二反田**との境の堤防脇に第1堤原橋（町道南麓・三本松線。道路と一体化。下は町道二反田・堤原線が通る）がある。

(3)①ヒサゲ（提）はヒサギ（楸）の転で、提原は「楸の群生する原野」の意か。かつては楸の群生地であったかもしれない（例：日向市富高楸原、今日でもキササゲのことをカワラヒサギと土地の人たちは呼ぶ。かつてキササゲが多く植栽されていたと思われ、ヒサギワラの地名が生まれたともいえよう。佐藤忠郎『郷土の地名雑録』）。ヒサギ（楸）はキササゲ・アカメガシワの古名。キササゲはノウゼンカズラ科の落葉高木。アカメガシワはトウダイグサ科の落葉高木。②ヒサゲ（提）はヒサカキ（柃＝ツバキ科の常緑低木）の転（『日本地名事典』）もあるか。③原はハル（墾）の転で、「楸の群生地を開墾した所」の意か（例：和歌山県西牟婁郡日置川町久木、古く楸の生えた地を開墾したことに由来するという。『和歌山県地名大辞典』）。

※提原と堤原＝ひさげばるとつつみばる

『日向地誌』に「四ツ枝溝　南川ノ東岸四枝堰ノ水門ヨリ起リ東ニ流レ中流処処ニテ数十派ニ分レ提原ニ至テ断ユ長凡三十町上流ハ幅二間下流ハ幅僅二三尺此溝支流ノ灌ク所田九十余町ニ及フ」とある。「綾町土地台帳」「綾町小字名一覧」「綾町小字名地番一覧」は「提原」とあるが、『綾郷土誌』（七カ所）や道路名・橋名は「堤原」である。ただし『綾郷土史』には「提原」も「堤原」も見当たらない。何時頃からの誤字・誤写か不明。「堤原」を「提原」に復原したいものだ（町議会の承認が必要）。

⓬中須＝なかす・⓭二反田＝にたんだ

(1)中須は提原対岸（綾南川右岸）の耕地。二反田は綾南川左岸提原の西側で大半耕地。北西部に診療所・介護施設など、中北部に外科医院やケアハウス、東部にコインランドリー、南東部に南麓団地がある。

(3)中須は中洲の転で「流域の中の島状の所」の意。二反田は①「広さ二反の開墾地」の意か。㉙壱町田、

第七章の**条里制の坪**参照。②二反は二タ（湿地）の転で「湿地の開墾地」の意か。**77二反野**参照。③「二丹田（にたんだ）＝赤土の粘土質の田地」（丹羽基二『地名苗字読み解き事典』）の意か。

⓮深田＝ふかた

(1)**宮下**の西側南側で役場・西岸寺・商店・人家があるが、南部は耕地も広い。主要地方道宮崎須木線沿いを**仲町**という（昭和25年［一九五〇］頃から。住民談）。深田川（綾南川支流）に綾町橋（あやちょうばし）（綾町道路網図は二反田橋。町道立町・**郷鳴線**。下に写真）がある。(2)「現在の字**深田**の地は昔は沼で雁、鴨、鶴等が群集していたと伝えられ、慶長五年（一六〇〇）九月島津又八郎忠恒（家久）上洛の途次綾光寺（50ページに絵図）に宿泊せられ眼下に水禽の群集御覧になり、狩猟を禁制した鷹野にあてられることになった」、「明治四十二年（一九〇九）五月には**深田**の耕地整理が完成した」（『綾史』）。『三国名勝図会（薩摩・大隅・日向の総合地誌、一八四三年）第四巻』に「下は水田に臨み、眺望豁然たり」とある。かつては広々とした湿地原野であったのであろう。(3)**深田**はフケ（泓）タ（処）の転で「泥深い土地・田」の意であろう。「戦後頃までは深い泥田で田植えや草取りが大変であった」という（住民談）。「平成二十三年綾トープはつけんじま（**⓾宮下**参照）を作る際のボーリングで深さ九メートルの粘土層を確認した」（綾町照葉樹林文化推進専門監・植物生態学。河野耕三氏談）。**仲町**は「仲のよい町」でありたいという願望地名。

深田川に架かる綾町橋の親柱の銘板・「綾町橋」と「深田川」

(二) 坂下から下中堂へ［地名図②］

⑮坂下＝さかした・〇立町＝たてまち（行政区名。第七章の行政区参照）

(1)**坂下**は**深田**の南西側で南部は大半耕地。町道県道沿いに人家や商店が密集し、八坂神社・孝明寺・**立町**バス停留所（下右に標柱の写真）・石碑「亜椰駅址」（下左に写真）・**立町**団地がある。(2)「藩政時代鹿児島の本藩を城下町、外城(とじょう)の町は**野町**(のまち)といった。綾郷の**野町**は今の**立町**で、綾駅(ママ)を中心に凡二十八戸の屋敷割があり二十軒内外の町人が在住した」（『綾史』）。正徳元年（一七一一）以前の**野町**は**岡町**と言った。第七章の**野町**、**外城**参照。「明治七年（一八七四）十二月　**立町**の旧県道突き当たり三叉路南側に最初の郵便取扱所が設けられた。当時は最も繁華街で後に道路元標（明治35年6月建立）が建てられた」（『綾史』）。「明治の初中期の頃、入野村や中央から遠く離れた地域の人達は**立町**を**綾ん町**と言っていた」（『綾誌』）。「今日でもなんこ（酒宴での箸戦）の時**綾ん町**というのが通用しているのは何にもなし、御手ぱらということに使われている」（『綾史』）。「なんこ」は「何個」の意（坂東運雄『古語が伝わる宮崎のことば』）。『日向地誌』に「**綾町**　**古城**ノ東ニ接ス長二町幅四十七間人家三十二戸」とある。「八坂神社の社殿は天正八年（一五八〇）、綾地頭上井次郎左ヱ門伝斉の造営で、当時は亜椰駅跡前の道路の北側にあり、明治四十年（一九〇七）現在地の**立町**東端に移転改築され

立町バス停留所の標柱

内山氏宅地内の石碑

た」（『綾誌』）。「拡張された境内に恵比寿堂などがある」（『綾史』）。京都市東山区祇園町の八坂神社（八七六年、祇園天神社）を勧請したのであろう。

(3)坂下は「坂を下った所」の意であろう。どんなことがあって地名が付いたのか由来不明。**立町**は「縦（東西）に長い町」の意。**岡町**は「麓集落（家臣団の居住地）の傍（かたわら）の町」の意であろう。岡場所は岡（かたわら）の場所の意。**野町**は「田舎の繁華でない町」の意であろう。「商人の密集した繁華地を「町」といい、それほど発達しないところを野町とよんだ」（宮崎県高等学校社会科研究会歴史部会『宮崎県の歴史散歩』）。また、「野町とは田舎の小さな町という意味である」（高城町編集委員会『高城町史』）。八坂神社の八坂は「イヤサカ（弥栄）で、ますます栄えるという神号に由来する。神社に由来しない地名はイヤサカ（弥坂）で、急な坂道のある所をいう」（『日本地名事典』）。第七章の**八坂**参照。

※亜椰驛址＝あやえきあと（昭和55（一九八〇）年10月1日町指定の史跡、前ページに石碑の写真）

(1)「延喜式」（律令の施行細則、九二七年）にある日向十六駅の一つ。**立町**公民館駐車場に案内板、西隣りの内山氏宅地内

に石碑がある。　(2)碑文「亜椰驛ハ日向国内拾五(ママ)駅中ノ一ツニシテ延喜以前ニ創設セラレタル舊趾ナル事延喜式ニ明カナリ當趾ハ歴史的貴重ナル遺跡ナルヲ以ツテ碑ヲ建テ之ヲ永久ニ伝ヘントス」。平安初期に国府（西都市三宅）から肥後に通ずる官道が作られ、駅には駅家（宿泊等の施設）・倉庫や馬五匹などが置かれ、公文書の引き継ぎや人継ぎ・馬継ぎなどが行われた。

○町頭＝まちがしら・○町尻＝まちじり・○町後＝まちうしろ（地名図記載なし）

(1)**町頭**は**立町**交差点の西側辺り、**町尻**は八坂神社辺りの俗称。**町後**は**綾町**の南部辺りか。(2)「町頭は現、**揚町**野元宅附近」（『綾誌』）。野元宅の比定地不明）。「明治七年頃は道路もそのまま駅路で、**町尻**から御鳴(ママ)部落まで見渡すかぎり田んぼで一軒の家もなかった」（『綾史』）。「鮎簗下待あば関の古文書」に「**町後**(まちうしろ)　待あば関壱ケ所以下五番関まで」とある（『同前』）。

(3)**町頭**は「立町の上手辺り」、**町尻**は「立町の末端辺り」、**町後**は「綾町の背後」の意であろう。

○揚町＝あげまち（行政区名。第七章の行政区参照。地名図記載なし）

(1)**立町**西側一帯の地。綾町揚交差点東側に**揚町**バス停留所がある（下に標柱の写真）。(2)『伊能忠敬測量日記』（文化9年［一八一二］6月綾郷測量）に「**揚村**　綾(あや)と号し駅なり」とある。『日向地誌』に「**揚村**　中堂ノ東ニ接ス」とある。道路工事について「**揚村**―**尾原**間　大正六年（一九一七）四月」、「**揚町**―**尾原**間　昭和八年（一九三三）八月」とある（『綾誌』）。明治大正期までは**揚村**で昭

揚町バス停留所の標柱

和初期に**揚町**になったのであろう。

(3)**揚**は①伝説地名か。「景行天皇軍が熊襲軍を撃退後、当地を通り**錦原**の本陣に意気揚々と引き揚げたことにちなむか」という（松元捨雄氏談）。**十ヶ所・五ヶ所の地名伝説**（37ページ）参照。（例：秋田県平鹿郡大雄村阿気、前九年の役［一〇五四～六二］で、源義家が軍勢を引き揚げ陣取ったので、以後誉の里と称したという説がある。『秋田県地名大辞典』）。②アゲチ（揚地・上地）の略で「小高い所」の意か（例：山口県大島郡安下ノ庄は海岸からやや小高い所に立地。他の地名もやや高所にあり、アゲ（上）で揚地の高燥地にある所をいう。『日本地名事典』）。

⑯古町＝ふるまち・⑲元蔵＝もとくら

(1)**古町**は消滅地名。「綾町小字一覧図」によると、⑬**二反田**の西側で⑲**元蔵**・㉒**古川**の南部や綾南川の流域辺り。**十ヶ所跡碑の碑文**（37ページ）参照。**元蔵**は綾南川左岸、⑮**坂下**西側の耕地で人家僅か。町道**畑田通り線**沿いの石碑「南俣村役場跡」に「廃藩置県により役場が置かれ戸長役場戸籍役場といわれた」とあり、堤防脇の石碑「十ヶ所渡し場跡」（次ページに写真）に「江戸時代野尻往還（肥後街道　薩摩街道）の渡し場があった」とある。(2)「字十ヶ所部落が移転を始めたのが天保十一年（一八四〇）八月四日の大洪水である」（『綾史』）。「藩政時代には字**元蔵**まで帆かけ舟が遡り藩の蔵屋敷から藩米が積み出されていた」（『綾誌』）。『日向地誌』に「**十ヶ所**渡　野尻往還ニ属ス綾南川ニアリ幅一町平水深二尺余夏月徒渉冬月独木橋ヲ架ス」とある。(3)**古町**は旧**十ヶ所村**のことで、①「古くは町」、または②「古くから開けた町」の意であろう（例：長崎県大村市古町、古くからの町に由来。『長崎県地名大辞典』）。**元蔵**は「もと藩の蔵のあった所」の意。「旧藩庫もあったから其跡を字**元蔵**と名付けたのであろう」（『綾史』）。江戸期には**八日町**などとともに繁盛した所であったのであろう。

⑰下川原＝しもがわら・㉓前川原＝まえがわら

(1)**下川原**は綾南川橋南詰（右岸）のやや下流、入野㉘五ヶ所東側堤防沿いの東西に長い耕地。堤防下の人家脇に石碑「旧綾郷南俣村**十ヶ所**跡碑」（次ページに碑文）があり、近くに飛地のような小区域の**前川原**がある。(3)**下川原**は「**中川原**の下流の川原」の意であろう。対岸（左岸）の少し上流に㉔**中川原**・㉕**表川原**がある。**前川原**は「中川原の前方の川原」の意であろう。**十ヶ所**村か**揚**村の前方か。

⑱十ヶ所＝じゅっかしょ

(1)消滅地名。かつては⑲**元蔵**・㉒**古川**の河川敷・流域を含む広い区域であった。「**元蔵**堤防の南岸河川の流域の上下にまたがる所に**十ヶ所**という字名を残している」（『綾史』）。(2)「元禄綾郷略図」に「十ヶ所」がある。「川が南の山のすそを流れていた頃は実に広々とした所であったと思われる」、「文化八年（一八一二）頃**十ヶ所**居住の郷士は二十五名であった」（『綾史』）。天保十一年（一八四〇）八月初めの大洪水の時、「**十ヶ所**　新大川流六拾間、田壱反七畝十五歩畠壱反七畝十五歩石砂入川成」とあり、「天保年間（一八三〇～四四）までは**中川原**・**揚町**・**立町**の部落を外画とした一大中心部落であった」、「河川の変遷や人家の移転等で無くなった小村（部落）」である（同前）。

(3)**十ヶ所**は景行天皇の熊襲征討（景行十三年）の際、①「十本の旗を立てた所」の意か。「**十ヶ所**（じゅっかせ）という地名は皇軍が旗十旒を立てて戦った場所が後代まで伝承されて地名となったものであろう」（『綾史』『綾誌』。**※十ヶ所・五ヶ所の地名伝説**参照）。②**十ヶ所**（じゅっかせ）は「十本の旗を立てた所の瀬」の約略で、「十ヶ所（しょ）

十ヶ所渡し場跡の石碑

の瀬」→「十ヶ所(せ)」か。『日向地誌』に「十ヶ所渡(せ)」、石碑に「旧綾郷南俣村十ヶ所(せ)跡碑」とある。

※旧綾郷南俣村十ヶ所(せ)跡碑の碑文（一部引用。全文は『綾郷土誌』23〜24ジペー参照）

「元禄十二年の古図面（本書口絵写真）には南川は南の方の山裾を流れ今の**向川原**は**揚**区と地続きになっている。この広い地域は往古より**十ヶ所**村と言い南の麓と呼ばれ縦横数条の道路に武家屋敷凡三十戸以上百姓かど数軒を擁し繁栄を究めたことが伝えられているが南川が洪水の度び毎に北岸を浸蝕移動したので天保十一年の大洪水迄(ママ)に漸次周辺の地に移転した…先年**十ヶ所**周辺に点在したと思はれる根幹つきの巨大な樟樹数本が出現した…、　揚区宮谷区両老人クラブ建立。　昭和五十年四月吉日」。

※十ヶ所・五ヶ所の地名伝説（「旧綾郷土史」より引用。松尾宇一編著『日向郷土事典』も同様）

「景行天皇行在所跡　口碑ノ伝フル所ニ依レバ人皇十二代景行天皇熊襲御親征ノ時天皇高屋行宮ヨリ綾ノ**錦原**ニ行幸アラセラル、時ニ熊襲肥後ヨリ大隅ニ至ラントシ官軍ヲ襲ハント綾ニ**反野**ノ丘ニ出デ二十町ヲ下リ川ノ南端ニ旗五旒ヲ立ツ　依ツテ官軍十町ヲ下リ川ノ北面楊柳(ようりゅう)ノ間**十ヶ所**ニ旗十旒ヲ立テ撃退セントス　此ノ間強雨降リシキリ折柄川水漲溢シテ弓前ニ逮フ賎兵狼狽大半討タレ二**反野**ニ遁ル後高岡町内浦ノ名ノ平窪ニ至リ死屍ヲ埋葬シ其巣窟ナル大隅ノ襲山ニ逃還ル官兵旗ヲ奉ジテ帰営ス　今**錦原**ノ古塚ハ此時ノ塋（墓）壙ナラント云フ　又官兵ノ十旗ヲ立テシ後ヲ**十ヶ所**　賎軍ノ五旗ヲ立テシ後ヲ**五ヶ所**　川ヲ乱レ川　熊襲ノ野営地ヲ**熊**のかくらト云フ」。**錦原**ノ古塚は㊻**大工園**の首塚古墳参照。

⑳畑田＝はただ

⑴**元蔵**の西側で人家が多い。飛地**桑原田**がある（137ジペー参照）。　⑶**畑田**は①「畠地化することのある水田」の意か。「畠田　水不足のときは畠として利用される田。また水田化される過程のもの」の意（『荘園史用

語辞典』）。②畑はハタ（端）の転で「端の田地」の意か。当地の北部や⑮**坂下北部**・㊸**星原南部**などは**錦原台地東南端部の崖下**に位置する（例：福島県石川郡浅川町大字畑田、丘のほとりにあるのでハタタ（端田）の意であろう。『日本地名大事典下』）。③単に「畑地」の意か。第七章の**田畑成引**参照。

㉑馬場田＝ばばだ

(1)**畑田**の西側で東西に長く大半耕地。東部に**揚**公園・**揚町**公民館・南俣保育所などがある。東流する綾南水路に第1迫田橋（町道**迫田**・**大明神**線）・第2迫田橋（町道**迫田**・**中川原**線）がある。(3)**馬場田**は①「馬場近くの田地」、または②「馬場にも使われる田地」の意であろう。第七章の**馬場**参照。

㉒古川＝ふるかわ

(1)**畑田**の南部や**馬場田**東半分の南側で、耕地が多く人家が散在する。一般県道高岡綾線の東側にライスセンター・野菜集荷所などや介護施設コスモス苑があり、西側には**中川原**公民館・大将軍社（第四章の**大将軍**、及び次ページの「綾舊地圖」参照）がある。**馬場田**との境の綾南用水路に、道路化しているが第1中川原橋がある（町道**南俣通り**線と町道**千草通り**線の起点。千草は「いろいろな草」の意。乳草の意もあるか。乳草は茎葉を切れば白汁がでる多年生のつる草）。

(2)「明治十三年（一八八〇）八月初め、綾南川は大氾濫を起こし字**六反田**字**表川原**、**中川原**の一部田畑凡八町歩が川原と化し、以来新川と呼ぶ川が出来たのである」、「十ヶ所近くの西南方面一帯の地を俗に**芝原**と云伝えたと聞いている。芝原山安養院伝徳寺（50ページ参照）は、初め**芝原村**にあったものを天正四年（一五七六）**古城**に移転したという。十二代の住職の墓は**芝原**にあったものと推定できるのである」（『綾史』）。

(3)**古川**は「綾南川の旧流路」の意であろう　**芝原**は「芝草・柴木の茂った原野」の意であろう。

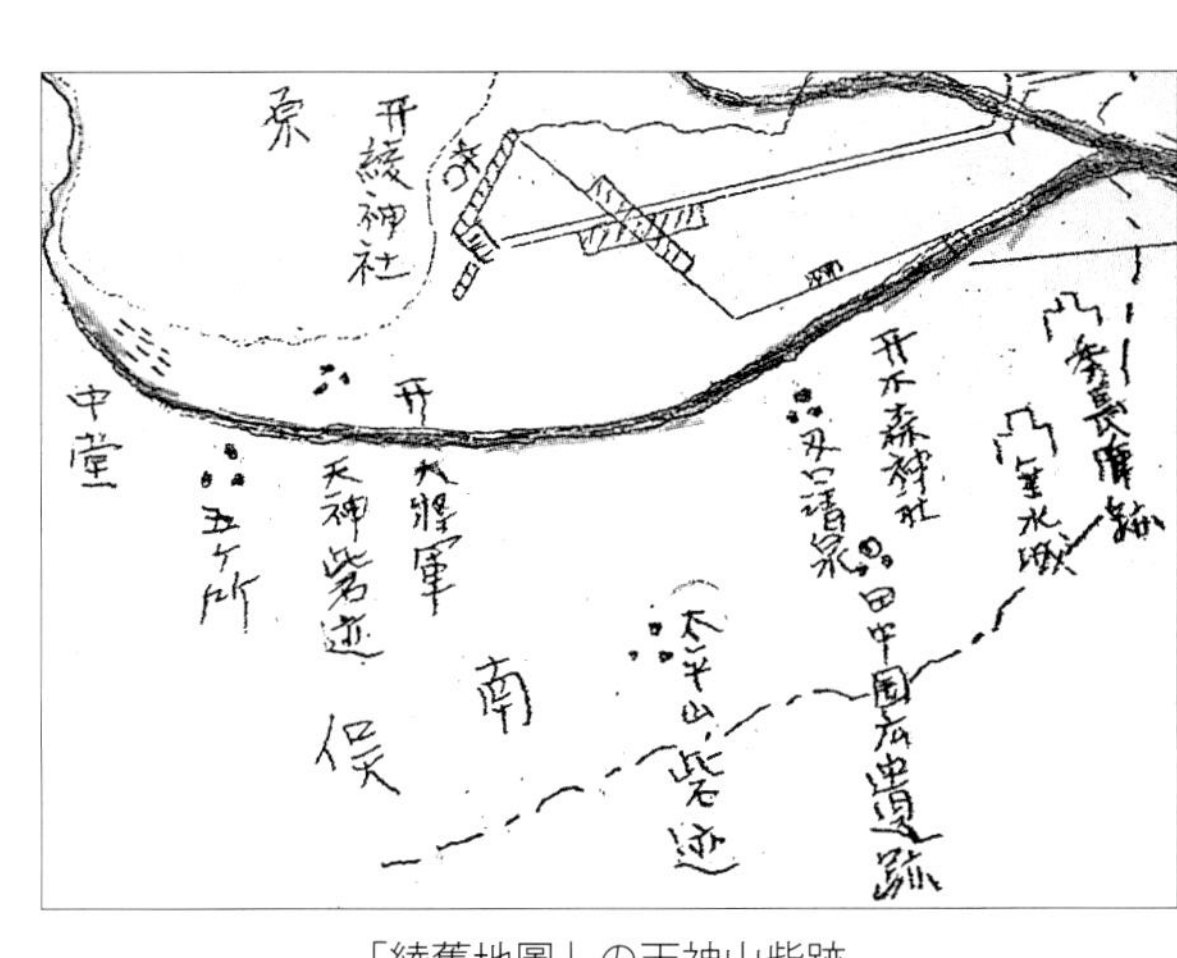

「綾舊地圖」の天神山砦跡

※天神山砦址（『旧綾郷土史』より引用、上に「綾舊地圖」）

(1)『旧綾郷土史』の「綾舊地圖」によると、古川の大将軍社のやや西側辺り。今、遺跡はない。(2)「錦原眼下田畦ノ中央ニ在リ、熊襲征討ノ時官兵ノ砦ナリト云傳フ、往古ハ天王山ト呼ビ老樹鬱蒼トシテ晝尚ホ暗シ」（同前）。大木の茂った小高い山を官軍の砦としたのであろう。天神山の由来不明。

㉔中川原＝なかがわら・㉕表川原＝おもてがわら・㉖龍官須＝りゅうかんず

(1)**中川原**は古川南部の西側で大半耕地で人家は僅か。東部に綾町上水場中川原水源地がある。広域地名として九つの町道名に使われ綾南用水路には無名橋（町道中川原通り線）、第２・第３中川原橋（町道中川原中央通り線、町道中川原・辺保木線）がある。**表川原**は消滅した小村（部落）で比定地不確定。「綾町小字一覧図」によると、**中川原**西南部及び㉜**豆新開**東南部の区域。飛地(216)**樋口**と(218)**谷向**があったが消滅した（134ページ参照）。**龍官須**は「綾町地籍集成図」や宅地の地番によると、**中川原**西部の民家数戸の小区域。

(2)「元禄綾郷略図」に「**中川原**」、『日向地誌』に「**中川原**　**宮ノ谷**の北綾南川ノ北岸ニアリ人家二十八戸」とある。天保年間までは一大中心部落であった（⑱**十ヶ所**参照）。天保十一年（一八四〇）八月初めの大洪水の時、「**表川原**の出口溝土手流五間、同所の流失三間」とある（『綾史』）。

(3)俗称**中川原**（ナツゴラ）という（『綾のむかし話①』の「綾の昔話地図」）。**中川原**は「氾濫原（はんらんげん）や流域の中にある川原」の意であろう。**表川原**は「**中川原**の南側（前方）の川原」の意であろう。**龍官須**は竜ケ水の転で、「土石流（山津波）」の意であろう。綾南川の洪水を竜に例えたのであろう（例・鹿児島市吉野町竜ケ水。平成5年8月6日の土石流はまさにリュウ［竜］の出現であった。昔から洪水・山津浪［土石流］を模して、リュウ［竜］と呼んだ。竜が下るごとく土石流が下るという喩えの地名。小川豊『あぶない地名』）。「竜ケ水は過去に幾度か鉄砲水が出たのでつけられた地名である。山津浪（土石流）のことを竜と呼んだのである」（谷川健一『列島縦断 地名逍遙』）。竜は水中に住み雲を呼び雨を起こすという想像上の動物。②リュウ（流）カン（間）ズ（洲）で「中洲」の意もあるか。やや上流の綾南川に中洲がある。

㉗東田＝ひがしだ・㉘水流前＝つる（の）まえ（水流前は地名図記載なし）

(1)**東田**は**㉔中川原**北側の大半耕地。東側の**㉒古川**との境に**中川原**団地がある。**水流前**は消滅地名で比定地不明。左の(2)の引用によると、**㉜豆新開**の西北部や**㉙壱町田**の西南部辺りか。(2)「元禄綾郷略図」に「**東田**　南方村内」とある。大正九年（一九二〇）三月の「井堰許可申請内容」に「…**柳田**、**岸の上**、**水流の前**、**壱町田**…」とある（『綾誌』）。(3)**東田**は「何かの東方の田地・集落」の意であろう。**㊱四枝集落**の東方か。**水流前**は「水流の前方」の意。**水流**の語意は北俣**(120)水流**、及び第七章の**水流**参照。

㉙壱町田＝いっちょうだ（表記は土地台帳の「壱」による）

(1)東西に通る町道**南俣**通り線を挟んで**㉜豆新開**の北側の耕地。人家はない。

(3)**壱町田は**①「広さ一町歩の開墾地・田地」、または②「総反別一町田」の意であろう。「公民に割り当てられた口分田（大化改新時の班田）は広さ一町に区切られていた」（園田隆『南九州路をさるく』）。「二反田～六反田・八反田、色々な意味を有し、一区分の分け前を示すもの、開墾した田積の総反別を示すもの、分配に関係なく一枚の面積をいうもの…等」の意がある（細川道草「打出村の小字について」、日本地名学研究会編『地名学研究上巻（第七号）』、昭和33年9月。復刻昭和57年6月）。

㉚柳田＝やなぎた・㉛岸ノ上＝きしのうえ（地名図②黒塗り部分）

(1)柳田は北南に通る町道**中堂・辺保木**線を挟んで、**㉜豆新開**北部西側の耕地。人家はない。**岸ノ上**は消滅地名。「綾南県営圃場整備事業地区現形平面図」（竪元竜弘氏所有、事業は昭和46年完了）によると、**柳田**南東部から**豆新開**西北部辺りの細長い区域であった。

(3)柳田は①「柳の群生地」の意か（例：山形県鶴岡市柳田（やなぎだ）、地名は柳が多く自生したことによるとつたえられる。『山形県地名大辞典』）。柳はヤナギ科の落葉高木の総称。水に根強く生育が早い。柳は縁という。②「柳の木の茂る田地」の意か（例：福島県伊達郡梁川町柳田（やながわまちやなぎだ）、由来は「田の付近に多く柳生ひ茂れるにより」という。『福島県地名大辞典』）。③ヤナ（梁）ギ（処）タ（田）で「梁場近くの田地」の意か（例：東京都東村山市の柳瀬川、古くは極めて魚が豊富で梁瀬の文字が用いられたという。東村山郷土研究会『東村山の地名とそのいわれ』）。④柳は「やのき（矢篦木）」の転で（『広辞苑』）、「矢に適した木のある所」の意か。**岸ノ上**は文字通り「川岸（自然堤防）の上」の意か（例：香川県仲多度郡満豊町岸上、集落の大部分が金倉川左岸の台地上にあったためという。『香川県地名大辞典』）。岸の上に何があって地名化したのであろうか、不明。

㉜豆新開＝まめしんかい

(1)壱町田の南側で北半分は耕地。南部の綾酒泉の杜・綾自然蔵見学館・グラスアート工房・綾ワイナリーなどは綾町観光の中核を担っている。綾南川（本庄川）に水の郷ほたる橋（㉛六反田参照）が架かっている。北詰は町道**宮谷・六反田**線の終点。対岸に照葉窯や恋人の森などがある。

(3)豆は小の意で、**豆新開**は「小さな新開地」の意であろう。新開は新たに開墾した土地・田地。

㉝辺保木＝へぼのき（地名図②点線部分）・㉞瀬脇＝せわき

(1)**辺保木**は消滅地名。「綾南県営圃場整備事業地区現形平面図」によると、**瀬脇**東南部・**豆新開**西南部の辺り。五つの町道名に使われている（四枝・辺保木西線、同東線、玉石・辺保木線、中堂・辺保木線、中川原・辺保木線）。**瀬脇**は**豆新開**南半分の西側で大半耕地。綾ワイナリーの駐車場がある。南側は綾南川（本庄川）に面する。（2）「鮎簗下待あば関の古文書」に「**辺保木**（へほのき）待あば関壱ケ所以下三番関まで」とある（『綾史』）。天保十一年（一八四〇）八月初めの大洪水の時、「被害甚だしく、**へぼの木**に数百間の土塁の堤防が出来、現存している」、「**瀬脇**流四十間横五十間…」とある（同前）。「明治二十六年（一八九三）十月十四日暴風雨にて大洪水になり、朝五時**ヘボノ木**病院（赤痢が流行しヘボノ木の下手に仮の小屋掛けした避病棟のこと）へ行き、十時頃役場へ帰る」（「四本兼良日記」『綾史』）。「昭和四十七年（一九七二）二月大字南俣字**辺保木**にコンクリートの**宮之谷井堰**を設けた」（『綾誌』）。

(3)**辺保木**は「ヘボノ木の群生地」の意であろう（例：鹿児島県大口（おおくち）市辺母木（へぼき）、大口川の周辺にヘボノ木が茂生していた。方言で犬榧または柏槙（びゃくしん）のこと。『続 難読姓氏・地名大事典』）。ヘボノ木（イヌガヤ・ヘボガヤ）はイヌガヤ科の常緑低木。暖地に生え、庭園樹・細工の用材になる。種子の核から採油し、灯油機械油とする。**瀬脇**は①「川瀬の脇」の意か。②セ（瀬）ワ（曲）キ（処）で「瀬が曲流する所」の意か。綾南川（本庄川）が当地で南から東へ曲流する。③脇はワク（分）の転で「瀬の分かれる所」の意もありうるか。

㉟梅木田＝うめきだ・㊱四枝＝よつえ（行政区名。第七章の**行政区**参照）

(1)**梅木田**は**瀬脇**北側の耕地で人家僅か。かつては梅林があったか。西側は綾南川（本庄川）に面する。

四枝は**梅木田**の北側で、中北部の県道町道沿いに人家が多いが東部西部は耕地。上畑橋（主要地方道宮崎須木線、綾南川）の上流側に**四枝**井堰がある（昭和15年3月完成。『綾誌』）。綾南水路（元四ッ**枝**溝、※**提原**と**堤原**30ページ参照）に四枝橋がある（町道**四枝**・**中川原**線）。飛地**214四枝**・**215四枝**下があったが消滅した（133ページ参照）。金山神社は金鉱山の安全を祈願した神社であろうが、由来不明。**(2)**「常喜袖判宛行状写」（明徳5年［一三九四］）に「諸縣庄綾裏内　水田貳町　**四枝**薗壹箇所坪付…」とある（『県史史料編 中世1』）。袖判は文書の袖（初めの端余白）に花押を書くこと。花押（花字の押字、署名の下に書く判）は独特の字体に手書きで署名すること。宛行状は割り当てた書状。常喜は人名であろうが委細不明。「元禄綾郷略図」に「**四枝**」とある。「天保十一年（一八四〇）八月初めの大洪水の時、「**四枝**一番堰二番堰各横四十八間流など被害甚だしく、その後南川**四つ枝**に石だたみの堤防が出来現存している」（『綾史』）。『日向地誌』に「蔵底寺址　禅宗綾光寺ノ末派ナリ四ツ枝ニアリ廃寺慶応三年九月」、「字地　**四ッ枝**　綾南川ノ東岸ニアリ人家二十六戸」、「**四ツ枝**溝　南川ノ東岸**四枝**堰…」（以下※**提原**と**堤原**に引用、30ページ参照）とある。

(3)梅木田は①ウメキ（梅木）ダ（処）で、「梅の木の群生地」の意か（例：宮崎市高岡町大字小山田梅木田、昔あしこいらの堤防で梅の古木群が春毎に清香を漂わせ鶯を呼んでいたのでもあろう。高岡を語る会・同町文化財委員会編『たかおか』6号）。梅はバラ科の観賞用の落葉高木。早春に葉に先立って白・淡紅色の花が咲く。実は梅干・梅酒などに、材は床柱・櫛などに利用する。②ウメ（埋）キ（処）ダ（田）で「土砂で埋った所・田地」の意か（例：同前梅木田、「埋田」の転化で、土砂で埋った田地の所か。『宮崎市の小字地名考』）。「**四つ枝**は四枝で川が数条に分かれた所、条が枝になったと思われる」（『綾史』）。

37 口ノ坪＝くちのつぼ

(1)四枝の東側。主要地方道宮崎須木線の北側沿いに僅かな人家や**四枝**簡易郵便局が並び、南側には**四枝**

公園・**四枝**公民館などがあるが、大半は耕地。

(3)口ノ坪は①「山地の入り口の集落」の意か（例・・宮崎市富吉口ノ坪、川口・野口・山口等の川・野・山が略された地名か。坪は集落の意であろう。『宮崎市の小字地名考』）。②古代条里制の一の坪・二の坪の転訛か。「関東以西の何ノ坪は大化以後の条里集落をいう地名が多い」（『日本地名事典』）。「亜椰駅はその名も現東諸県郡の**綾町**に当たる。ただし、現市街地では**馬場田**、**宿神**等の小字名を条里の坪名とともに見出したにすぎない」（藤岡謙二郎編『古代日本の交通路Ⅳ』）。「条里の坪名」は**中坪**・**大坪**・**口ノ坪**であろうが、町内に条里制遺跡は見つかっていない。❼**中坪**・❾**大坪**、及び第七章の**条里制の坪**参照。

㊳尾園＝おその

(1)尾園は**四枝**・**口ノ坪**北側の**錦原**台地西南端の地。耕地より人家の方が広い。**(3)尾園**は①「尾根末端の栽培園地」の意か。尾はオ（小・大）の転で②「小さな栽培園」、または③「大きな栽培園」の意か。

㊴草萩＝そうはぎ（「綾の昔話地図」56ページ）

(1)錦原台地の西南端、**尾園**と**中堂**の北側の耕地。西側は崖地で綾南川（本庄川）が南流する。**錦原**排水路に第1～第3草萩橋・第1遠目塚橋が架かっている。町道名（**古城・草萩**線、**草萩**線、**遠目塚・草萩**線）や橋名（第1・2草萩橋）に使われている。**(2)**「日州諸縣之郡綾名寄目録」（明和6年［一七六九］）の綾南俣村浮免に「**草萩**　下畠十四間卅二間…」とある（『県史史料編　近世5』）。名寄目録は28ページ、及び第七章の**田畠**の等級参照。「**草萩**や**愛宕下**一帯は草原で秋の七草の一つ萩が沢山はえていた」（『綾のむかし話①』）。**(3)草萩**は「草萩の群生地」の意であろう。萩はマメ科の落葉低木で秋の七草の一つで小花が咲く。

40中堂＝なかどう（行政区名。第七章の行政区参照）・
○玉石＝たまいし（「綾の昔話地図」56ページ）・
○狩行司＝かりぎょうじ

(1)中堂は**尾園**の東側で南部に人家多く北部は耕地。中堂バス停留所がある（下に写真）。中南部に飛地**221柳田**がある（135ページ参照）。玉石は**中堂**中央部の玉石神社（下に鳥居扁額の写真）辺りの俗称・班名。創建不明。「綾の昔話地図」に玉石様とある。「玉石神社は玉石部落十六戸ばかりの氏子で祭祀、…脱腸に霊験あらたかでお礼参りに円い玉石を一つ奉納する」（『綾史』）。堂内に大小の丸い石が置かれている。**狩行司**は玉石東側の俗称。住民が共同で運営する精米所がある（左下に看板の写真）。(2)仏像寺（創建廃寺不明、墓地に小堂が残る。『綾史』）があった。「小山田重宗給分坪付写」（明徳5年［一三九四］）に「諸縣庄綾裏内**中道**一反半五斗代」とある（『県史史料編 中世1』）。給分坪付は給与された田地の反別・所在などを記した地籍簿のこと。「元禄綾郷略図」に「中堂」とある。古文書「藩主の御狩」（文化4年［一八〇七］）に「三度御狩有之筈ニ候…宿の義は**中道村**へ申付置候」、伝徳寺跡の記述に「綾千**中道**（なかどう） 阿彌陀寺仏像寺二ケ寺有之候」とある（『綾史』）。嘉永五年（一八五二）の「綾南俣村宗門手札内改日帳」

中堂バス停留所の標柱

鳥居にある神社名の扁額

精米作業所の看板

に「今日者中道之権右衛門宅ニ而…」、とある（『県史史料編 近世5』）。「宗門手札はキリシタン・真宗などを取り締まるため、名前・宗旨などを記して領民に発行した木札、宗門改は幕藩領主が行った領民の宗旨調査」（『古文書用語辞典』柏書房）。『日向地誌』に「字地 中堂（ナカ） 四枝ノ東ニ接ス人家三十九戸」とある。宿神社の板木（表面）に「綾村南俣小字狩行司宿神之社…」とある（135ページに写真）。なぜか現在の小字名にはない。「狩行司作業所は昭和十五年創業で、それ以前は豆腐屋であった」（住民談）。(3)**中堂**（なかどう）は中堂（ちゅうどう）の訓音読み（湯桶読み）で、「中心のお堂＝本堂」の意か（例：和歌山県橋本市中道（なかどう）、かつて当地周辺に堂があり、中堂と呼んだことにちなむという。『和歌山県地名大辞典』）。天台宗では本尊を安置する本堂を中堂（ちゅうどう）という。「仏像寺は天台宗であった伝徳寺の末寺となった時代があったらしい」（『綾史』）。②「中央の道路」の意か（例：山梨県東八代郡中道町（なかみちちょう）、三本の道のうち中央の道であった中道往還に因む。『市町村名語源辞典 改訂版』）。玉石は「丸く美しい石」の意。**狩行司**は「狩りの総指揮官」の意。「行司は狩りの総指揮官で狩に関する総てを指揮命令し、狩人は行司の云うことには絶対服従である」（『綾史』）。

41窪原＝くぼばる

(1)**草萩**東側の広い耕地で人家数戸。西南部に**中堂**運動公園がある。(3)**窪原**は①「窪地のある原野」の意か。北側の入野**151上原**・南俣**48赤松**との境の窪地を耶治川が東流する。②原はハル（墾）の転で「窪地の開墾地」の意か。中世以後か。「原をハルと読む地名の多くは、中世以後の開墾地に付けられたものである」（『古代地名語源辞典』）。なお、「ハルに墾を当てるのは律令期、治は平安期の開墾地の地名という」（池田善朗『筑前故地名ばなし』）。

42下中堂＝しもなかどう・○迫田＝さこた

迫田の六地蔵尊、頭部が風化、補修がしてある

⑴**下中堂**は**中堂**・㉙**壱町田**の東側で県道町道沿いに人家が点在し、**中堂公民館**や**下中堂**バス停留所がある。大半耕地。**迫田**は**下中堂**東端部の俗称（上に迫田六地蔵の写真）。町道名（**迫田・大明神線**、**迫田・中川原線**）・橋名（第1・第2迫田橋）に使われている。⑵「小山田重宗給分坪付写」（明徳5年［一三九四］）に「諸県庄綾裏内　**中道下**二反内五斗代」とある（『県史史料編　中世1』）。給分坪付は45ページ参照。「**下中堂**の中腹台地は昔から住居地でスミトコとなったらしい」（『綾史』）。分村の時期など不明。**迫田**に阿弥陀寺があった（創建は永禄2年［一五五九］・元亀元年［一五七〇］の頃、慶応3年［一八六七］廃寺。『綾史』）。「六地蔵石には蓮台石も笠石も頂上の丸形の石もないが、廃仏の時に破壊されたものか、二・三回も移転されたので自然破壊したものと思われる」（同前）。「**迫田**の坂の登り口に六地蔵一基と墓地内に墓が二基残っている」（同前）。「昔は西側へ曲がって登る細い道が**迫田の坂**であった」（住民談）。⑶**下中堂**は「中堂の下方の地」の意。**中堂**の語意は前ページ参照。**迫田**は「山が迫った谷間の田地」の意であろう。

Ⅱ　錦原南部の台山地［地名図③④］

錦原は綾盆地へ西から東に突き出た隆起洪積台地である。錦原南部の台山地は錦原のほぼ南半分を占めており、南原ともいう。

○錦原＝にしきばる（地名図記載なし）

⑴中央台地の広域地名。⑵「元禄綾郷略図」（口絵参照）に「錦原」とある。『日向地誌』（南股村）に「原野　**錦原**（ニシキ）　本村ノ北北股村ニ連ナル方凡二十四五町地勢平坦満原都テ畦圃トナル北一半ハ北股村南一半ハ本村ニ属ス皆民有タリ相伝フ古ハ**吉井原**（ヨシキ）ト呼シカ後今ノ名ニ改メシト」とある（北股村にも同様の記述）。町道の工事に関し「**四枝―尾立**線の**四枝・南原**（**錦原**）間　大正四（一九一五）年三月」、「**町道杢道・中堂**線　**玉石―南原**　大正八年七月」などとある（『綾誌』）。

⑶**錦原**は①和泉式部の語に由来し「五彩の花鮮やかな草原」の意か。『三国名勝図会第四巻』に「**錦原**　平地にて百穀常に植ゑざることなし、其花五彩をなして鮮やかなり、故に土人其原野を錦原といふ、是和泉式部の語より出たりとかや」とある。和泉式部は平安中期（九七七～一〇三六年頃）の伝説の多い情熱の女流歌人。②伝説地名か。景行天皇熊襲征討（景行十三年）にちなみ、「錦の御旗の立った原野」の意

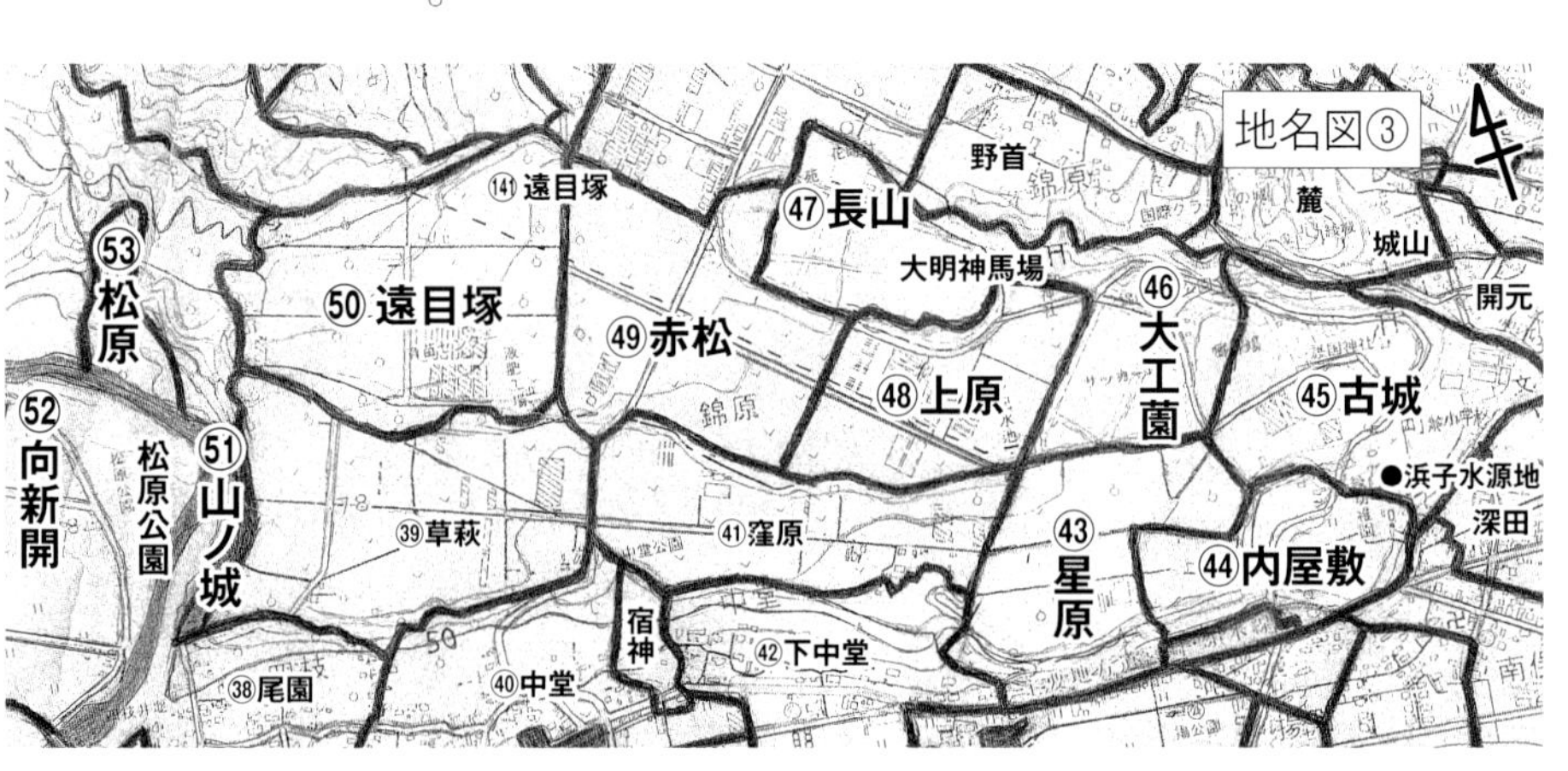

か。「皇軍は（熊襲軍撃退後）旗を奉じて錦原陣営に帰られたという。…案ずるに皇軍の旗を「にしきのみはた」と云うから、天皇の御旗の立った原一帯を錦旗原と伝承し、後に錦原と呼ぶようになったのであろう」（『綾史』）。錦の御旗は鎌倉時代頃からの官軍の標章である。**錦原**の呼称が「錦旗原」に由来するとすれば、鎌倉時代以後であろう。**南原**は「**錦原**の南部の原野」の意。北俣**135**吉井原参照。

㊸星原＝ほしばる

(1)**窪原**東側の耕地で人家ごく僅か。南端部は崖地下の平地。(2)「南俣**星原**で石器時代の遺物、石小刀が発見された。」（喜田貞吉『日向國史 古代史』）。(3)①星はハシ（端）の転で、**星原**は「台地南端の原野」の意か（例・福岡県八女郡星野村、ハシ（端）ノ（野）の転で、川沿いの野のことか。『市町村名語源辞典改訂版』）。②星はホシ（乾）の転で「乾いた原野」の意か（例・宮崎市清武町船引星野、乾燥しがちな原野の所。『宮崎市の小字地名考』）。③星はホウジ（牓示）の転で「杭・石などで境界を示した原野・開墾地」の意か（例・福岡県八女郡黒木町と熊本県鹿本郡鹿北町との境界にある星原山（ほしばる）、鹿北町星原集落に由来し領地の境界をいう。牓示（ほうじ）が星に変化したとみられる。『日本山岳ルーツ大辞典』）。第七章の**星原**参照。

石碑「内屋敷顕彰碑」

㊹内屋敷＝うちやしき

(1)星原の東側で大半耕地山林地、町営プールや僅かな人家がある。石碑「内屋敷顕彰碑」がある（上に写真）。(2)「内屋敷城跡（昭和55年［一九八〇］10月1日町指定史跡）は室町時代（一四〇〇年代）豪族綾氏の屋敷跡」（『綾誌』）、「内屋敷城北方村にあり…龍之尾城の砦なりといふ」（『三国名勝図会④』）。『日向地誌』にも北俣村に「内屋敷城墟」の記述がある。何時頃からなぜ南俣村になったのか。第七章の**内屋敷城墟**参照。「昭和五十六年七月**内屋敷**古墳（地下式横穴墓）が発見された」（『綾誌』）。⑶**内屋敷**は「堀や塀の内側にある屋敷」の意。

㊺古城＝こじょう・○観音の鼻＝かんのんのはな

綾光寺の境内一帯、右端に観音閣がある（『三国名勝図会④』）

⑴**古城**は**内屋敷**東北側の**錦原**台地東南端の地。**錦原**運動公園（サッカー場・野球場）・綾小学校・綾幼稚園（**115麓**より移転。90ページ参照。以前は遊園地）・護国神社・**古城**水神（次ページ**浜子水源地**参照）などがある。南端部の深田川（綾南川支流）に古城橋（希望の橋。町道**小学校通り**線）がある。**観音の鼻**は綾小学校東部辺りの俗称・班名。⑵かつて綾光寺（長禄元年［一四五七］創建、『綾誌年表』。中興（十六世紀末か）されてから寺観よく整い、境内広く築山泉水等善美をつくし、域内に大森権現社や観音堂があった。慶応3年［一八六七］廃寺。『綾史』。上に境内の写真）、伝徳寺（創建等不明。天正4年［一五七六］**芝原**より移転。廃寺同前。**芝原**は38ページ参照）、法音寺（永正元年［一五〇四］以前の創建、明治4年［一八七一］廃寺）、政所（まんどころ）（由来不明。中世荘園の現地管理所か）などがあった。明治以降では綾陽小学校（明治18年綾郷校に改称）、綾村役場（今プールがある所。綾町民話の会『語らいを求めて』）、綾青年学校、綾中学校、本庄高校定時制綾分校などがあった。「中古政所置キシコ

トアリ、兆域ニ政所天神社アリシガ明治四年綾神社ニ合祭シ廃寺(ママ)（廃社か）トナル」（『旧綾郷土史』）。「天明年間（一七八一〜八八）砲術馬術の武を練れと仰せ渡しがあった。訓練場所は今の護国神社の所で、もと芝生の広場で**射的場**といった」（『綾誌』）。「綾光寺当邑の菩提寺なり境内一叢林中に観音閣あり聖観音二躰を安じ雙悲閣の額を掲ぐ**嶺崎の観音**といふ」（『三国名勝図会④』。前ページの写真参照）。「境内広く東突端の観音堂に聖観世音二躰を安置…**観音の鼻**という」（『綾史』）。「小山田氏給分坪付写」（永徳3年［一三八三］）に「**峯崎**　三反六斗代二反五斗代一反」、「小山田重宗給分坪付写」（明徳5年［一三九四］）に「諸縣庄綾裏内**ミねさき**三反六斗代二反五斗代一反」とある（『県史史料編　中世1』）。給分坪付は45ページ参照。

(3)**古城**は「古い城」の意。「綾氏は**古城**の台地**内屋敷**に壕や土手をめぐらし居宅を構え山城を築く基をきり開いた」（『綾誌』）。**射的場**(しゃてきば)は「矢を射る射的を行う場所」「射手(いて)の立つ位置」の意。**観音の鼻**は「観音堂のある台地の先端」、**峯崎**は「峯（尾根）の突端」の意。第七章の**崎と鼻**参照。

浜子水源地・古城水神の石塔と祠

○浜子水源地＝はまんこすいげんち

(1)**古城**南部の小崖地にある湧水地。**古城**水神を祀る（上に写真）。(2)「昭和二年三月**浜ン湖**から綾小学校に上水道が引かれた」、「**古城水神**　**浜子湧水水源地**に**古城**の水利関係者一同で祀る」（『綾誌』）。(3)**浜子・浜ン湖水源地**は「崖地の湧水地」の意であろう（例㋐：岐阜県関市富之保武儀倉端間場(とみのほむぎくらはまば)、ハマは土手・崖・川岸などの意、浸食された崖のある場所を示す。山内和幸『地名由来　飛騨・美濃』。例㋑：鹿児島県指宿(いぶすき)郡開聞町(かいもんまち)大字入(いり)野(の)字山河(やまんご)、低い台地にある小さな谷間、小川のかしらは山かげの湧水地である。山ノ川（やまんこ）・山ノ子（やまのこ）も同様の意味。小川亥三郎『南日本の地名』）。

㊻大工園＝だいくぞの

(1)**古城**の西側、大半は**錦原運動公園**（サッカー場・野球場）で、中央に首塚古墳（昭和8年県指定）がある。綾神社が鎮座する（天和元年［一六八一］㊺本宮から三宮大明神を遷宮。明治5年9月、村内（南北両村）二十五社を合祀し綾神社に改名。『綾史』）。㊸**宮ノ谷**参照。(2)「日向国諸縣郡綾名寄目録」（延宝6年［一六七八］）の紙屋入野村之内竹脇門に「**大工田**　下田八間五十四間…」とある（『県史史料編 近世5』）。**大工田**＝**大工園**かは不明。第七章の**田畠（でんぱた）の等級**参照。『日向地誌』に「古塚一　**錦原**ノ東南畔**大工園**ニアリ…中古ハ数塚アリ…漸次鋤削シテ今全ク畦圃トナリシ…」とある。**十ヶ所・五ヶ所の地名伝説**参照。

(3)**大工園**は「大工職人の居住地」の意か（例：都城市三股町（ちょう）樺山大工園（だいくぞん）、昔樺山城主が鹿児島の大工数名を住まわせた所で、今はその地を「でくぞん」という。『三股町史改訂版』）。②工田は供田の転で「神社供用の大園地」の意か。神仏への供物用の田地を供田（くでん）という。ただし「綾神社関係の田地・園地はない」という（長友盛明宮司談）。③「暖竹の繁った谷間」の意か。北側の⑮**麓**に**野首谷**がある（89ページ参照）。（例：沖縄県沖縄市大工（だく）廻（じゃく）、「デーク（暖竹）の繁った狭処（迫）」が地名の由来であろう。南島地名研究センター編著『地名を歩く』）。

㊼長山＝ながやま・○大明神馬場＝でめじんばば

(1)**長山**は**大工園**北部西側の綾馬事公苑一帯の地。競馬場や競馬育成場にあった馬場。(2)「三宮（みつのみや）大明神（天長八年［八三一］創建）は天和元年（一六八一）**野首**谿谷の南**長山**の地に遷宮した」（『綾史』）。㊻**大工園**・㊸**宮ノ谷**参照。「昔から村祭りには奉納競馬が行われた。場所は**大明（でめ）神馬場（じんばば）**、即ち綾神社横の広馬場である。**やくさんばば**とも伝えている」、「流鏑（やぶさめ）馬馬場（今の育成場の馬場の中央に直線状にあった）で草競馬もあり大変な賑わいであった」（『綾史』『綾誌』）。綾競馬は昭和五七（一九八二）年以来毎年十一月初旬に行われ賑わっている。(3)**長山**は「細長く続く小山」の意。**大明神馬場**は「**大明神社**そばの**馬場**」、**やくさんば**は流鏑馬馬場の訛りで「流鏑馬を行う馬場」の意。明神は霊験あらたかな神の尊称。流鏑馬は馬を走らせながら射手が的を鏑矢で射る武技の一つ。

㊽上原＝うえはる

(1)大工園西側の耕地。綾町上水道**錦原**配水池がある。(2)「日州諸縣之郡綾名寄目録」の綾南俣村永作浮免に「上原　山畑五間九間壱畦…」とある（『県史史料編 近世5』）。第七章の**土地の種目・山畑**参照。(3)上原は「台地上の原野・開墾地」の意であろう。原はハル（墾）の転か。㊶**窪原**参照。

㊾赤松＝あかまつ

(1)上原西側の耕地。北東側の北俣⑭⓪二本**松**を東流する弥次川に赤松橋がある（町道**錦原西通り**線）。(3)**赤松**は「大木の赤松・赤松林のある所」の意であろう。戦後も大木の赤松があったという（住民談）。松はマツ科の植物の総称。常緑針葉の高木で長寿・不変の象徴として尊ばれる。門松に用いる。

㊿遠目塚＝とうめづか

(1)**赤松**西側の耕地で人家僅か。(2)「**遠目塚**（とうめづか）や**愛宕下**には昔から狐が居つき、土地の人はおまつ狐と呼んでいた」（『綾誌』）。(3)①遠目は狐のことで、**遠目塚**は「狐のすむ穴」の意であろう。②「遠くを見張る所」の意か（例・宮崎市南方遠目塚（とうめつか）、遠望できるような丘がある所。『宮崎市の小字地名考』）。入野の**のろしの丘**参照。

51山ノ城＝やまのしろ

(1)消滅地名。**39草萩**西側の崖下、綾南川（本庄川）左岸の細長い小平地。かつては綾南川がもっと西側を流れていて広かったのであろう。入野**202中水流**参照。

(3)**山ノ城**は「山地に築いた出城」の意。長池義貴の砦であろう。**53松原**参照。

52向新開＝むこうしんかい・53松原＝まつばら

(1)**向新開**は消滅地名。「綾町小字一覧図」によると、**松原**運動公園（サッカー場）北部辺りの小区域。**松原**は**山ノ城**北側の耕地山地。(2)「日向国諸縣郡綾名寄目録」の紙屋入野村之内新仕明持留に「中川原**向利開**（ママ）下田七間十四間三畦」とある（『県史史料編 近世5』）。**利開**は新開の誤字か誤写であろう。第七章の**土地の種目**参照。「元禄綾郷略図」に「**松原**」とある。「長池対馬允義治の子義貴は元和五年（一六一九）辺路番の守護として**松原**へ移住した。天保十四年（一八四三）の大洪水により**松原**居住の長池三家は家屋敷とも流失し**尾園**に移転した」（『綾史』）。消滅した小村（部落）の一つである（『綾史』）。

(3)**向新開**は「川向いの新開墾地」の意。**松原**は俗称松原（まつわら）、「松の木の群生地」の意であろう。百姓ワラ・漁師ワラ、葦原・草原・萩原・石原などのワラ・原は「同類者の集住地」「同類物の群生地」をいう。

54大谷＝おおたに・○弥五郎殿の金玉＝やごろうどんのきんたま

(1)北俣**132割付**西側の広い山谷地。東部の町道**四枝・尾立**線沿いに人家が数戸点在し、柳ヶ谷川（綾南川支流）が南流する。苗場橋（町道**四枝**・尾立線、柳ヶ谷川）の一キロメートルほど西側を北へ少し上がった所に、直径十数メートルの楕円形の窪地＝**弥五郎殿**の**金玉**があり、「昔、巨人の弥五郎が北から南へ大股で通った時の窪地」という（田淵民男氏談）。都城市山之口町的野八幡宮・日南市田之上八幡宮の弥五郎どん人形は身長四・八五メートルの巨体である。第七章の**弥五郎の足跡**参照。(2)「今は舗装道路になり深い危険な**柳ヶ谷**には立派な鉄骨の苗場橋が架かっているが、昔は兎道であった」(『綾のむかし話①』)。(3)**大谷**は「大きな谷間」、**柳ヶ谷**は「柳が自生する谷間」の意。**弥五郎殿**の**金玉**は「弥五郎どんの金玉がつかえてできた窪地」の意であろう(例：都城市横市町桜ヶ谷の畑に四畝位の凹地がある。弥五郎ドンの胯間の逸物がドサッと地につかえた時の跡だという。昭和45年土地改良事業で消滅した。瀬戸山計佐儀『日向の国 諸県の伝説』)。

○二ツ山＝ふたつやま（「綾の昔話地図」『綾のむかし話第一集』。次ページに部分図）

(1)二ツ山は北俣132**割付**東南部の山名。(2)「かつて**二ツ山**まで南川沿いに馬車道があったが、今は**遠目塚**に向い**草萩**で西方の二ツ山に向っている。昭和四十年頃綾南林用軌道が撤去され、二ツ山から三**窪**まで併用林道の使用を願い出た」(『綾誌』)。「**川中**に行く順路は**割付**を上る道と**南二ツ山**から**竹野**番所に出て尾根伝いに**川中**に下る道があった」(『綾史』)。「尾立区の下の三久**保**の手前に**じんべでら**(**甚兵衛平**)という所がある。終戦後は開拓されて立派な畑になっていた。そのあとに営林署の苗圃地ができ、杉や桧などの幼苗をたくさん生産していたが住宅ができ、苗場廃止後は運動場にもなっていた」(『綾のむかし話①』)。**甚兵衛平**は苗場橋西側の小さな平地で、今は山林地。高圧送電線の鉄塔が立つ。(3)二ツ山は「山頂が二つある山」、**南二ツ山**は「二ツ山の南部」の意であろう。**甚兵衛平**は「甚兵衛が開いた小平地」の意であろう。甚兵衛は人名であろうが委細不明。

㊺水窪＝みくぼ

(1)大谷西側の山地小平地で人家数戸。九州電力南発電所（大正4年［一九一五］竣工。第四章の堰堤参照）がある。南流する水窪谷川（綾南川支流）に水窪橋（町道上畑・水窪線。下に銘板の写真）が架かっている。(2)『日向地誌』に「**水窪** 宇登ノ北綾南川ニ一ツ隔ツ人家一戸」とある。(3)**水窪**は「水が涌き出る窪地」の意であろう（入野ユンノフチ参照）。

㊻宇都＝うと

(1)**水窪**対岸の山地や谷間の小平地で人家数戸。宇都谷川（綾南川支流）が東流する。(2)「元禄綾郷略図」に「**鵜戸**」、『日向地誌』に「**宇登** 倉輪ノ東二十町許綾南川ノ南岸ニアリ人家一戸」とある。「田畑開墾の古文書」（文化11年［一八一四］）に「**宇都平** 大山野（うざんにゃ）弐反程畠開 **小田爪之長次郎**」とある（『綾史』）。(3)**宇都**は「行き詰まった袋状の谷間」の意であろう（例：鹿児島県指宿市東方田之畑宇都、左右を山にはさまれた谷間で緩傾斜地の畑地。奥の方も山にさえぎられ、行き詰まりになっている。小川亥三郎『南日本の地名』）。**宇都平**は「**宇都の小平地**」の意であろう。第七章の**土地の種目・宇都**参照。

「綾の昔話地図」の部分図

親柱銘板の水窪橋

Ⅲ　綾盆地綾南川右岸西南部の平地台山地［地名図⑤］

綾盆地綾南川右岸の西南部の平地台山地は、盆地を南流東流する綾南川（本庄川）右岸の、西部西南部の平地台山地で、牛喰谷川・梟ヶ谷川・天付谷川・宮谷川などが綾南川に合流する。

㊼宮田＝みやた

(1)綾盆地西部の㉟**梅木田**の対岸（右岸）で大半山林地。**宮田谷**の奥に小祠の潮神社＝牛王様がある（『綾のむかし話①』）。「昔は神社の脇に池があり汐時にはぷくぷくと汐が涌くので潮神社（潮権現様）の名があり霊泉として伝えられた」（『綾史』）。創建不明。**カナクソタンポ**がある（185ページ参照）。

(2)「日向国諸縣郡綾名寄目録」（延宝6年［一六七八］）の紙屋入野村之内竹脇門に「**宮田**　山畑六間八間…」とある（『県史史料編　近世5』）。第七章の**山畑**参照。「昔の村道は**寺ん前**を通り人家のあった**宮田**に出て…五ヶ所（**宮谷**）に通じていた」（『綾史』）。

(3)**宮田**は①「神社所属の田地」、または②「神社祭祀用の田地」の意であろう。③ミ（水）ヤタ（ヤチ＝湿地の転。『古代地名語源辞典』）で「谷間の湿地」の意か。

❺❽石原田＝いしはらだ

⑴消滅地名。「綾町小字一覧図」によると、綾南川左岸の❸❺梅木田の西部や綾南川流域辺りの細長い区域。⑵「綾北川・綾南川のほとりは堤防がなかった頃は台風銀座でほとんど石原の状態であった」（郷田實「綾町の町づくりを語る」、『みやざきの自然』17号）。⑶石原田は①「石ころの多い所」、または②「石原の開墾地」の意であろう（例・奈良県橿原市石原田町、石の多い原野を開発した土地をいう。『日本地名大事典上』）。

❺❾堀ノ内＝ほりのうち

⑴宮田南側の山林地。大半は西側の山中に入り込んでいる。⑵天保十一年（一八四〇）八月初めの大洪水により「堀之内流二百間横拾間併田畑六反六畝二十歩…」、「昔の村道は上畑より堀之内（集落）に通じ…六反田を経て宮谷、五ヶ所を通っていた」、「かつては集落があったが消滅した小村（部落）の一つである」（『綾史』）。⑶堀ノ内は①「堀の内側の意で、中世環濠をめぐらせた豪族屋敷のこと」（『地名用語語源辞典』）。②「開墾地」の意か。鏡味『地名の語源』に「㋐「堀の内は豪族屋敷。㋑墾（ホリ）の内で開墾地。東北日本に多い」とある。かつては武士の館や田畑があったのであろう。

❻⓪梟ヶ谷＝ふくろうがたに

⑴梟ヶ谷は堀ノ内の南東側の山林地。梟ヶ谷川（綾南川支流）が北流する。東側に下フクロガ谷がある。⑵「上畑の上から大平山の上辺りまで全部の野原は共有地の草場だった。村人はめあさ（毎朝）馬をひきフクロガ谷を上り草切りにいった」（『綾のむかし話①』）。かつては袋状の小さな入江があったか。天保十一年（一八四〇）八月の大洪水の時、「堀之内流四十間横三間…片平の外流拾間横二間、田地二反」とある

（『綾史』）。**片平**は消滅地名で比定地不明であるが、**梟ヶ谷**辺りの小平地であろう。

(3)①梟は袋の転で、**梟ヶ谷**は「袋状に入り込んだ谷間」の意であろう（例：宮城県石巻市袋谷地、北上川が北側・東側・南側に還流して袋状に囲まれた地域。『宮城県地名大辞典』）。②「梟の多い谷間」の意か。梟は野ネズミなどを捕食するフクロウ科の夜行性の鳥。**片平**は「片側が傾斜地・崖地」の意であろう（例：宮崎市恒久片平、片側が傾斜地になっている土地。『宮崎市の小字地名考』）。

61 六反田＝ろくたんだ

(1)梟ヶ谷東側の河川敷や山林地。恋人の聖地・創造の森（平成18年、NPO法人地域活性化支援センター認定）・陶芸窯元・食事処がある。綾南川に水の郷ほたる橋（北詰が町道宮谷・六反田線の終点。塔頂部から斜め直線状に張ったケーブルで桁などを吊った構造の斜張橋）が架かっている。六反田歩道橋・宮ノ谷歩道橋ともいう（住民談）。**(2)**「文久二年（一八六二）に**野町**に大火があり、一番近い**六反田**の藩木を無届で伐ってまかなったが非常時のこと、お叱りはなくおお目であった」（『綾誌』）。「村道が通っていた」（前ページ**堀ノ内**参照）。**(3)六反田**は「広さ六反の開墾地」の意。

62 五ヶ所＝ごかしょ

(1)宮ノ谷東側の山林地で人家僅か。宮ノ谷川（綾南川支流）に国広橋（一般県道田の平綾線、東詰は町道宮谷・柿ヶ野線の起点、下に写真）が架かり、石碑「**宮の谷**地名発祥（生）の地」がある（次ページに写真）。「宮谷橋を国広橋とも言うのは昭和二十九年十月、**小坂元**の国広橋を改修した際

国広橋の橋名銘板

に、その廃材で宮谷橋を架け替えたことによる」という（松元捨雄氏談）。(2)「元禄綾郷略図」に「五ヶ所」、「伊能大図」（138ページ参照）に「五か所村」とある。(3)五ヶ所は①景行天皇の熊襲征討（景行十三年）にちなみ、「五本の旗を立てた所」の意か。「現在の小字名の五ヶ所　熊襲軍が旗五旒を立てて戦った場所が後代まで伝承され地名となったのであろう」（『綾誌』）。②五ヶ所は「五本の旗を立てた所の瀬」の約略で、「五ヶ所の瀬」→「五ヶ所」か。⑱十ヶ所参照。

63 宮ノ谷＝みやのたに（行政区名。第七章の**行政区**参照）

(1)**六反田**南東側の山林地。人家僅か。(2)「三宮大明神（天長八年［八三一］創建）は天和元年（一六八一）に**野首谿谷**の南**長山**の地に遷宮され、西の谷を**宮之谷**と云うのは旧跡を忘れぬためである」（『綾史』）。「江戸期から**宮谷**に渡し場があり、交通の便をはかっていた」（『綾誌』）。『日向地誌』に「**宮ノ谷**　大平山ノ西十五町許ニアリ人家二十二戸」とある。

(3)俗称**宮ノ谷**という（『綾のむかし話①』）。ノ→ンは薩摩訛り）。**宮ノ谷**は「神社近くの谷間」の意。「三宮は足仲彦命（仲哀天皇）・気長足姫命（神功皇后）・誉田別命（応神天皇）を祀ったことによる」（『綾史』）。

石碑「宮の谷地名発祥（生）の地」

64 天付＝あまつけ

(1)**五ヶ所**の南側崖上台地の耕地山地。天付谷川（綾南川支流、次ページ下に写真）が北流する。(3)①**天付**の天は高所、付はツキ（尽き・突き）の転で「崖地の尽きる所・突き出た所」の意か（例・岡山県勝田郡勝央町（おうちょう）植月、ウヱはスヱの転で末・端の意、ツキは尽きで同じ地形の尽きる所、主に山の端の地の地名であろう。『古代地名語源辞典』）。②雨漬の転で「水によく漬かる所」の意か（例：宮崎市高岡町大字浦之名雨附（あまつけ）、雨水によく漬かる所の意か。『宮崎市の小字地名考』）。③「雨水の急流する所」の意か（例：奈良県添上郡月ヶ瀬村月瀬、ツキはタキ（滝）の転訛語。ツキ瀬はたぎつ瀬のことで、川水の激しく流れるところである。池田末則「大和の地名事典」『日本「歴史地名」総覧』）。④「海付」で、縄文海進の頃の「海辺」の意か（太古綾村海岸想像図97ページ参照）。

65本宮＝もとみや

(1)五ヶ所東側の山地。元宮神社境内に故事伝承の石碑がある。**(2)**石碑の碑文＝「元宮神社　今ヨリ凡三百年前迠ハ綾神社ハ此所ニ鎮座サレタガ例祭ニ流鏑馬ガアリ或年騎手ガ人馬諸共馬場尻ノ池ニ沈ンダノデ里人不吉ノ故ヲ以テ天和元年今ノ地ニ御遷宮ニナリソノ古宮ノ跡が元宮神社デアル茲ニ鳥居ヲ改築シ後世ニ伝フ　明治百年四月　宮谷老人クラブ　評議委員長　陶国新太　評議委員　吉川源一　仝井戸川元吉　仝薗田兼夫　仝川野弥一　昭和四十三年四月」。**(3)本宮**は「旧の宮（の地）」の意。

66田平＝たひら

(1)本宮東側の、大半が傾斜した狭い山林地。北側に入野**227平田**が隣接する。田平と平田が隣接するのは全国でも珍しい。天付谷川に平田橋（町道宮谷・向川原線）が架かっている。**(2)**「日州諸縣之郡綾名寄目録」（明和6年［一七六九］）の綾南俣村持留に「**田平**　下々田八間半…」とある（『県史史料編 近世5』）。

土石流警告板にある川名「天付谷川」

(3)田平は当地の地形から「田地に面する傾斜地」の意であろう(例・宮崎市高岡町大字浦之名田ノ平、田に通ずる所が傾斜地になっている所。『宮崎市の小字地名考』)。第七章の田畠の等級・土地の種目・平参照。

67 沖代＝おきだい

(1)本宮の東側、大半耕地で人家僅か。牛喰谷川(綾南川支流)が東流し、奥殿平橋(一般県道高岡綾線)が架かっている。中央部に宮ノ谷研修センター(公民館)がある。沖代(おきだい)・下川原・五ヶ所などを含む広い地域を向川原といい、五つの町道名に使われている(東・西・南・中の向川原線と宮谷・向川原線)。

(2)「小山田氏給分坪付写」(永徳3年[一三八三])に「綾内おきたへ」、「小山田重宗給分坪付写」(明徳5年[一三九四])に「諸県庄綾裏内おきたい」・「綾裏内興代」とある(『県史史料編 中世1』)。「日向国諸県郡綾名寄目録」(延宝6年[一六七八])の綾南俣之内新仕明持留に「向川原　山畑弐畦甘八歩…」とある(同前『近世5』)。「元禄の頃今の向川原は揚区と地続きになっている」(『綾誌』)。「弘化・嘉永(一八四四～五四)の頃向川原に居住の籾木氏が向川原堰を設けて溝を引き、自己所有地凡そ七町歩以上を開田し、籾木どんの堰・ひらきと称した」、「水の郷ほたる橋上流の宮之谷井堰はかつて約三百メートル下流の向川原と中須との間にあった」(『綾史』)。「五ヶ所井堰とも言った」(『綾誌』)。

(3)沖代は「奥の・遠方の田地」(226入野沖代(おきしろ)参照)、向川原は「川向いの遠くの川原」の意であろう。

○奥殿坂＝おくどんさか・○奥殿平＝おくどんひら

(1)奥殿坂は沖代から一般県道高岡綾線を上る坂道。奥殿平は坂下の奥殿平橋(下に写真)の北側、沖代南部の

奥殿平橋の橋名銘板

小平地。牛喰谷川（俗称奥戸平谷川、『綾誌』。綾南川支流）が南流する。(3)殿はト（処）の転で、**奥殿坂**は「奥の坂」の意か（例：青森県下北郡大間町奥戸（川）、奥戸は奥まったところの意であろう。『日本全河川ルーツ大辞典』）。**奥殿平**は①「奥の小平地」の意か。②**平**は崖の意で「奥の崖地」の意か。**沖代東南部**との境の入野**244飯地山**の北端部は崖地となっている。第七章の**平**参照。

68 鳩峯＝はとみね（土地台帳の「峯」による）

(1)**田平**の東側、三日月形の細長い山谷地。人家数戸。**鳩峯東端部**や**飯地山西端部**を牛喰谷川（綾南川支流、下に写真）が北流し、**244飯地山**に境する。**沖代東端部**に牛喰谷橋（町道南**向川原**線）が架かっている。(2)「日州諸縣之郡綾名寄目録」の綾南俣村持留に「**牛喰ヶ谷**　下々田三間十間…」とある（『県史史料編 近世5』）。第七章の**田畠の等級・土地の種目**参照。

(3)①鳩はハ（端）ト（処）の転で、**鳩峯**は「端の峰」の意であろう。当地は丘陵地の突端・末端に位置する（例：岩手県釜石市鳩ノ峰、五葉東端の峰であることから、ハ（端）ト（処）らしい。『日本山岳ルーツ大辞典』）。②「山鳩の多い峰」の意か。「山鳩は今も昔も多くいて大根と炊きこんで食べていた」（てるはの森の会『綾・ふれあいの里 古屋（完全版）』）。鳩は鳩鴿目ハト科の鳥の総称。帰巣本能が強く平和の象徴。**牛喰ヶ谷**は①ウシ（憂し＝不安定）クイ（崩い）谷で、「地すべり・崩落のある谷間」の意であろう（例：鹿児島県曽於郡大隅町水喰谷、水に喰われた（浸食された）土地のことであろう。青屋昌興『南九州の地名』）。②「牛も飲み込む泥深い谷間」の意か（例：茨城県牛久市、一説に泥深く牛をも飲み込んでしまう牛食沼の転の牛久沼にちなむ。『日本地名大百科』）。

牛喰谷川の川名銘板

Ⅳ　南俣南部西部の丘陵山地

南俣南部西部の丘陵山地は古屋区倉輪区の地域で、南西側は宮崎市高岡町と小林市の野尻町や須木に境する。遠く離れた西部の山台地を浦之名川（大淀川支流）が蛇行し、流域沿いに❽❶倉輪と❽❹広沢がある。なお、中尾以下は小字名番号順に従って当地に記した。

(一)　丘陵山地　［地名図⑥⑦⑧］

❻❾子生＝こやし

(1)鳩峯西側の台地子生の原（『綾誌』）に梅林・耕地がある。人家僅か。子生川（牛喰谷川支流）に子生橋（町道宮谷・柿ケ野線）がある。「昭和三十九年（一九六四）十二月牛喰谷川（綾南川支流）を砂防河川に指定、区間は柿ヶ野、小生―入野字江後口」（同前）。(3)①子生は「越える所」の意か。綾方言で「丘を越える所」を「なんやこやし」という（同前）。（例・茨城県東茨城郡茨城町越安、源義家が奥州遠征の折涸沼川が越えやすかったことにちなむという伝承がある。『茨城県地名大辞典』）。②「子おやし」（子を育てるの意、『綾誌』）の略か。「島原の乱（寛永十四年［一六三七］十月のキリシタン・農民の反乱、翌年二月鎮圧）の落人が当地で子を養った」という（松元捨雄氏談）。③「肥しなし」の略か（例・小林市野尻町三ヶ野山マエンコヤシ、前の畑地は肥沃で肥やしを与えなくても作物に恵まれるとの説がある。園田隆『南九州路をさるく』）。第七章のコヤシ参照。

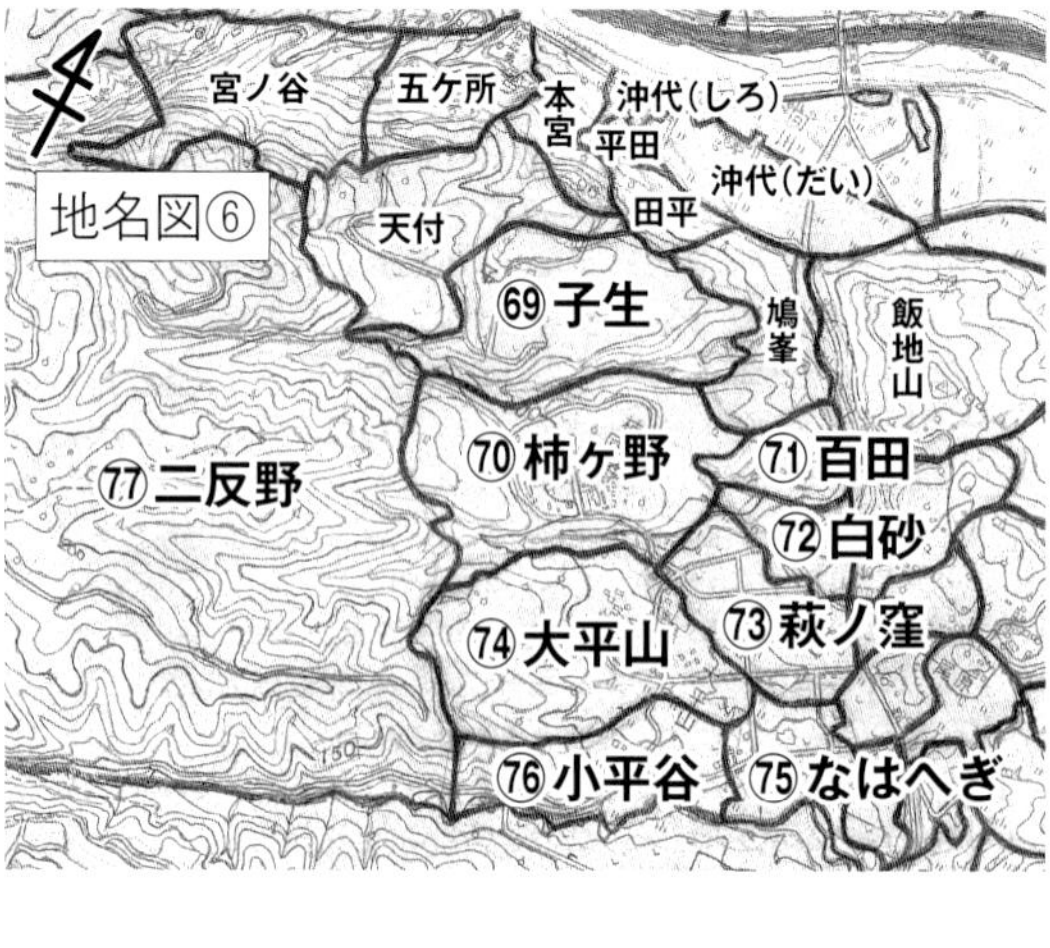

70 柿ヶ野＝かりがの

(1)子生の南側、人家僅かで大半は山野地崖地。牛喰谷川に柿ヶ野橋（町道宮谷・柿ケ野線）がある。

(2)「上畑の上から大平山の上あたりまで全部の野原は共有地の草場だった」（継松敏夫編『綾のむかし話①』）。74大平山の北側に子生や柿ヶ野がある。60梟ヶ谷参照。

(3)①柿（かり）はカリ（刈）の転で、柿ヶ野は「草刈り用の原野」の意か。右引用文による。②柿（かり）はカリ（狩）の転で、「狩猟用の原野」の意か。「かつては垂水城の殿様の狩り場であった」（『綾のむかし話①』）。（例：宮崎市高岡町浦之名（ちょううらのみょう）狩野（かりの）、狩りをする場所。刈野の場合は樹木を伐採する野。岩満重信編著『宮崎市の小字地名考』）。③柿（かり）はカケ（欠）の転で「崖地・地すべり地のある原野」の意か（例：三重県松坂市飯南町柿野、㋐柿は欠キで、崖の意。㋑掻きで、地すべり・地崩れの癖のある地名。小川豊『あぶない地名』）。④「柿の木の多い原野」の意か。柿はカキ科の落葉高木で日本原産。実は食用、材は器具・建築に用いる。

71 百田＝ひゃくだ

(1)柿ヶ野の東側で、東部の一部は東側に隣接する入野245百田に境する。人家のない山谷地。

(3)百田は「百枚ほどもある棚田」の意であろう。「百田（ひゃくだ）という地名がある。その名の通り棚田が百枚程もあった。こんな逸話が残っている。田んぼの枚数を数えると、どうしても一つ足りない。探してみると蓑の下に隠れていた…こう伝えられるくらい一つ一つの田んぼは小さかったと言われていた」（てるはの森の会編『綾・ふれあいの里 古屋（完全版）』）。

72 白砂＝しらすな

(1)百田南側の山谷地。　(3)白砂は「白い土砂」の意。「大平山・尾原は土壌が火山灰質で地下水が流れ、水が出る」（『同前 古屋（完全版）』）。「南九州でシラスと呼ばれる白い色をした未固結の火砕流堆積物は、姶良カルデラ（鹿児島湾北部の陥没した火口湖、カルデラはポルトガル語「釜」の意）から噴出したものを指し、約二万五千年前の噴出である」（池田碩編著『地形と人間』）。（例：宮崎市田野町(ちょう)白砂ヶ尾はシラス（火砕流堆積物）台地である。日下哉編著『図解日本地形用語事典増訂版』）。姶良カルデラの噴出は約三万年前ともいう。

73 萩ノ窪＝はぎのくぼ

(1)**白砂**南側の山谷地で人家僅か。東側は入野**246萩ノ久保**などに境する。(2)「小山田重宗給分坪付写」（明徳5年［一三九四］）に「綾裏内**萩窪** 卅六斗代…」とある（『県史史料編 中世1』）。(3)①**萩ノ窪**は「崩落地すべりのある窪地」の意か。「ハギは剝グで、土地の表土、岩盤・岩石などの表面が剝げ落ちる所」（『あぶない地名』）。②「萩の自生・群生する窪地」の意か。萩は**39草萩**参照。

74 大平山＝おびらやま

(1)**萩ノ窪**の南西側で東部に集落があるが大半は台山地。東北部の町道**尾原**・**大平山**線の東側沿いに**大平山**公民館がある。(2)「**太平山砦址** 太平山ニアリ 往古何人ノ拠守セシ所ナルヤ詳ナラズ西ハ高阜ニ連リ北ハ深谷ヲ廻シ東ハ泥田西南ハ暖流ニ臨ム頂上ニ**太平山砦**アリ、地蔵小堂猶存ス」（『旧綾郷土史』）。「綾舊地圖」39ページ参照。「日州諸縣之郡綾名寄目録」の綾南俣村永作浮免に「**大平山** 山畑八間甘間…」とある（『県史史料編 近世5』）。『日向地誌』に「**大平(ヒラ)山**…人家十五戸」とある。「ホ場整備の際に縄文遺跡が発掘されている」（『綾・ふれあいの里 古屋（完全版）』）。(3)**大平山**は①「尾根がなだらかに傾斜した広い山地」の意であろう。「綾町記念碑等調査台帳」（綾町教育委員会、昭和45年起）に「尾平山」とある。「建築用語のオオヒラ（大平）は寄せ棟屋根の前後の屋根面を指す」（『日本民家語彙集解』）。（例：熊本県球磨郡錦町大平山(まちおおひらやま)、瘤とか突起物がなく傾斜面がなだらかな山の意。『日本山岳ルーツ大辞典』)。②アイヌ語「オ（二つ以上）ピラ（崖）ヤマ（山）」（知里真志保『地名アイヌ語小辞典』）の意か。第七章の**山畑・平**参照。

(75)なはへぎ＝なわへぎ

⑴萩ノ窪南側の人家僅かの台山地。南側西側は宮崎市高岡町押田に境する。

⑶俗称ナベギ・ヘギという（住民談）。**なはへぎは**①ナ（土地）ハ（端）**ヘギ**（削）で「台地先端・末端の崖地」の意か（例・・岐阜県中津川市苗木、ナ（地）ヘギ（剝ギ）で、土地が削りとられたところ＝崖・絶壁の意。竹内俊雄『歴史地名の研究』）。当地の南側西側は絶壁で、下は内山川（大淀川支流）が東南流する。なお、「ヘキは辺・処で、丘陵・台地などの端っこを意味する」（池田善朗『筑前故地名ばなし』）。②ナハは縄の転で「長い崖地」の意か（例・・那覇、縄より転じて縄のような長い地形、縄で区画された土地。一説に漁のとれる場所、漁場ともいう。丹羽基二『地名』）。③ナ（土地）ワ（輪）で「屈曲する崖地」の意か（例・・鳥取県西伯郡名和町奈和、現在の奈和町御来屋あたり、ナは土地の意、ワは輪で曲がった地のこと。御来屋の東で屈曲する海岸線につけられたものか。『古代地名語源辞典』）。④アイヌ語「ナ（水の）パ（岸）」（大友幸男『日本縦断アイヌ語地名散歩』）の転で「川岸の崖地」の意か。約六千年前の縄文海進の頃は入江であったかもしれない。

(76)小平谷＝こびらんだに

⑴なはへぎ西側の山地で人家僅か。南東側は崖地で小平谷川（内山川上流）が東流する。

⑶平はヒラ（崖）の転で、**小平谷**は「小崖地のある谷間」の意であろう。第七章の**平**参照。

(77)二反野＝にたんの（行政区名。第七章の**行政区**参照）

(1)**宮ノ谷**・**天付**・**柿ヶ野**・**大平山**などの西側で起伏の多い洪積台地の広い山地原野。南側は宮崎市高岡町二反原に連なる。宮ノ谷坂から一般県道田の平綾線を上りきった所に小集落がある。**二反野**公民館は綾小学校二反野分校であった（昭和26年7月～38年3月、『綾史』）。西北部の兵隊山（公園）に「綾町開拓記念碑」（昭和48年6月建立）がある。第七章の**兵隊山**参照。石碑に「昭和二十一（一九四六）年度～二十七年度に**割付**・**二反野**・**陣之尾**に同志百五十余名が入植し五百町歩を開拓した」とある。戦後昭和二十一年に四十一戸が入植した（『綾誌』）。(2)「元禄綾郷略図」に「二**反野**」とある。『日向地誌』に「原野 二段野 本村ノ南野尻往還以東浦ノ名村五町村ノ原野ニ連ナル縦六七町横凡三町地勢窊隆多ク満野草茅ヲ生シ切換畑其中ニ雑ル官有民有相混ス」とある。「明治初期二**反野原**に牧場を建設し入牧者が交代で馬の世話をした。昭和十二年（一九三七）東諸県郡畜産組合が綾から高岡に続く二**反野原**に牧場を開設し四十頭の馬を放牧した」、「大正十二年（一九二三）頃かつての郷士共有地を一口二町（二十段）ずつ、七十人程で分けて私有地にした」という（阿部幸夫氏談）。

(3)二**反野**は二**反野原**の略称であろう（昭和10年五万分の一図も二**反野原**）。①ニタ（湿地）ンノ（野）で「湿地の多い原野」の意か。『日向地誌』に「高岡郷五町村仁田ノ原」とある。「『にた』は山の中のちょっとした水たまりをいう。猪は『仁田』に寝転んで背中の毛の中に泥をすりつける動作をする。これを猪の仁田うちと猟師用語でいう。仁田ノ内（北川町）・仁田ノ尾（高千穂町・日之影町・五ヶ瀬町）・二**反野**（綾町）などがある」（『県史資料編 民俗2』）。アイヌ語の「ニたッ nitat」も「湿地」を意味する（知里真志保『地名アイヌ語小辞典』）。②「二反ほどの開拓地」の意か（例：宮崎市高岡町大字五町二反ノ原、開拓地が二反の広さがある所。『宮崎市の小字地名考』）。なお、地元には明治初期に二反ずつの原野の払い下げがあったという伝承がある（住民談）が、「元禄綾郷略図」に「二**反野**」とあり、この伝承による地名ではないと思う。

○釈迦窪＝しゃかくぼ・○論議の窪（地）＝ろんぎのくぼ（ち）（聞き取り地名）

(1)**釈迦窪**は**宮ノ谷坂**途中の窪地。**二反野**西南部の**二反野**公民館の西側、宮崎市高岡町紙屋との境界にある直径五十メートルほどの窪地を**論議の窪（地）**という。**二反野**に**弥五郎どんの窪地**があったというが（住民談）、確かなことはわからない。あるいは**論議の窪（地）**のことかもしれない。(2)「**宮谷**の渓谷を渡り、南岸の山の尾根づたい（これが所謂**宮谷坂**）に道があった。…**二反野**に入ると松の大樹の並木が続き、眺望絶佳で四季を通じて風情のある往還であった。…**宮谷坂**を上りつめて平坦地の道の右側（字**梅ヶ野**）に明治二十二、三年頃茶屋（約八〇平方メートル）があり、往来の人の憩いの場であった。水の便が悪くすぐ下の宮谷川沿いに湧き水のでる**釈迦窪**があり、五升樽で何回も担ぎあげていた。茶店は数年で閉店となり、人々に喜ばれた**松並木**も老樹となって明治二十七年（一八九四）から年次伐採された」（『綾誌』）。「**松並木**を**駄馬道**ともいった」（住民談）。「昭和七年（一九三二）十月一日の町制施行前に紙屋村役場と綾村役場とで、その所属について論議を交わしたことから、**論議の窪**という地名になったという」（阿部幸夫氏談）。

(3)**釈迦窪**は①坂窪の転で、「**宮谷坂**にある湧水窪地」の意か（例・秋田県大館市釈迦内、サカナイ（坂内）の変化で、坂のある川間の小傾斜地をいうかもしれない。『日本地名大事典上』）。②「釈迦如来像のあった窪地」の意か。**論議の窪**は「論議を交わした窪地」の意（例・宮崎市高岡町大字紙屋論地、一説には私有地の境界を争って所属のはっきりしない土地や流出して境界がわからなくなりやすい土地の所であろう。『宮崎市の小字地名考』）。

○牧内＝まきうち・○熊のかぐら＝くまのかぐら

(1)**牧内**は**二反野**の東南部、⑰柿ヶ野や⑭大平山との境界の西側に広がる山地傾斜地。**熊のかぐら**は「**牧内**に今も残っている」という（阿部幸夫氏談）。(2)「明和二年乙酉年（一七六五）**二反野**に馬匹改良のため牧場を建設し周囲四十八町高さ五尺の土塁をめぐらし、四ケ所に郊門を建て里人交代番で之を守ったと伝えられ、当時馬の安全を祈り牧の平神社を建てた事が旧記にある。今尚此跡地を**牧内**（まきうち）と唱え今だに土塁の跡は残っている。明治十年代までは入牧していたという」（『綾史』『綾誌』）。「賊徒熊襲ノ野営地ヲ**熊のかくら**ト云フ」（「旧綾郷土史」）。

(3)**牧内**は「土塁で囲われた牧場」の意であろう。「**熊のかぐら**」は「熊襲の狩座、即ち賊徒野営の義であると伝えられる」（『日向郷土事典』）。狩座は「仮の座（場所）」の意か。

78 梅ヶ野＝うめがの

(1)**二反野**北西部の北西側で起伏の多い広い山地原野。南端の**二反野**との境界に集落がある。最南部の小平地を**狐平**という（聞き取り地名）。「町道二**反野センター通り**線北側の狐がよく出る所。かつて松の大木の根株にいつもお賽銭があがっていたが今はその跡形もない」（住民談）。(2)『日向地誌』に「原野　**梅ヶ野**　二**段野**ノ西北野尻往還以西紙屋村界ニ接ス縦三四町横二町ニ過キス地勢窊隆多シ土人半ハ切換畑ヲ闢キ半ハ芻秣ヲ採ル官有民有相混ス」とある。(3)①梅はウメ（埋め）の転で、**梅ヶ野**は「土砂で埋った原野」の意か。②「梅の木が多い野原」の意か。35**梅木田**参照。**狐平**は「狐のよく出没する小平地」の意（例：小林市野尻町（ちょう）東麓狐平（きつねびら）、昔から狐が出没していた山すその所で、今は塚はない。吉本正義『小林の地名考』）。

79 陣ノ尾＝じんのお

(1)**二反野**西部北側の広い台山地で人家僅か。東部に**陣之尾**ふれあい公民館がある。(2)「天正之頃（一五七三～九二）球磨より過分の軍衆山道を通り綾之内**陣之尾**に陣を付相籠罷居候に付肥田木正蓮嫡子大隅二男播磨三男対馬と知略を以不戦にして壱城を落す」（『綾史』）。「元禄綾郷略図」に「陣跡」とある。(3)俗称**陣野**（じんの）という。**陣ノ尾**は①「臨時に陣を敷いた所の尾根」の意か（例：鹿児島県川辺（かわなべ）郡坊津町（ぼうのつちょう）―大浦（おおうら）町（ちょう）の陣ノ尾（463メートル）、監視する山としてこの山の尾根の末端に陣屋が構えられたことによる山名。『日本山岳ルーツ大辞典』)。②「陣地の跡」の意か(例：応永元年(一三九四)の梶山城の戦いの時の島津元久の陣地の跡が陣之尾と言われている。桑畑初也『みまた歴史散歩』)。

⑧⓪薄原＝うすばる

(1)**陣ノ尾**西南部西側の平地で人家僅か。南流する前坂谷川(浦之名川支流。次ページに写真)に第1・第2前坂谷橋(町道倉輪線)、第1倉輪橋(町道**倉輪**・**広沢**線)が架かっている。(3)**薄原**は①「薄(すすき)の群生する原野」の意か(例：熊本県水俣市薄原(すすばる)、古くは薄が多生していたとの伝承がある。『熊本県地名大辞典』)。②「草木の乏しい原野」の意か。「薄原(うすはら)はアサハラ(浅原)の転化で、草木の乏しい原、奥深くない原をいう」(『日本地名事典』)。

⑧①倉輪＝くらわ(行政区名、第七章の**行政区**参照)

(1)**薄原**・**陣ノ尾**の西側の大半山林地。谷底盆地の小平地に集落や**倉輪**営農研修センター(公民館)がある。北東部を**前坂谷川**(次ページに写真)が南流する。(2)『日向地誌』に「**倉輪**(クラワ) 広沢ノ東一里瀬越川ノ北岸ニアリ人家八戸」とある。(3)倉はクラ(刳(く)ら)の転で、**倉輪**は「周囲を崖地に囲まれた谷間・集落」の意であろう(例：京都市左京区鞍馬、クラ(谷)マ(間)で、山の谷間の意。『京都地名語源辞典』)。**前坂谷**は「前方の傾斜した谷間」の意であろう。

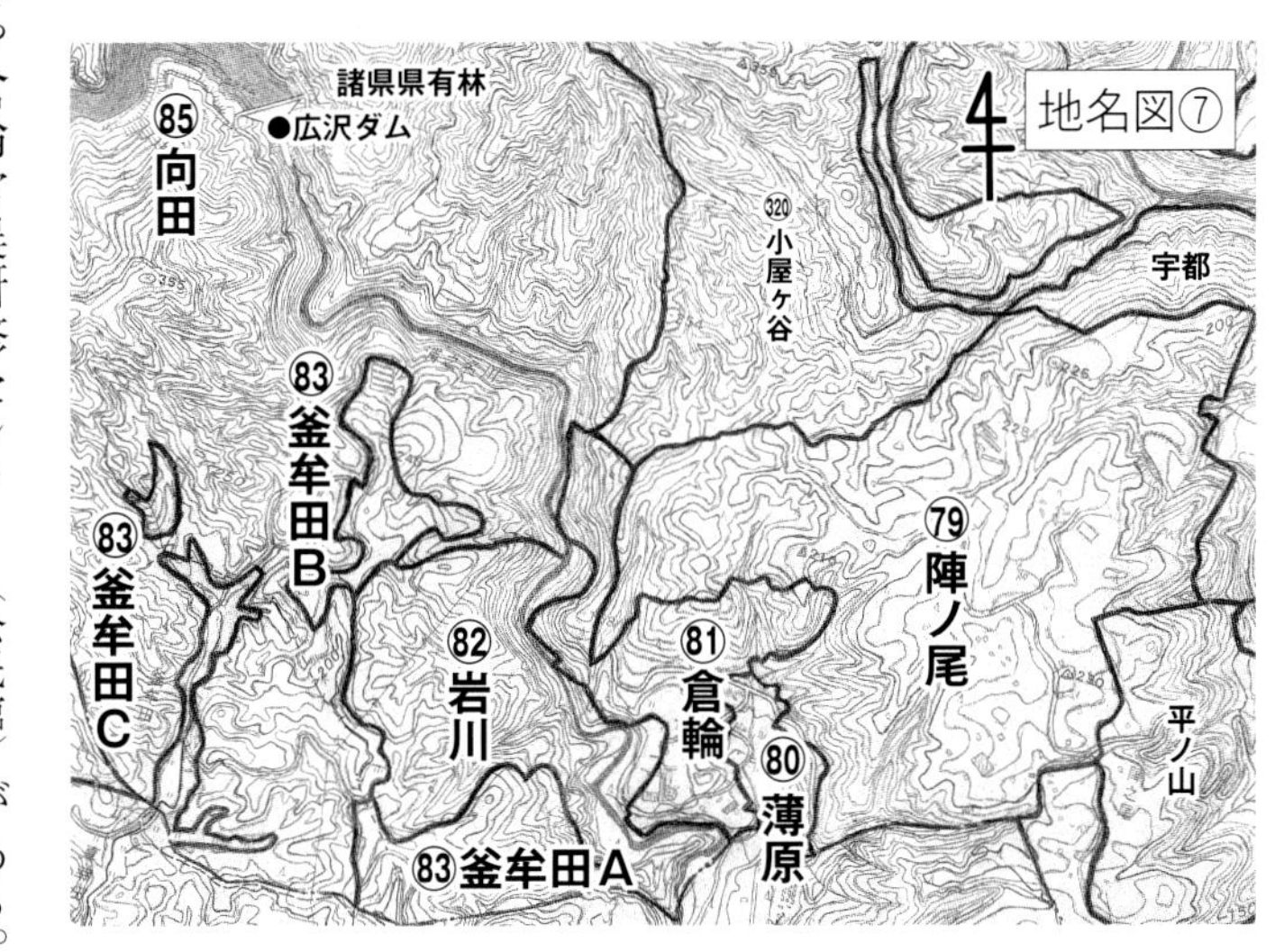

㉜岩川＝いわがわ・㉝釜牟田＝かまむた　Ａ・Ｂ・Ｃ

(1)**岩川**は**倉輪**西側の山林地。**釜牟田**は三か所あり大半山林地で平地僅か。**岩川**南側の**釜牟田Ａ**では釜牟田川（小林市野尻町では真幸田川＝秋社川支流）に第１・第２釜牟田橋（町道**釜牟田**線）がある。人家一戸。**岩川**の北側と西側に山林地のＢとＣがある。かつて開拓者がいたか。(2)「**釜牟田**地区は戦後の食糧増産の開拓地として払い下げられた」という（見越林氏談。宮崎県中部農林振興局『諸県県有林』）。(3)**岩川**は「岩石の多い川」の意。**釜牟田**は①「カマ（蒲）の群生する湿地」の意か（例：西諸県郡高原町蒲牟田、低湿地で蒲などが生い茂っていたことによる。『日向の国 諸県の伝説』）。蒲はガマ科の多年草で地下茎が水中に生じ夏に濃褐色の花穂を付ける。葉は干して筵などを作る。②「釜状に抉られた湿地」の意か（例：神奈川県鎌倉市、周囲を丘陵地が取り巻いて釜状の地形を示し、倉は崖地をいうものであろう。『日本地名事典』）。

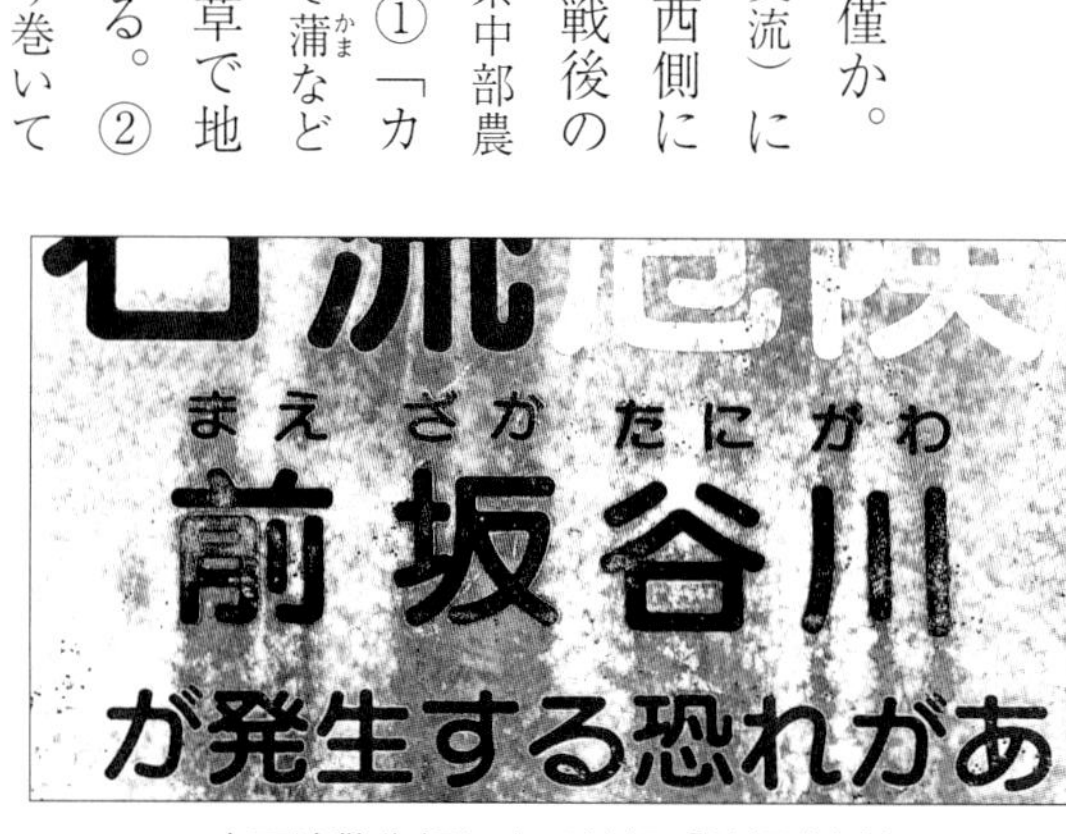

土石流警告板にある銘板「前坂谷川」

㉞広沢＝ひろざわ・㊱広沢原＝ひろざわばる

(1)**広沢**は**倉輪**から八キロメートルほど西方の綾町最西端部の山地で人家僅か。南側の小林市野尻町との境を浦之名川（大淀川支流）が流れ、南部に第５倉輪橋、西側の須木岩前との境の境谷川（浦之名川支流）に第１・第２広沢橋、**広沢**ダム湖（平成12年３月完成）の最北端部の山中谷川（浦之名川支流）に広沢橋が架かっている（四橋とも町道**倉輪**・**広沢**線。次ページに銘板の写真）。**広沢原**は**広沢**北側の十五町歩余に及ぶ一段高い耕地で人家はない（『綾誌』）。(2)「日向国諸縣之郡目録」（貞享元年［一六八四］）に「綾郷之内高千六百拾弐斛三斗

八合七才　**廣澤谷村**」とある（『鹿児島県史料集23』）。「紙屋と綾との境目、**広沢**の辺りに辺路番人が置かれた」（『野尻町史』）。「岩前の辺路番所は綾、紙屋方面の間道筋にあたり交通の要所として、勤番を綾と須木の各三戸が当たっていた」（『南九州路をさるく』）。「辺路番所の役人は土地を開拓して自給自足し藩からは無給であった」（『小林の地名考』）。第七章の**辺路番人**参照。『日向地誌』に「**廣澤**　本村ノ西須木村界瀬越川ノ北岸ニアリ人家三戸」とある。「かつて**広沢**は須木村岩前から綾村に入る西の表玄関であった」、「昭和四十八年（一九七三）二月、通称**山の神谷**を水源として簡易水道の給水が始まった」（『綾誌』）。「**広沢**や**山中谷**にも立派な作業小屋があった。広沢ダム（平成12年3月完成）のところに栓山さんのたんぼが四反ある…」（『諸県県有林』）。「元禄綾郷略図」に「**山中**」とある。

(3)「**廣澤**（ヒロゾ）」（一九〇四年の五万分の一地図）、「**広沢**（ひろそう）」（『宮崎県万能地図』一九九二年）の表記がある。**広沢**は「広い湿地のある谷間」の意であろう。**山中谷**は

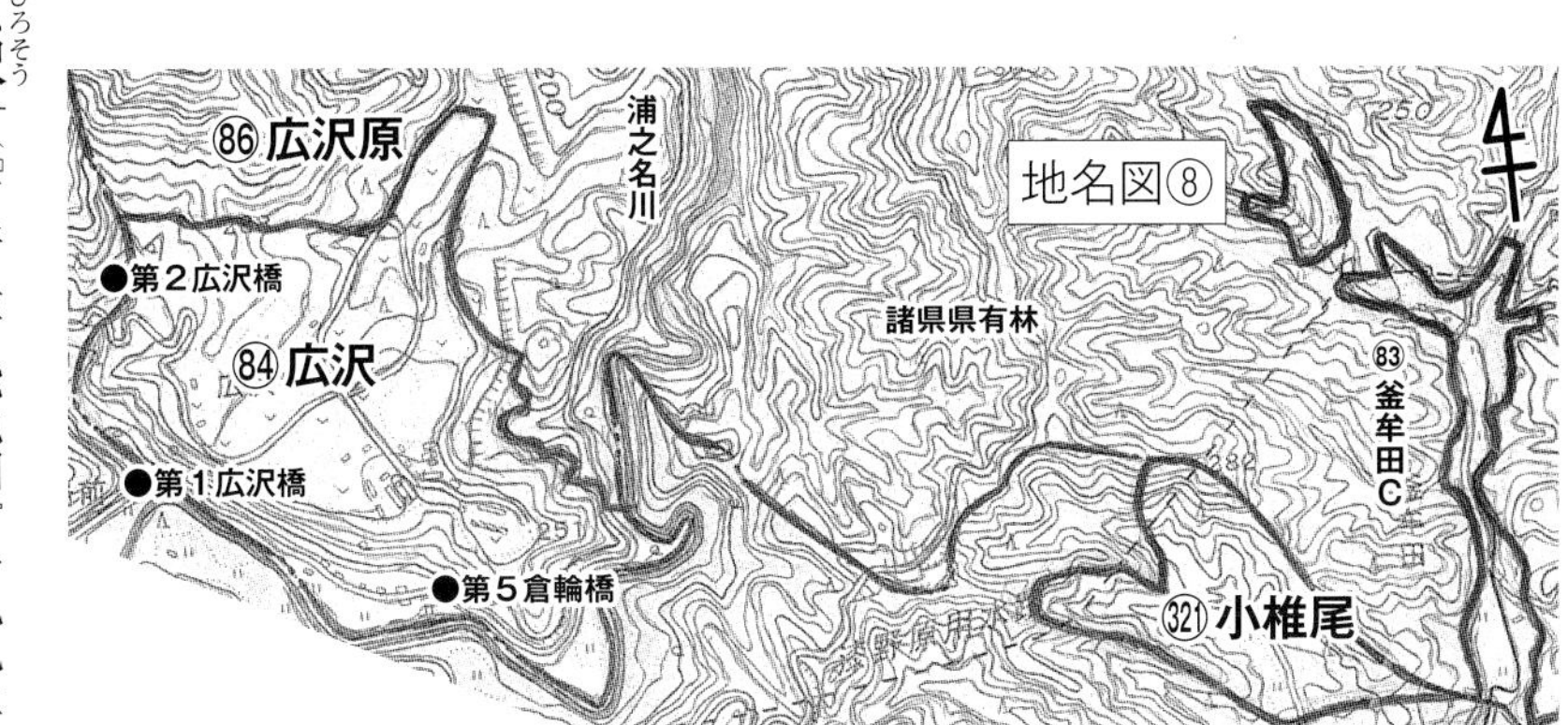

山中谷川に架かる広沢橋の銘板

広沢橋にある銘板「やまなかたに」

「山間の谷間」、**山の神谷**は「山の神の祠を祀る谷間」の意。**広沢原**は「広沢の原野」の意。

㊺ 向田＝むかいだ・〇惣見＝そうみ

(1)**向田**は浦之名川の上流右岸の地、**広沢**ダム湖底に人家一戸や**惣見**地区が水没した。**惣見**地区の比定地不明。(2)「大正六年（一九一六）頃**惣見**、**上畑**等には県営簡易製材工場が設置された」（『諸県県有林』）。「浦之名川**惣見**地区に**広沢**ダムが建設されることとなり昭和五十七年からダム敷等約三十七ヘクタールを売渡した」（宮崎県『宮崎県林業史』）。(3)**向田**は「川向かいの田地」の意。**惣見**は①サハ（沢）ミ（水）の転で「水溜まりのある低湿地」の意か。②「周囲がよく見渡せる所」の意か（例・児湯郡西米良村（そん）竹原相見（そうみ）、村所のやや北方、一ッ瀬川を見下ろす小高い山の上にある。米良山の地形を観相できる。西米良村教育委員会編『西米良神楽』）。

87 大口＝おおくち（下の大口地図、小川亥三郎『南日本の地名』より引用）

(1)**79 陣ノ尾・320 小屋ヶ谷**の西北側一帯の広い山林地。綾南川（本庄川）には綾の照葉大吊橋とかじか吊橋、無名の谷川に大口橋（主要地方道宮崎須木線）、大口谷川（綾南川支流）に小野林道一号橋（同前。次ページに橋名と谷名の写真）が架かっている。照葉大吊橋遊歩道の出口南側駐車場の南側に「二十五世紀の森」がある。「県では平成元年を記念し、本県の特産であるカヤを複層により五百年をかけて育成する二十五世紀の森1・00haを造成した」（『宮崎県林業史』）。「照葉樹林の保護復元に伴う基礎調査」（平成21年3月 綾町）によると、現在の**大口**町有林（約35ヘクタール）は**川中**自然公園の南西側

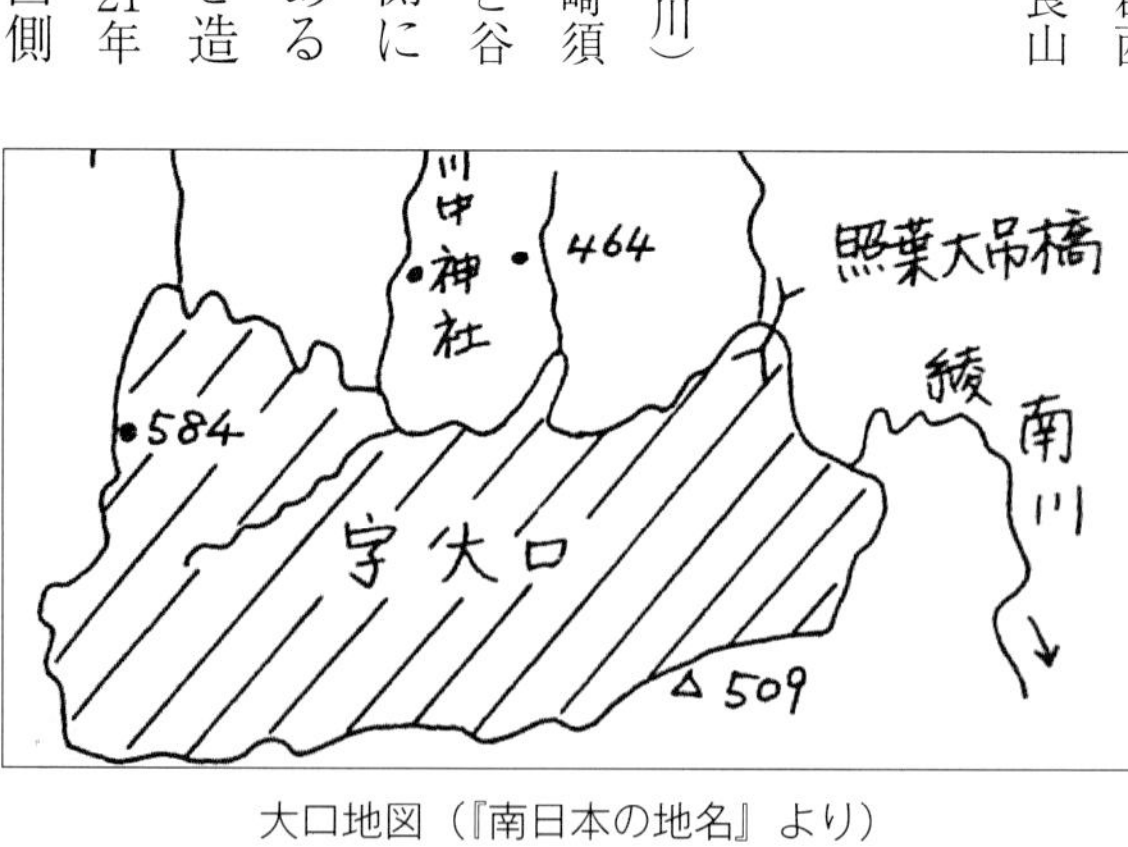

大口地図（『南日本の地名』より）

の山地にある（次ページの地図参照）。　**(2)**「諸県県有林は藩政時代島津家の領地で一部牧場採草地で大部分は自然林であった。明治二十三年（一八九〇）皇室の御料林に編入されたが、明治三十五年四月払下げられ、綾村では**小屋ヶ谷**、**釜牟田**、**大口**県有林となった」（『宮崎県林業史』）。「諸県県有林赤木事務所主任交替引継書1　大正十年一月」に「大口県有林事務所　一棟　**惣見**人夫小屋二棟」とある（『諸県県有林』）。「昭和二十九年（一九五四）十月　国有林第二次払下げは**大口**他七十六町」であった（『綾誌』）。「熊本営林局が昭和三十五年から五ケ年計画で九・三キロメートル、幅四・〇メートルの小野林道を完成させた」（宮崎県建設技術協会編『宮崎県土木史』）。上流に小野林道隧道（昭和35年竣工、196ページの川筋地名図④参照）がある。昭和三十三年須木村大字下田小野地区（48戸、157haの田畑）は小野ダム湖（綾南ダム湖の一部）の湖底に沈んだ。　**(3)大口**は「大きな崖地」「急斜した谷壁」の意であろう。「**大口**（おおくち）　ここは標高五〇〇メートル位の山を削って流れる綾南川の深い渓谷で常緑広葉樹の密林地帯であり、字**大口**はその南側の急斜面である。大口はオオフチに通じ、大口（オオクチ）の原意は崖であるが、急斜した谷壁を有する谷間の名となっている。谷を意味する大口の代表としてこの例をあげた」（小川亥三郎『南日本の地名』）。なお、大口には、奥地切・狼説・椀の入口説がある（同前）。小野は①「小さな原野」の意か、②小は大の転で「広い原野」の意か。

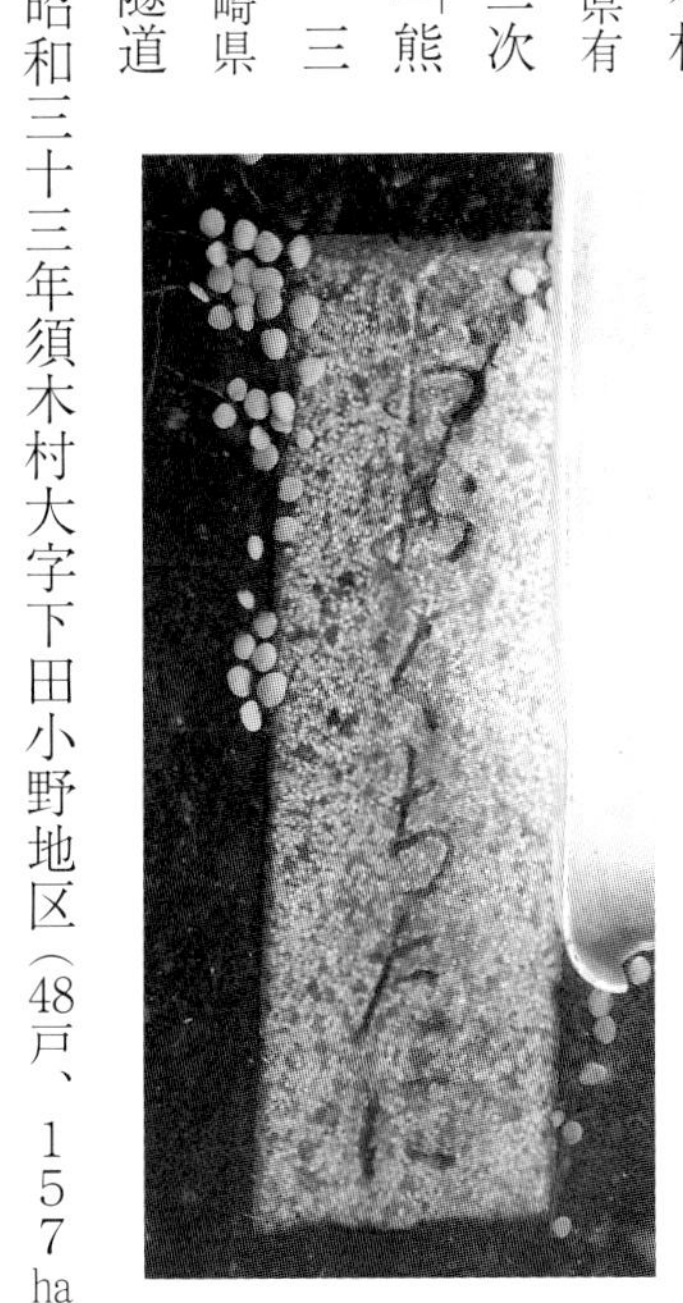

銘板の「小野林道第一号橋」（右）と「おおくちたに」（左）

○ケッダ＝けっだ・○マングウ＝まんぐう（記載なし）

(1)大口県有林内の俗称。比定地不明。**牧内**辺りか。(2)「南俣の奥の俗に**ケツダ**と云ふ所と北俣の**椎屋**に牧場があつた」、「明治三十七・八年（一九〇四・五）日露戦争最中のこと、赤木県有林の小森田の植林が終了すると同時に**大口**県有林の**ケッダ**に移り（草原でわらびの産地）、それから**マングウ**に移った（ぜんまいの多い所）」（『綾史』）。「藩政時代に二**反野**の他南俣**ケツダ**、北俣の**椎屋**にも牧場があった」（『綾誌』）。**椎屋**は今は入野の小字318。

(3)**ケッダ・マングウ**の語意など不明。

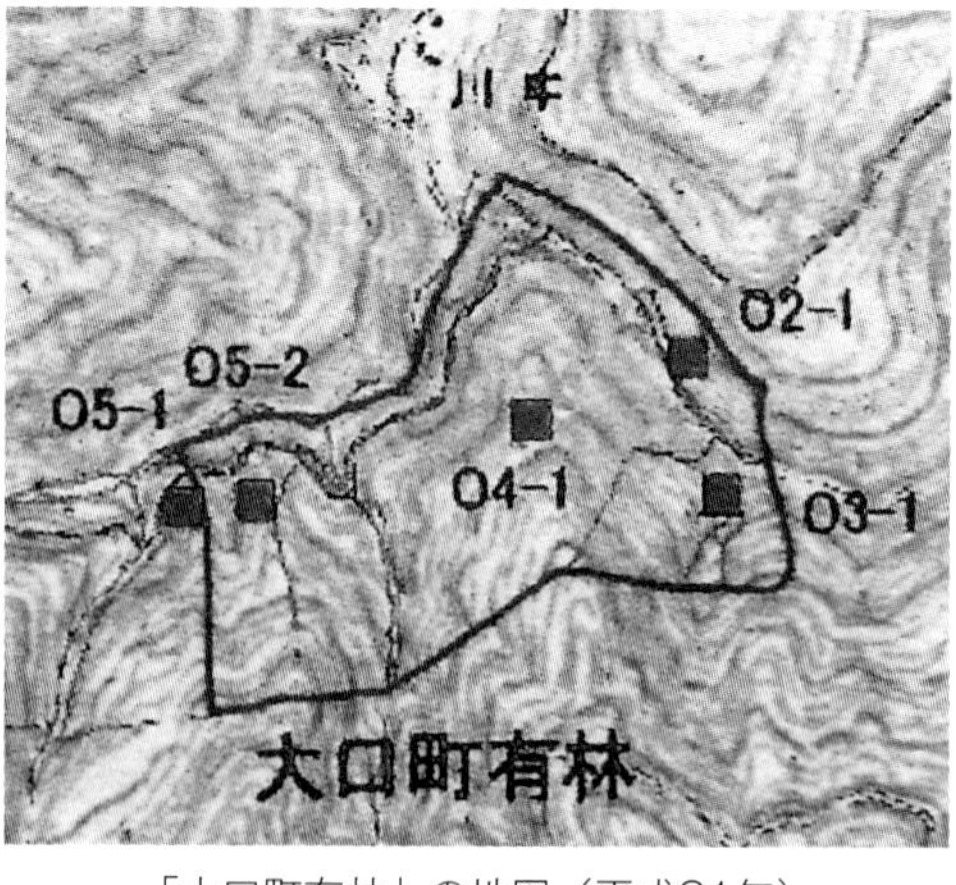

「大口町有林」の地図（平成21年）

○南浦＝みなみうら（記載なし）

(1)南俣西部の**大口**県有林を含む広い区域。(2)『日向地誌』に「森林 **南裏**（ウラ）雑樹林 本村（南股村）ノ西ニ当リ南は獅子額山ヨリ北地蔵木山ニ連ナリ字**大口境ヶ谷賀多轆轤木**ニ亘リ東西凡二里南北一里半地勢高下雑樹蓊鬱樫櫟椴梹松櫶ノ良材ヲ生ス官有ニ属ス」、「獅子額（ビタヒ）山 本村ノ西須木村界ニ屹立ス高凡百余丈樹木葱鬱山頂ヨリ西ハ須木村ニ属シ東ハ本村ニ属ス」、「地蔵木山 本村ノ西獅子額山ノ北ニアリ相距ル一里高獅子額山ト相伯仲ス樹木葱鬱山脈ハ西須木村ノ大森岳ニ連ナル山頂ヨリ北ハ北股村ニ属シ南ハ本村ニ属ス」とある。獅子額山（621・2メートル）は84**広沢**の北三キロメートルほどの所、地蔵木山（771・2メートル）は**照葉大吊橋**の北三キロメートルほどの所にある。「元禄綾郷略図」に「**チゾウキ**」とある。地蔵木山のことであろう。「**大口**道路は**上畑**から**南浦大口**県有林に通ずる林道で、明治三十八年に延長一〇、一一七メートルの工事が行われた」(『綾誌』)。「一二、三八〇メートルの馬車道を新規開設した」(『宮崎県林業史』)。

(3)**南浦**は「南俣村の奥地」の意であろう。「浦は内陸では川上の平地の奥・端をいう」(『日本地名事典』)。獅子額山は「山頂が突き出た山」の意か(例・群馬県の獅子ヶ鼻山、鹿や猪が生息する突き出た山の意。『日本山岳地名ルーツ大辞典』)。地蔵木山は「地蔵を祀ってある山」の意。**境ヶ谷**・**賀多**・**轆轤木**は第四章参照。

(二) 飛地 [地名図⑫⑳]

❽❽中尾＝なかお　B・C①・C②(地名図⑫)

(1)**中尾**A(五六九七〜五七一五番地＝記載なし)はかつて**川中**一帯の**中尾**国有林(川中神社は五七〇四番地。『綾誌』)や**中尾**町有林(明治35年共有地の寄附を受けたのが始まり。『綾史』)であった。「綾町地籍集成図」によると、**中尾**B(五七三三〜五七四一番地)は北俣❶❹❺**中迫**の南側、**中尾**C(五九八七〜六〇五一番地)は二か所あり、C①(五九八七〜六〇三一番地)は❶❹❻**竹野前坂**の南側、C②(六〇三一〜六〇五一番地)は**中尾**Bの南側で、いずれも山林原野である。「綾町所在の国有林は**中尾**、**大川原**、**北浦**の三国有林に分かれておりそれぞれ**竹野**、**綾**担当区によって管理されている」(『綾史』)。**中尾**C①にはかつては和田牧場があり、平成二十六年四月字**中尾**(地番五九八七など)に広さ一・六万平方メートルの太陽光パネルによる「綾メガソーラー発電所」が完成した。西側は九州中央山地国定公園。北俣❶❺❷**中尾**参照。

(2)「明治後期、南俣**中尾**に部落所有の山林実測四十四町一反八畝歩があった。これを村に統一し内三十四町一反八畝歩を村基本財産にし、十町歩を川中神社の財産にして部落有林野の整理をした」(『綾誌』)。「大字南俣字**中尾**の元の町有林は大正三年十月・全八年六月・全十年十二月・全十一年一月の四回に亘り共有地並びに私有地を買収したものである」(同前)。「昭和二十八年八月と九月の第一次国有林の払下げ、及びこれに伴い一部交換のため」、「国有林の**立山**、**久木ヶ尾**と町有林**中尾**の一部と交換するというものであった」(『綾誌』)。

(3)**中尾**は綾南渓谷と綾北渓谷との「中間に連なる尾根」の意であろう。「小森嶽　南方村にあり、當邑の西北、山林崇重にして、此嶽其上に挺起し、山脊を**中尾**といふ、須木の山巒に接す」(『三国名勝図会④』)(例・児湯郡中尾村、村ノ中央ニ連ナリ、蜿蜒トシテ南へ走ル。『日向地誌』)。

89東寺地＝ひがしてらじ・90寺地＝てらじ・91北寺地＝きたてらじ（地名図⑳）

(1)**寺地**は綾南川最下流域右岸の入野273**前田**への飛地。城平谷川（綾南川支流）が北流する。**東寺地**・**北寺地**は消滅地名で比定地不確定であるが、**東寺地**は**前田**東北部への小さな飛地。**北寺地**は**寺地**西側への飛地であろう。(2)「元禄綾郷略図」に「**寺地**」、「鮎簗下待あば関の古文書」に「**寺地下**　待あば関壱ケ所以下二番関まで」(『綾史』)とある。『日向地誌』に「字地　**寺地**(ジ)　**本町**(モト)ノ東六町許入野村ノ内ニ飛フ人家四戸」、「飛地　本村（南俣村）ノ東入野村ノ内ニ飛フ田七段四畝十三歩宅地五段三畝七歩荒蕪地四畝」とある。この飛地は「**寺地**」のことであろう。「明治十七年当時、**寺地**四戸（飛地）・**八日町**八戸・**元町**十二戸は綾郷南俣村に属していた」（内野義春「昭和自治公民館紹介」、『公民館報亜椰』平成4年5月号）。かつては**寺**(じ)**地**(ち)であったが、何時から**寺地**(てらじ)か不明。『綾郷土史』に「大字南俣一番地は字**小坂元**に始まって字**北寺地**五千七百三十一番に終っている」とあるが、その後**中尾**B、**大谷**、**遠目塚**、**中尾**Cが分筆されている。

(3)**東寺地**は「東側の寺地・東部の寺地」の意。**北寺地**は「**寺地**の北側の地」の意であろう。**寺地**は①入野271**崎ノ田**にあった「城源寺の領地であった所」の意か（例・石川県輪島(わじま)市町野町寺地(まちのまちてらじ)、かつて光現寺の寺領であったことにちなむという。『石川県の地名』）。②寺田（墾田）に対し、「境内地」の意か（阿部猛一編『荘園史用語辞典』）。寺田には「荘園として寺院が所有する田地」（『日本地名事典』）の意がある。③寺はタイラ（平）の転で「緩傾斜地」の意もあるか（例・岡山県赤磐郡瀬戸町寺地(ちょうてらじ)、緩やかな傾斜地である。『あぶない地名』）。**寺地下**(しも)は「**寺地**の下方の地」の意。

※比定地不明の地名（古文書・文献等A〜E）

A『宮崎県史史料編 近世編5』にある地名

①「日向国諸縣郡綾名寄目録」（延宝6年［一六七八］）の綾南俣村浮免に「**下屋敷** 十三間廿二間 九畦廿九歩…」、「**ぬりか迫** 廿七間四十七間…」、綾南俣之内新仕明持留に「**下田** 弐畦四歩… 下田弐十壱歩…」とある。②「日州諸縣之郡綾名寄目録」（明和6年［一七六九］）の綾南俣村浮免に「**下屋敷** 八間廿八間七畦拾四歩…」、綾南俣村持留に「**高平** 山畑十八間十四間壱反…」とある。

B『鹿児島県史料集23』「日向国諸縣之郡目録」（貞享元年［一六八四］）にある地名

○「綾郷之内　一、高三百八拾六斛八斗壱升六合　**切畑村**」、「右同　一、高四百斛三斗四升四合壱勺　**上床**(うわとこ)**村**」、「右同　一、高弐百三拾七斛四斗壱升壱合壱勺　**目黒村**」、「右同　一、高三百五拾三斛九斗五升三合八勺　**大裏村**」。

C「元禄綾郷略図」（元禄12年［一六九九］）にある地名

○**池ノ尾・松イボ・ツカノムレ**。**池ノ尾**は南俣**56宇都**の西側辺りか。**松イボ**は南俣**79陣ノ尾**の西側辺りか。

D『伊能忠敬測量日記』・「伊能大図」（文化9年［一八一二］6月綾郷調査）にある地名

○『伊能忠敬測量日記』＝「六月四日…南方村五ヶ所、十ヶ所、新屋敷…」、「伊能大図」（138ページ）の**揚村**の西側に「南方村 **新屋敷**」とある。**新屋敷**は**24中川原**・**22古川**・**20畑田**辺りか。

E『綾郷土誌』にある地名

○「お稲荷様にまつわる話」の中に「昭和二十四年頃のこと、綾営林署綾南事業所は**紫谷**にあって…」とある（1100ページ）。**紫谷**は**柴谷**の誤植か。「南俣の**しばん谷**にも金山跡がある」という（松元捨雄氏談）。

第二章　大字北俣の地名散策

綾町大字の南俣と北俣は大まかには綾盆地・錦原台地・西部丘陵山地の南北の中間で二分され、その北側がほぼ大字北俣の地域である。すなわち、綾北川（本庄川支流）・湯ノ谷川（綾北川支流）・尾谷川（同前）・郷鴫川（＝耶治川・綾南川支流）などの流域周辺や周囲の丘陵山地に及ぶ広い地域である。大字南俣との境介を耶治川が流れている（太字は綾町の地名）。

「綾北川周辺の地域には綾北川の流域に因縁深い字の名が付けてある」、「綾町の小字名の地番は必ず隣接地に続くように付けられている」（『綾郷土史』）。

大字北俣の地域は小字名の番号（100～182）の順に、Ⅰ綾盆地東北部の平地、Ⅱ錦原北部の台山地、Ⅲ北俣の西北部・東北部の台山地、Ⅳ綾北川下流域沿岸の低平地、に分けることができる。

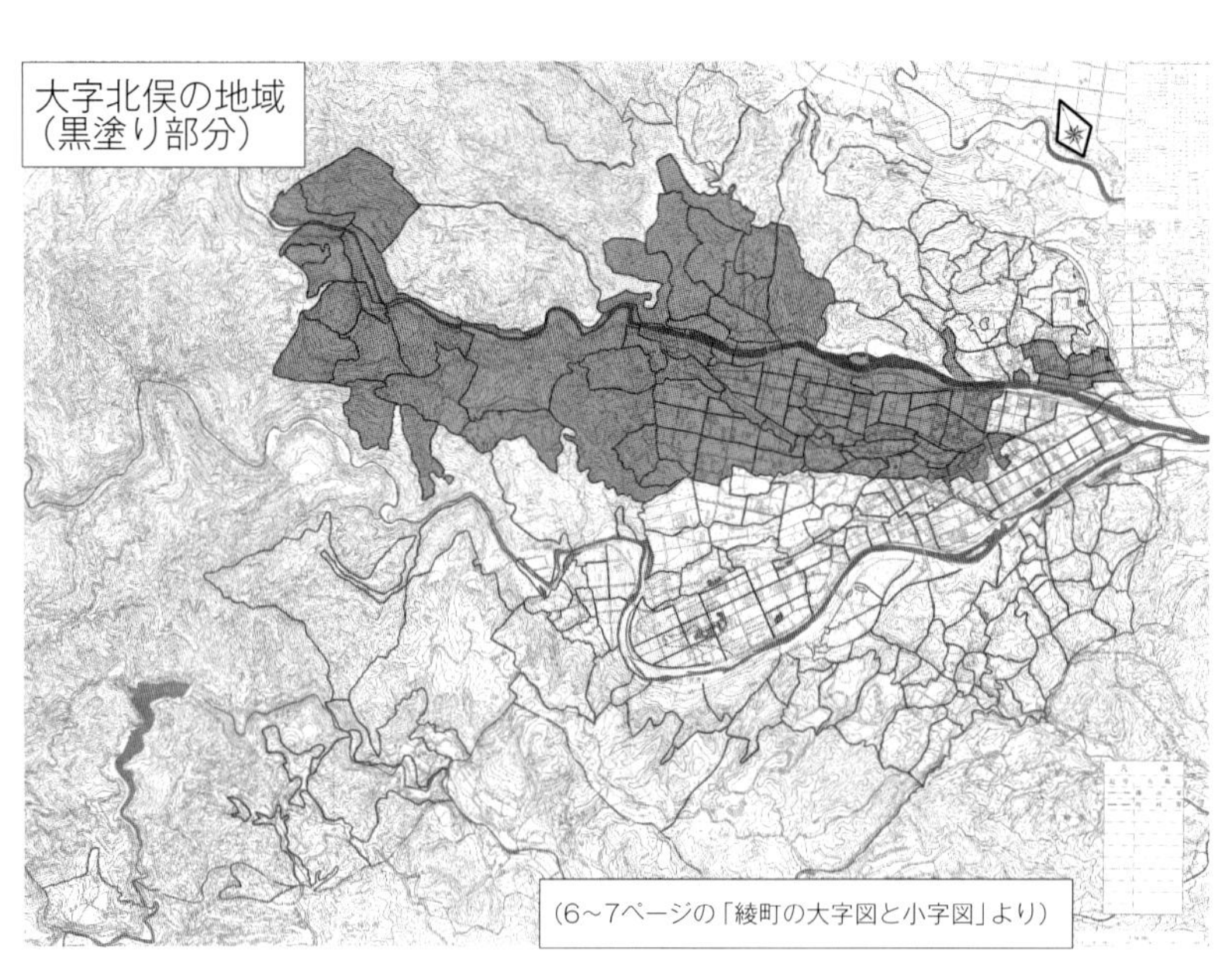

（6～7ページの「綾町の大字図と小字図」より）

I　綾盆地東北部の平地

綾盆地東北部の平地は盆地北部を東南流する綾北川下流域右岸の南側の地域で、綾盆地のほぼ三分の一を占めている。

(一) 平田から池田まで［地名図⑨］

⑩⓪平田＝ひらた　A・B

(1)綾北川に架かる川久保橋を渡り主要地方道宮崎須木線を西進して二つ目の信号機の辺り、南俣❹郷鳴・北俣101郷鳴の西側に南北に細長い**平田A**があり、その北西側の入野238田中の中に小区域の**平田B**がある。**平田A**には県道沿いに人家が連なり、南西部は耕地が多い。**平田B**には人家が密集している。

(2)**平田B**の東部の**神下**公民館・綾農材やその南側辺りには、かつて本庄高校定時制綾分校があったという（南俣45古城より移転、昭和29年［一九五四］4月～昭和38年3月。住民談）。

(3)当地は低平地であり、**平田**は①「低平で広い田地」の意であろう（例・『和名抄』近江国（滋賀県）愛知郡平田郷・伊勢国（三重県）鈴鹿郡枚田（ヒラタ）郷など。とくに低平で広がった土地・田地のある所を「ヒラタ（平田）」という。『日本地名事典』）。②「開いた田地」の意か（例・兵庫県神戸市北区平田（ひらた）、開いた田の意などの説がある。『兵庫県地名大辞典』）。

⑩郷鴨＝ごうしき・○立合池＝たちあいいけ（地名図記載なし）・○中島＝なかしま

(1)**郷鴨**は南俣❹**郷鴨**の北側で、大半人家で耕地は少ない。北部には郷鴨団地五棟がある。南部は南俣**郷鴨**の中に細長く入り込んでいる。東端に郷鴨橋が架かっている（南俣❹**郷鴨**参照）。主要地方道宮崎須木線沿いに**郷鴨**公園墓地・**郷鴨**バス停留所、弁財天宮などがある。**立合池**は埋められて消滅し比定地不確定。「**立合池**は**郷鴨**団地辺りにあった。**立合池**や湿地のあった辺りを**池ノ端**と呼んでいた」（松元捨雄氏談）。**中島**は**郷鴨**西端中央部辺りの俗称。「石尾氏の屋敷側にも池があり**中島**と呼んでいる」（『綾史』）。(2)「比志嶋国貞連書知行目録」（慶長19年［一六一四］）に「綾北方（俣）村之内上合志木（**上郷鴨**）門高弐拾石」とある（『県史史料編　近世5』）。知行は武士に支給された領地。「元禄綾郷略図」（一六九九年、口絵参照）に「**郷鴨**　北方内」とある。常徳寺があった（創建廃寺等不明）。墓地の西隣の田圃が寺屋敷であった。禅宗で綾光寺末であろう。『綾史』）。『日向地誌』に「**郷鴨**(シギ)　本村ノ東南隅ニアリ人家十四戸」とある。くらし館の南側辺りに弁財天宮があった（大正10年秋現在地に遷座、以前は南部の一〇〇番地イ号に鎮座していた。建立不明。山茶花の大樹があり、子供たちのよき遊び場であった。『綾誌』）。「窪筋（耶治川＝綾南川支流、別称郷鴨川。下に銘板の写真）のしもが**神下**のうしろの低地を通り、**郷鴨**の**立合池**と呼んでいた…河川の流域であったことが推定される」（『綾史』）。「かつては東西十メートル、南北二十メートルの池であったが、現在は低湿地」、「かつては周囲より一段高く**中島**と伝承されてきた。昭和二、三年頃、周囲は洪水で水浸しになった時も当地は水没せず島（竹山）であった」（住人談）。(3)語意は南俣❹**郷鴨**参照。立合は入会(いりあい)と同義で、**立合池**は「共同利用の池」の意であろう（例：奈良県生駒

丸太橋の銘板「耶治川」

市鬼取町立会池、安政4年〔一八五七〕鬼取・大門両村共有の意味で名付けられ、河水と池水の合流配分が現在も踏襲されている。『奈良県地名大辞典』）。**池の端**は「池のほとり（際・辺）」の意であろう（例・東京都台東区池之端、この地が不忍池の辺であったことによる。『東京の地名由来辞典』）。**中島**の語意は125**中島**参照。

102 中川原＝なかがわら・103 中水流＝なかづる

(1)**中川原**は入野285**別府向**の西側で、大半は田地耕地。主要地方道都農綾線沿いに工場や僅かな人家がある。**中水流**は**中川原**の南西側で大半耕地。西部の町道沿いに人家が多い。耶治川に丸太橋（主要地方道都農綾線）や下神下橋（町道**神下**・日立線。下に銘板の写真）が架かっている。

(2)「田畑開墾に関する古文書（文化11年〔一八一四〕）に「綾北俣村　**中川原**大山野六反程畠開…」とある（『綾史』）。第七章の**土地の種目**参照。

(3)**中川原**の語意は南俣24**中川原**参照。**中水流**は「中間の水流」の意。水流の語意は120**水流**、及び第七章の**水流**参照。

104 神下＝こうげ（行政区名。第七章の**行政区**参照）

(1)入野238**田中**の西側で町道沿いに人家があるが他は田地耕地。耶治川に神下橋（町道**八幡通り**線。綾町道路網図は北郷鴨橋。下に写真）、上流に第1灰原橋（町道**神下**・**田中**線）が架かっている。北部に

下神下橋のかな銘板

耶治川に架かる神下橋・町道八幡通り線。下流に下神下橋

神下団地・八幡神社（嘉永2年［一八四九］以前の創建で明治6年［一八六三］頃以前は八幡宮と称した。明治10年頃には蝮除之御守札が出されていた。昭和10年［一九三五］頃の祭典では毎年八幡馬場の南側の田圃で宮角力が行われていた。『綾誌』）がある。「**神下**ん八幡様はマムシの神様じゃげな」（上條勝久編『ふるさとのぬくもり 宮崎の地言葉あれこれ』）。 **(2)**「元禄綾郷略図」に「**神下**」、「田畑開墾の古文書」（一八一四年）と「綾郷士家部名附帳」（文久2年［一八六二］）に「**高下**」（『綾史』）、『日向地誌』に「**神下** **郷鳴**ノ西に接す人家二十四戸」とある。**(3)**神は神社の略称で、**神下**は①「八幡神社の辺り」の意か。②「未開墾の荒蕪地」の意か（例・兵庫県加古川市の高下ほか多数。丹羽基二『地名苗字読み解き事典』）。③神はコー（川）の転で「綾北川の下流域」の意か。第七章の**高下**、及び南俣❹**郷鳴**参照。

105 灰原＝はいばる

(1)神下の西側で東部南部に人家が多い。西部は綾中学校の運動場、北東部に小さな**西中坪**ふれあい公園、東部に広い綾てるは文化公園（綾てる葉ドーム・綾てるは図書館・綾ふれあい広場）などがある（大正10年［一九二一］2月より平成13年7月まで綾営林署貯木場）。主要地方道宮崎須木線の通りを**旭通り**といい、同名のバス停留所がある（昭和35年［一九六〇］12月5日開設。宮崎交通。下に写真）。「昭和十四〜十五年（一九三九〜四〇）頃からの呼称」（住民談）という。「中坪貯木場は**灰原**の東部辺りにあった」（住民談）。**(3)灰原**は①「原野の開墾地」の意か（例・静岡県榛原郡榛原町、ハリ（墾）原（ハラ）で、「開墾地の原」とも考えられるか。『市町村名語源辞典改訂版』）。②「榛の群生地」の意か。「ハイバラ（榛原・拝原・灰

旭通りバス停留所の標柱

原）は各地に散見される地名で、ハリハラ（榛原）の転化、ハンノ木の生える原をいう」（『日本地名事典』）。第七章の**灰原**参照。榛はハンノ木の古名。カバノキ科の落葉高木で山野の湿地に生える。建築・器具の用材。**旭通り**は「朝日が昇るように繁栄する通り」という願望地名。

⑯ 開元＝かいもと

耶治川に架かる大鳥居下の開元橋（上流側＝西側）

(1)**灰原**の西側。東部は綾中学校の校地、西部は**錦原**台地東端の崖下の住宅地耕地。北部を耶治川が東流し、大鳥居の下に開元橋（一般県道田代八重綾線）や、やや上流に第1開元橋（町道**南麓**・**竹野**線。上に写真）が架かっている。(2)「日向国諸縣郡綾名寄目録」（延宝6年［一六七八］）の紙屋入野村之内竹之脇門に「**かい（開）元**　中田十六間十九間…」とある（『県史史料編　近世5』）。第七章の**田畠の等級**参照。名寄目録＝名寄帳は28ページ参照。「百姓は殿様から一定の門地（約一町＝一ヘクタール）を貰っていたが、年貢は過重でほかに種々の雑役があった。或時代百姓も殿様への奉行日が多くて綾の中央、当時**桜の木字**（今の**開元**）に雲雀が巣をつくるほど荒れていた」（『綾史』）。**桜の木**は消滅地名で開元のどの辺りか比定地不明。

(3)①開はカイ（峡）の転で、**開元**は「峡谷（**野首谷**）の下」の意か（例：宮崎市高岡町大字浦之名開元、峡元で山と山との間の狭い所。岩満重信編著『宮崎市の小字地名考』）。②**開元**は川合本の転で「川の合流地（耶治川と**浦田用水**）」の意か（例：都城市甲斐元町、河川の合流地に立地するので、カハイモト（川合本）の意であろう。『日本地名大事典上』）。④カイはガケ（崖）の意で「崖下」の意か（例・群馬県利根郡昭和村貝野瀬、元来は下を流れる片品川が形成した険しい断崖をカイと呼んでいた。筒井功『日本の地名 60の謎の地名を追って』）。**桜の木**は①「桜並木のある所」の意であろう。②サ（狭）クラ（谷）のキ（処）で「狭い谷間」の意か。

107 塚原=つかばる・108 八反ヶ丸=はったんがまる

(1)**塚原**は**灰原**・**開元**北側の耕地。南部北西部に人家や**麓**住宅、西端部に**麓**公民館がある。東流する耶治川に第1塚原橋（町道塚原・岩下線）、下流の105**灰原**との境に**桑下**橋（町道**桑下**線）がある。**八反ヶ丸**は**塚原**北側の人家密集地。(3)**塚原**は①「あちこちに小隆起のある原野」の意であろう。②塚はツカ（漬か）の転で「よく水に漬かる原野」の意か。**八反ヶ丸**は①丸はバル（墾）の転で、**八反ケ丸**は「八反の開墾地」の意であろう（例・宮崎市村角町（むらすみちょう）八反丸（はったんまる）、村人によって開発された八反の土地。『宮崎市の小字地名考』）。②「八反の村・区域」の意か。第七章の**丸**参照。

109 川窪=かわくぼ・110 瀬ノ口=せのくち

(1)**川窪**は**神下**北側の田地耕地で人家僅か。**瀬ノ口**は**川窪**北側の田地耕地で人家僅か。(2)天保十一年（一八四〇）八月の大洪水の時、「**川窪**　田壱反八畝砂入」「**瀬之口**　田二畝石砂入」とある（『綾史』）。(3)**川窪**は「川沿いの窪地・低湿地」の意であろう。**瀬ノ口**は「瀬への入口」の意であろう（例・宮崎市田野町瀬ノ口、瀬に行く入口。『宮崎市の小字地名考』）。

111 菱池=ひしいけ

(1)瀬ノ口・川窪の西側の田地耕地。(3)**菱池**は①「菱草の生えた池」の意か。菱は池や沼に自生するヒシ科の多年草。秋に葉かげにとげのある鋭い菱形の固い実をつける。②「菱形の池」の意か（例・神奈川県茅ケ崎市菱沼、菱の生えた沼を開墾したとする説、開墾した残りの菱形の沼地を水田として開いたことにちなむという説がある。『神奈川県地名大辞典』）。③「泥深い池」の意か。「菱沼・菱潟・菱浦・菱山などの菱は、水草の菱ではなく、泥土・ヌカルミの意に解すればおおむね実情に合うようである」（松尾『日本の地名』）。

⓬牧原＝まきばる・⓭池田＝いけだ

(1)**牧原**は**菱池**西側の田地耕地。**池田**は**牧原**西側南側の田地耕地で人家僅か、**久木野丸**団地・**麓**公園などがある。(2)北俣保育所があった（昭和58年4月～令和2年3月）。(3)**牧原**は①「馬などの放牧地」の意であろう。今も馬の放牧場がある。②牧はマキ（槙）の転で「槙の群生地」の意か（例・鳥取県鳥取市槙原、地名の由来は不詳であるが、山村らしく槙の木の原の意か。『鳥取県地名大辞典』）。槙はマキ科の常緑高木。庭木・生垣とし、材は建具・器具に用いる。**池田**は①「池そばの田地」の意か（例・『和名抄』筑前国粕屋郡池田郷など、一般的には池のそばにある田地をいう。『日本地名事典』）。②「よく池になる田地」の意か（例・児湯郡木城町大字椎木字池田、何時も大雨毎に池になる田圃だったのだろう。小丸川が氾濫した後に小さな池ができていた。木城史友会編『木城の地名』史誌第8号）。③「池が埋った田地」の意か（例・大阪府寝屋川市池田、低湿地の池が次第に埋まりできた村という。『大阪府地名大辞典』）。類例・諸説は第七章の**池田**参照。

(二) 久木ノ丸から堂前まで［地名図⑩］

⓮久木ノ丸＝くぎのまる・⓱新村＝しんむら

(1)**久木ノ丸**は**池田**・**新村**の南西側で人家が点在するが、大半は田地耕地。**新村**は**久ノ木丸**東北側の住宅地。厳島神社（天明4年［一七八四］創建、祭神は市木島姫命。『綾史』）がある。第七章の厳島参照。(2)「元禄綾郷略図」に「久木丸」、「新村」とある。『日向地誌』に「久木丸　神下ノ西六町許ニアリ人家十六戸」、「新村　野頸ノ北六町許ニアリ人家十九戸」とある。「麓のお仮屋馬場とこれに続く久木の丸には門屋敷をおかず、久木の丸に出口という個所がおかれ、久木丸門、東門、佐々木門などを周囲においたと言われる」（『綾誌』）。明治十三年（一八八〇）八月五日の大洪水の時、「河水溢るる事昨日に倍し、垂水、坂元に至る迄皆水難に罹り今吉（下久木丸）表より神下村の前後は満水にて入海の如し」とある（四本兼良日記」『綾史』）。「元文五年（一七四〇）、新村、久木丸一帯ニ亘リ大火アリ、其ノ祈願ノタメ安芸厳島ヨリ御神霊を譲リ受ケ之レヲ祀リ其後毎年旧十一月始ノ亥ノ日ニ盛大ナル祭典ヲ挙行ス」（『旧綾郷土史』）。

(3)①丸はバル（墾）の転で、久木ノ丸は「小高い原野の開墾地」の意か（例・熊本県阿蘇郡久木野村、クキ（平地の中の小高い所）ノ（野）の転か。『市町村名語源辞典改訂版』）。②「低湿地の開墾地」の意か（例：茨城県稲敷郡茎崎町茎崎、牛久沼沿岸や谷田川沿いの低湿地である。小川豊『川を考える地名』）。③「燃料採取地の開墾地」の意か（例・肥後阿蘇郡久木野村・大隅噌唹郡西志布志村大字久木迫など、諸国の小字に存する無数の「クキ」は悉く燃料採取地を意味する地名であろう。『定本柳田⑳・地名の研究』）。第七章の丸参照。新村は「新しい村」の意。「新村は久木丸より分立し

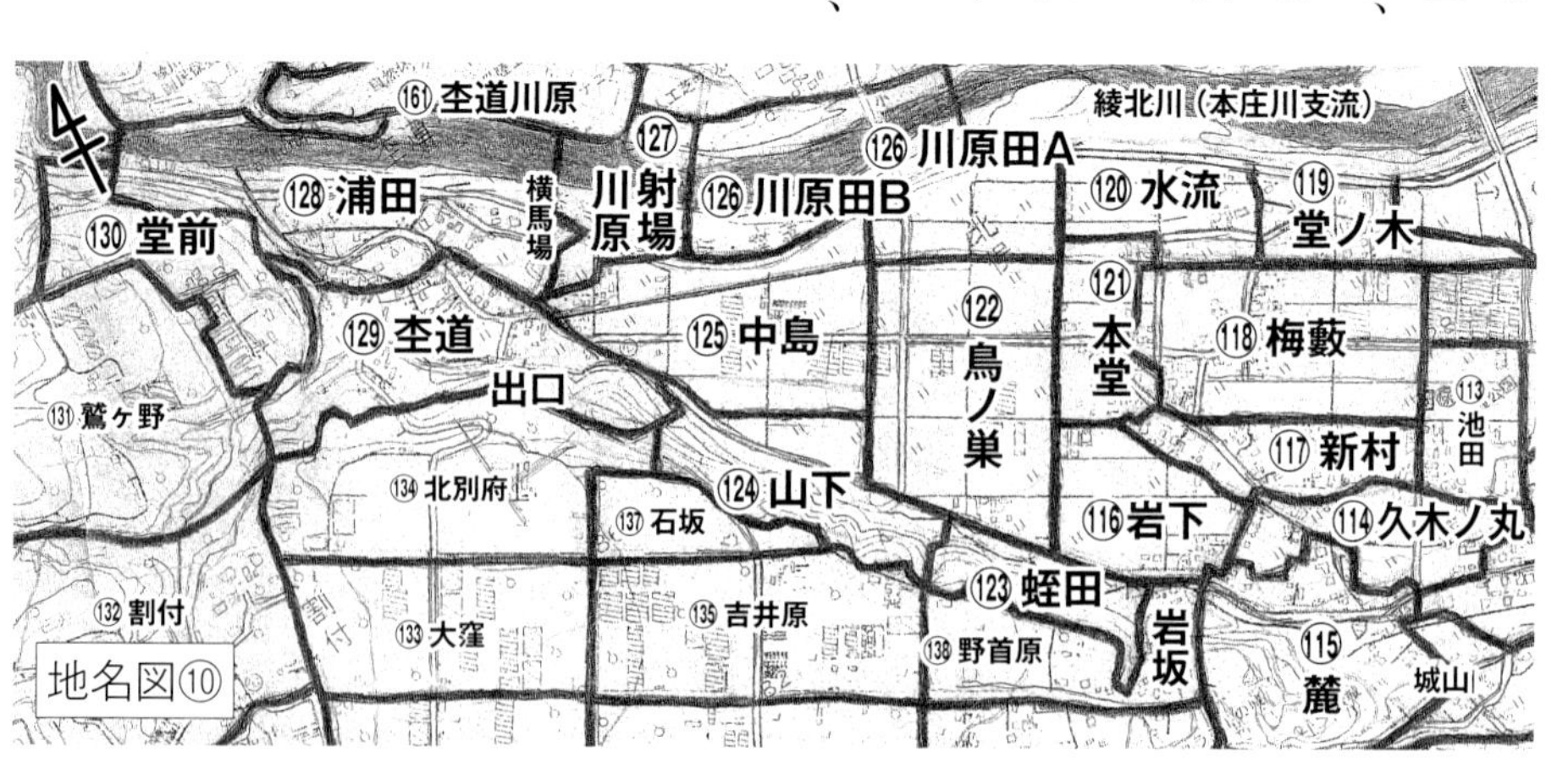

地名図⑩

たのであろう」（『綾史』）。分村の時期など不明。

115 麓＝ふもと（行政区名。第七章の**行政区**参照）

(1)**久木ノ丸**の南西側で平地も台地も渓谷もある。耶治川に第3開元橋（町道岩下・割付線）と麓橋（町道**南麓・堂ノ木線**）が架かり、**浦田**水路に第2塚原橋（町道南麓・堂ノ木線。俗称常盤橋。文政10年［一八二七］修行者が寄進。『綾史』）がある。**浦田**水路脇に石碑「龍尾城跡東入口」（左に写真）、**錦原**台地東端に綾城（歴史資料館、昭和60年［一九八五］6月復元）や国際クラフトの城（工芸の殿堂。綾城と同時完成）がある。東部北部は崖地下の住宅地。南部の**野首谷**には遊歩道がある。**野首谷**の出口は**麓谷**ともいう。

(2)龍尾山寛明院大安寺（永正14年［一五一七］建立、慶応3年廃寺。『綾史』）と祓戸神社（天明6年［一七八六］再興、以前は不明、明治3年廃社。同前）とが同じ場所にあった。もと綾幼稚園西側の石垣に囲まれた広場で、竹林杉林の山林地が今も残っている。「元和元年（一六一五）の一国一城令により本城以外の山城（外城）はすべて廃止され、地頭、衆中（郷士）も皆山城のほとり**野首口**を降り平地住まいとなり、今の**麓**の地にお仮屋（役場）を建て、郷政をとることになった」（『綾誌』）。「元禄綾郷略図」に「**麓**」とある。「天明四年（一七八四）外城を郷に改称、**麓**には地頭仮屋などの行政庁が置かれた」（『日本歴史地理用語辞典』）。第七章の**外城**（とじょう）、**麓**参照。「お仮屋は地頭屋敷ともいわれ、現在の**麓**集落の田中清善氏の屋敷内であった。お仮屋のあたりは**お仮屋馬場**とも称した。地頭屋敷跡の前の道路（町道南麓・堂ノ木線）脇に大きな自然石がある。綾郷の郷士が地頭屋敷に来た時、馬をつなぐ場所を示す石で**下乗石**（げじょういし）

石碑「龍尾城跡東入口」

と称した」（黒木敏光「史跡文化財」『公民館報亜椰』平成元年？）。「今の**谷の橋**（現**麓橋**）を渡った左右が馬つなぎ場であった」（『綾史』）。「**お仮屋馬場**は馬術禁制であった」（『綾誌』）。『日向地誌』に「**麓**　**久木丸**ノ南一町許ニアリ人家十六戸」とある。かつて綾幼稚園があった（昭和42年4月～平成28年1月、㊺**古城**に移転。平成30年4月、社会福祉法人エデンの園つむぎ＝就労継続支援B事業所開設。50ページ参照）。(3)「薩摩藩の麓は地頭仮屋を中心とする郷士の居住集落で、城の下・城のふもと・城の府本を意味する」（県高校社会科研究会歴史部会『宮崎県の歴史散歩』）。「府本は府（役所）の下の地」の意（田代学『南・西都地名考』）。「ほんとうは政府のある所という意味で府元と書くのが正しいのであろうと思う」（石川恒太郎『新・日向ものしり帳』）。**お仮屋馬場**は「仮屋に来た人が馬を繋ぐ場所」の意。常盤橋は長寿繁栄を願って「永久不変の橋」の意であろう。

○城山＝しろやま

(1)綾城辺りや東側崖下の集落名班名。(2)「元禄綾郷略図」に「**城山**」とある。「**野首**渓谷を隔てて**城山**がある。**龍尾城**が築かれた所で本丸の跡は畑に開かれ宅地となっている。二の丸、三の丸、射場城などを遺し、周囲の山林を含め二・二六ヘクタールの山城で、周囲に土塁が一部遺っている。南側は耶治川、北側東側は絶壁で眺望のきく天険によった要害の地であった」（『綾誌』）。

(3)**城山**は「城のある山地」の意であろう。**龍尾城**は「龍の尾の先端にある城」の意か。「**尾立**山地を竜に見立て、その尻尾の先にあることから竜尾城の名が付いたようだ」（食農と工芸と環境融合型の町づくり推進協議会『綾の夢楽人』読本』）。「はじめて綾を領有した綾氏は足利一族で京都の天龍寺などにならい龍尾城天龍丸などと龍にちなむ名前を好んで名付けたのかもしれない」（『綾史』）。

116 岩下＝いわした・○岩坂＝いわさか

(1)**岩下**は**久木ノ丸**・**麓**の北側の田地耕地で人家僅か。南流する**岩下水路**（浦田水路の分流）に岩下橋・第2岩下橋がある。八つの町道名に使われている（岩下通り線、割付・岩下線、塚原・岩下線、岩下・川原田線、岩下・梅藪線、岩下・野首線、岩下・新村線、岩下・本堂線）。**岩坂**は**岩下**から**野首**へ上がる坂道（町道岩下・野首線）。

(2)『日向地誌』に「**岩下溝**　杢道溝ノ上流南涯ヨリ分カレ東南ニ流レ南俣村ニ入テ断ユ長凡三十町…田凡七十町ノ灌漑ニ供ス」とある。「**岩坂**上り口の馬頭観音（自然石）は昭和四十五年（一九七〇）**岩坂**復旧工事の際（現在の町道**岩下**・**野首**線）現在地に移転した」（『綾誌』）。

(3)**岩下**は「大きな岩石・断崖の下方の地」の意であろう。**岩坂**は「岩石の多い坂道」の意であろう（例：熊本県菊池郡大津町（まち）岩坂、台地急崖部の地形にちなむと思われる。『熊本県地名大辞典』）。

118梅藪＝うめやぶ・119堂ノ木＝どうのき（土地台帳の「堂ノ木」による）・120水流＝つる（北麓橋の北麓は行政区名。第七章の行政区参照）

(1)**梅藪**は**新村**東北側の田地耕地で西部中部に人家が密集する。**堂ノ木**は**梅藪**東側の田地で人家僅か。「**梅藪**から川に出て川ぞいに下った所に**堂の木**がある」（『綾誌』）。**水流**は堂木北西側の田地耕地で人家僅か。**浦田水路**に**北麓橋**（町道本堂・水流線）がある。(2)「小山田重宗給分坪付写」（明徳5年［一三九四］）に「諸縣庄綾裏内**梅や分**　卅五百請」（四月）・「同前**梅屋穂**　卅五百請」（八月）とある（『県史史料編 中世1』）。「元禄綾郷略図」に「**梅藪**」とある。「明治の廃仏毀釈の時**梅藪**にあった薬師堂（次ページの本堂参照）の薬師如来像等はある人が森永の大乗寺に避難させ無事であった」（『綾史』『綾誌』）。「初めは小堂で後に大乗寺に移転した」という（松元捨雄氏談）。『日向地誌』に「**梅藪**　**新村**ノ西北ニ接ス人家十七戸」とある。天保十一年（一八四〇）八月の大洪水の時、「**堂木**　田弐畝洗剥（はぎ）」とある（『綾史』）。

(3)**梅藪**は①「梅林の藪地」の意か。②ウメ（埋）ヤブ（破）で「堤防が破れ土砂で埋まった所」の意か

（例・愛知県豊橋市梅藪町、土地が破れたり埋ったりした所か。中根洋治「愛知・岐阜の災害地名」。谷川健一編『地名は警告する 日本の災害と地名』）。南俣㉟**梅木田**参照。**堂ノ木**の木はキ（処）の転で、**堂ノ木**は①「お堂の辺り」の意か。「**梅藪**の北、現存の河川築堤の外に当る所に大将軍社の小祠があった」（『綾史』）。「昔、堂のあった辺りを**堂藪**という」（『綾誌』）。②「どんぐりの木」の訛りか。「かつてどんぐりの木の多い山の側にお堂があったので、「どんぐりの木」が訛り「堂の木」になったのでは？」（松元捨雄氏談）。②堂目木の転で「川の水音が轟く所」の意か（例・宮崎市大字恒久働馬寄、滝や川の水音「ドヨメキ・トドロキ」の義。田代学『南・西都地名考』）。**水流**は「曲流する川沿いの細長い小平地」の意であろう（例・山梨県都留市、「川に沿って細長く連なった平地」の称であろう。『古代地名語源辞典』）。第七章の**水流**参照。**北麓**は「**麓**地区の北部」の意。

121 本堂＝ほんどう・○森山＝もりやま

(1)**梅藪**西側の田地耕地で町道沿いに人家が多い。**北麓**公民館（地区営農研修センター）や薬師堂の由来碑（昭和48年9月建立）・薬師堂（法華岳薬師の遥拝所、再建同前。下に写真。法華岳薬師寺は養老2年［七一八］創建。越後の米山薬師・三河の鳳来寺と並び日本三薬師の一つ）・森山傳説碑（大正15年［一九二六］2月建立。次ページに写真）・神木樒代木の植樹記念碑（昭和58年7月）がある。向かい側の町道**本道**・**郷鳴**線沿いに石碑「北俣村役場跡」があり、裏面に「廃藩置県により役場が置かれ戸長役場戸籍役場といわれた」とある。(2)「田畑開墾の古文書」（文化11年［一八一四］）に「**薬師之元**大山野三畝程田開…」とある（『綾史』）。「**森山**伝

法華嶽薬師遥拝所の薬師堂。なぜお堂に注連縄か。神仏習合の名残か

説　**北麓**公民館の敷地辺りは**森山**といい、昔はこんもりとした山であった。大昔、この辺りは浜辺で、綾の平地はほとんど海であった。**森山**辺りは小高い岡で舟着き場として賑わっていた。この**森山**に大正時代の末期まで、天空にそびえる一本の古い櫧(いちいかし)がはえていたが、大正十三年十月十七日の暴風雨で老樹も遂に樹齢つき、千古の樹命を終えた。村人はそのいわれを後世に伝えるため、大正十五年二月森山伝説碑を建立した。今**森山**の地は山が開かれ整地されて**北麓**公民館が建ち、公民館の後方には昭和四十八年北麓薬師堂が再建されて様相が一変し、昔を偲ぶものとして伝説碑が残されているだけである」（『綾誌』）。**※森山傳説碑の碑文**参照。「太古綾村海岸想像図」（97ページ）参照。**(3)本堂**は「本尊を安置するお堂」の意。第七章の**※薬師堂由来の碑文**参照。**薬師之元**は「薬師堂の辺り」の意。**森山**は①「こんもり茂った山林地」、または②「巨木のある山林地」の意であろう。

※森山傳説碑の碑文（現地・北俣121本堂）。（「森山の伝説」『綾誌』1059～1060ページ参照）。

「此地森山ハ大古海浜ニシテ舟揖ノ便アリ土地殷盛ヲ極メタリト口碑ニ存ス近年ニ至ル迄其一端ニ亭々天空ニ聳ヘタル一ツノ老櫧ハ當時渚近ク舟繋用トシテ立テタル伐木ノ発芽成木シタルモノナリト傳フ古往今来其間幾千萬ノ星霜ヲ重ネ地ハ林相ヲ成シ樹ハ三十仞九抱ノ大ニ達シ一大偉観ヲ呈セリ世人之ヲ異トシ敬虔ノ念厚ク落葉枯枝之ヲ拾フモ神罰ヲ蒙フルト称シ其域内ヲ蹈ムモ之ヲ憚ル然ルニ其林相ハ四囲ノ変遷ニ従ヒ幾度カ変化シ老櫧独リ其雄姿ヲ恣ニセシモ漸次退齢ニ傾テ樹勢衰ヘタリ偶々大正十三年十月七日夜来ノ暴風ニ遇ヒ遂ニ樹霊著シキ名木モ巨体ヲ

石碑「森山傳説碑」

北ニシテ倒レ千古ノ樹命ヲ終ヘタリ人皆之ヲ惜マサルナシ於是平（ママ）関係者相謀リ同種木ヲ旧址に植へ伝説ヲ謹ミテ永ク世ニ傳ヘントシ文ヲ予ニ請フ仍テ其梗概ヲ録シテ之ニ酬フルコト然リ大正十五年二月二十八日上井甚八郎誌」（一部判読が難しい）。

⑫② 鳥巣＝とりのす

(1)**本堂・岩下**西側の田地耕地で人家僅か。(3)**鳥巣**は①「鳥の巣の多い所」、または②「鳥の飼育地」の意であろう（例：佐賀県鳥栖（とす）市、鳥屋（トヤ）があって、多くの鳥を飼育していた土地をいう。『日本地名事典』）。③巣は洲の転で「鳥の生息する川洲」の意か。

⑫③ 蛭田＝びった

(1)**岩下・鳥巣**の西側で、崖地とその下の細長い小平地。(2)「学校下～**杢道**間の町道**麓**線は藩政時代からの道路で、学校下の谷の橋（麓橋）、常盤橋、**麓**、**岩下**を通り、**蛭田の平**から右折し**杢道**に通じていた」、「昭和三十年頃は随所で井戸水が枯渇し、**蛭田平**（びつだんひら）の崖の落水を集めて**梅藪**地域に送る話が出た」（『綾誌』）。「修験道の滝（たき）があり、かつて水行をしていた」（綾町ユネスコパーク推進室編「綾町散策まっぷ」平成19年）。今は公園に東屋や水車がある。「かつては**蛭田平**に搗臼（つきうす）（左近太郎）があった」（『綾誌』）。(3)**蛭田**は①「蛭（ひる）の多い田地」の意か（住民談）。（例：滋賀県野洲郡中主（ちゅうず）町比留田（ひるた）、湿田地帯で蛭の多い田との意味とも伝える。『滋賀県地名大辞典』）。蛭はヒル綱に属する環形動物の総称で、人畜の

蛭田の平の崖の落ち水、大小２つ

皮膚に吸着し吸血する。②「蒜の群生地」の意か（例：『和名抄』遠江国蒜田郷など、ヒルタ（蒜田）の意で、蒜を栽培していた耕地をいう。『日本地名事典』）。蒜はノビル・ネギなど臭いのあるユリ科多年草の総称。夏に白紫色の細花が咲く。③「湿地湿原」の意か。「ヒル地名（昼田・比留田・蒜間（ひるま）・昼川・蛭野など）を、蛭（ヒル・ビル）という吸血鬼のいる場所や蒜の生えた所の意ではなく、湿地湿原をさす地形に基づくと考える」（松尾『日本の地名』）。他の諸説は第七章の**蛭田**参照。**蛭田の平**は①「**蛭田の崖地**」、または②「**蛭田の小平地**」の意か。

124 山下＝やました・125 中島＝なかしま

(1)**山下**は**蛭田**北側の崖地や細長い平坦地。町道**岩下**線沿いに人家が点在し、**岩下水路**（杢道水路の分流）に岩下第1・第2号橋がある。**中島**は**山下**北側の田地耕地で人家僅か。西端部の**岩下水路**に第3杢道橋（町道**岩下通り**線）が架かっている。(2)「日向国諸縣郡綾名寄目録」（一六七八年）の紙屋入野村之内竹脇門に「**山下**　山畑三間四間…」とある（『県史史料編　近世5』）。第七章の**山畑**参照。(3)**山下**は「山の下の地」の意。**中島**は「流域・氾濫原の中にある島（微高地）」の意であろう。

126 川原田＝かわらだA・B・127 射場川原＝いばがわら

(1)鳥巣東北側の耕地の**川原田**Aと**中島**東北側流域の**川原田**Bがある。**川原田**Aには**北麓**公園墓地があり、**川原田**Bには小田爪橋（こだづめはし）が架かっている（南詰が一般県道綾法ケ岳線の起点。綾北川＝本庄川支流）。**射場川原**は**川原田**B北西側の流域河川敷及び右岸の堤防耕地の区域。左岸に**小田爪**多目的広場（小田爪人工芝サッカー場。平成26年3月竣工）がある。(2)天保十一年（一八四〇）八月の大洪水の時、「**川原田**　三竿田一反六畝石砂入」とある（『綾史』）。「古老の話によると、天保十一年の大洪水により、**射場川原**も切れ田圃に河水が氾濫した」という（『綾史』）。「**射場川原**（いばごら）は弓術の稽古をした所で川原に面して作られ、**麓**辺りからも稽古にきていた」（『綾誌』）。(3)**川原田**は①「川沿いの田地・開墾地」の意か。②「川沿いの扇状地・湿地」「自然灌漑による水田」の意か。川原田は「㋐河川の沖積扇状地、㋑自然堤防の後背湿地、㋒河口三角州などに造られた自然灌漑による不安定な水田」の意がある（阿部猛一編『荘園史用語事典』）。③「川原と田」の意か（例・西都市川原田、文字通り川原と田からなる地であったと思われる。田代学『南・西都地名考』）。④単に「川原」の意か（例・福岡県大野城市瓦田、川（カハ）・原（ハラ）・処（タ）で川原を呼称する。池田善朗『筑前故地名ばなし』）。**射場川原**は①「射場のある川原」、または②「川原近くの射場」の意。射場は「弓で矢を射る所・練習場」の意。

128 浦田＝うらんた

(1)**射場川原**上流側の流域河川敷、及び右岸の一般県道田代八重綾線南西側の住宅地や耕地の区域。北西部の158**平瀬**との境に権現橋（別称椎屋吊り橋。町道**尾谷**線。綾北川）が、北流する浦の田谷川（綾北川支流）に浦の田橋（町道**岩下通り**線）と新浦の田橋（県道田代八重綾線）が、また東南流する**浦田**用水路（文政3年［一八二〇］以前の開設。『綾史』）に上流から第1杢道橋（町道**岩下通り**線）、第2杢道橋（同前）・第4杢道橋（町道**杢道・浦田**線）・第3杢道橋（町道**岩下通り**線）が架かっている。私塾の寺子屋跡（佐藤氏宅、委細不明）や流辺寺跡（創建等不明。禅宗綾光寺末派。慶応3年［一八六七］廃寺。『綾史』）がある。「**出口**から川の方に向って**横馬場**（ばば）があり、昔乗馬の調練場として乗馬の稽古をした所であった」（『綾誌』）。98ページの「**杢道ふれあいマップ**」参照。(3)①**浦田**は「ウラ

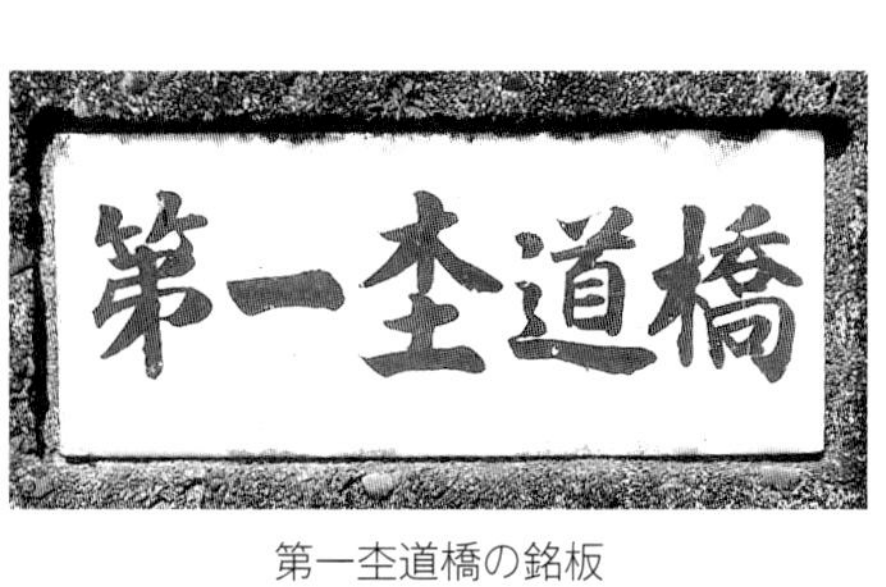

第一杢道橋の銘板

土石流警告板にある川名「浦の田谷川」

タ（末田・裏田）」で「平地の奥や端にある田」（『日本地名事典』）の意であろう（例：国富町大字森永浦（うら）の田（た）、浦は裏＝「後ろ・日陰・遠方・田舎」の意で「うらんた」と呼ばれるのであろう。国富町教育委員会『国富町の地区名 土地の呼び名の由来と俗名』）。②「入江沿いの地」の意か（例：埼玉県浦和市、ウラワ（浦廻）と同義で、上古に湾入した浦のほとりの意。『日本地名事典』）。③「浦に作られた田地」（『日本国語大辞典②』）の意か。「太古綾村海岸想像図」（『旧綾郷土史』。下に図）。**森山**（92ページ）参照。**横馬場**は「綾北川の傍の馬場」の意であろう。第七章の**馬場**参照。

129 杢道＝もくどう（行政区名。第七章の**行政区**参照）。

(1) **浦田**の南側で北部の平地に人家が密集する。傾斜地も山地もある。**浦田**水路に第4杢道橋（町道杢道・**浦田**線）が架かっている。

(2) 「元禄綾郷略図」に「杢道」、『日本地誌提要第四巻』（内務省地理局編纂物刊行会。明治前期の地誌資料）に「矢筈（ヤハズ）嶽　諸県郡綾郷北俣村木工道（モクミチ）ヨリ壹里余」、『日向地誌』に「**杢道**（モクドウ）　**小田爪**ノ西五町許綾北川ノ南岸ニアリ人家四十二戸」、「**杢道**溝　綾北川ノ南岸**杢道**堰ノ水門ヨリ起リ屈折東ニ流レ…長凡三十町…田凡七十町ノ灌漑ニ供ス」とある。「旧杢道井堰は杢道第1橋辺りから綾北川に流れる排水路の出口附近にあった」（『綾誌』）。かつて竹野担当区があった（平成25年3月まで）。

(3) 俗称**杢道**（むくど）という（継松敏夫編『綾のむかし話①』）。**杢道**は右の(2)引用の「木工道（モクミチ）」から推測すれば、「木

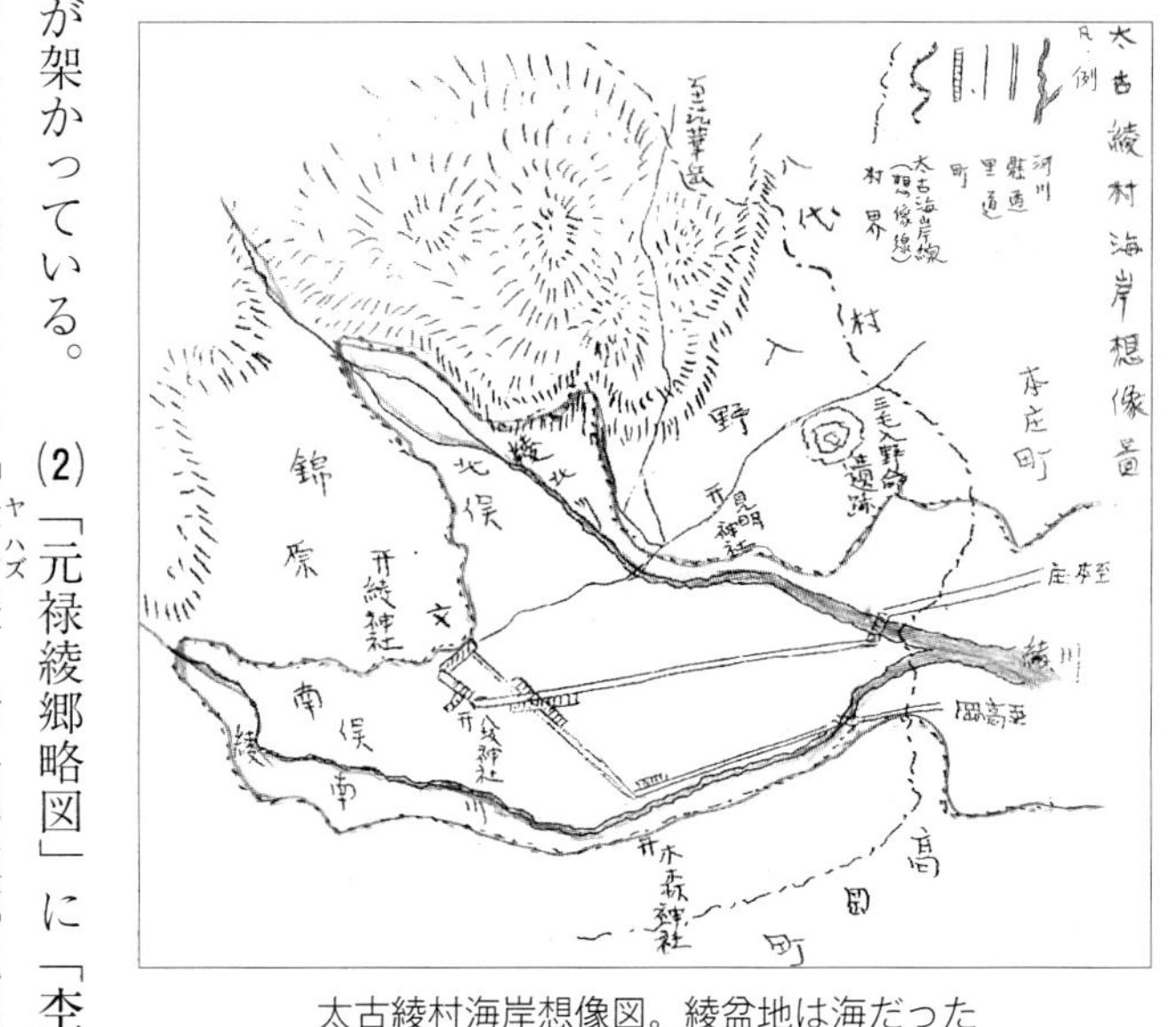

太古綾村海岸想像図。綾盆地は海だった

工職人の居住する道路沿いの集落」の意か。「藩内の加世田方面は耕地が狭いので手に職を身につけさせ他郷に出向かせた。…大工職十郎さまと呼ばれた加世田郷出身の郷士は当時綾に少ない大工職人拾数人を使用していた」（『綾誌』）。杢は「木と工を合わせてだいくの意味を表す」（『新編漢語林』）。②杢はモク（木）の転で「木馬道」の意か。「木馬道（きんまみち）は枕木だけを並べた道」（てるはの森の会『綾の森と暮らす』。平成21年2月）。

○弥生坂＝やよいざか・○上堂＝かみどう・○下堂＝しもどう・○出口＝でぐち（「杢道ふれあいマップ」（てるはの森の会編「森に抱かれたふるさと・杢道」記録版『語り部　聞き書き集』（2015年3月）の部分図）

(1)**弥生坂**は**杢道**から**錦原**台地に上がる坂道（町道杢道・中堂線）の俗称。**上堂**は**杢道**の中東部辺り、**下堂**は**上堂**の東北側の**浦田**内の俗称。**出口**は**杢道**の東部辺りの俗称。(2)「**杢道**から**錦原**にあがる坂道は勾配の激しい石ころ道で、人や馬の往来にも大へん難儀をしていた。…大変な苦労をして昭和二十二年（一九四七）一月に竣工し**弥生坂**と命名した。区が奉仕作業で造った道路では綾町では第一号であろう」（『綾誌』）。「**上堂**（かみどう）、**下堂**（しもどう）という呼び名は昔お堂のあった所であると思われ、その場所がはっきりしないが、古老の話によると、**上堂**は椎屋氏宅付近、**下堂**は川上氏宅付近であった」（『綾史』）。「**杢道**から町の方へ出て行く、岡元・服部氏宅辺りを**出口**という。よそから入るときは入口で出入の要地、田の神、水難者記念碑、二十三夜石などが立っていた。今は消防器具庫、**杢道**公民館（杢道多目的研

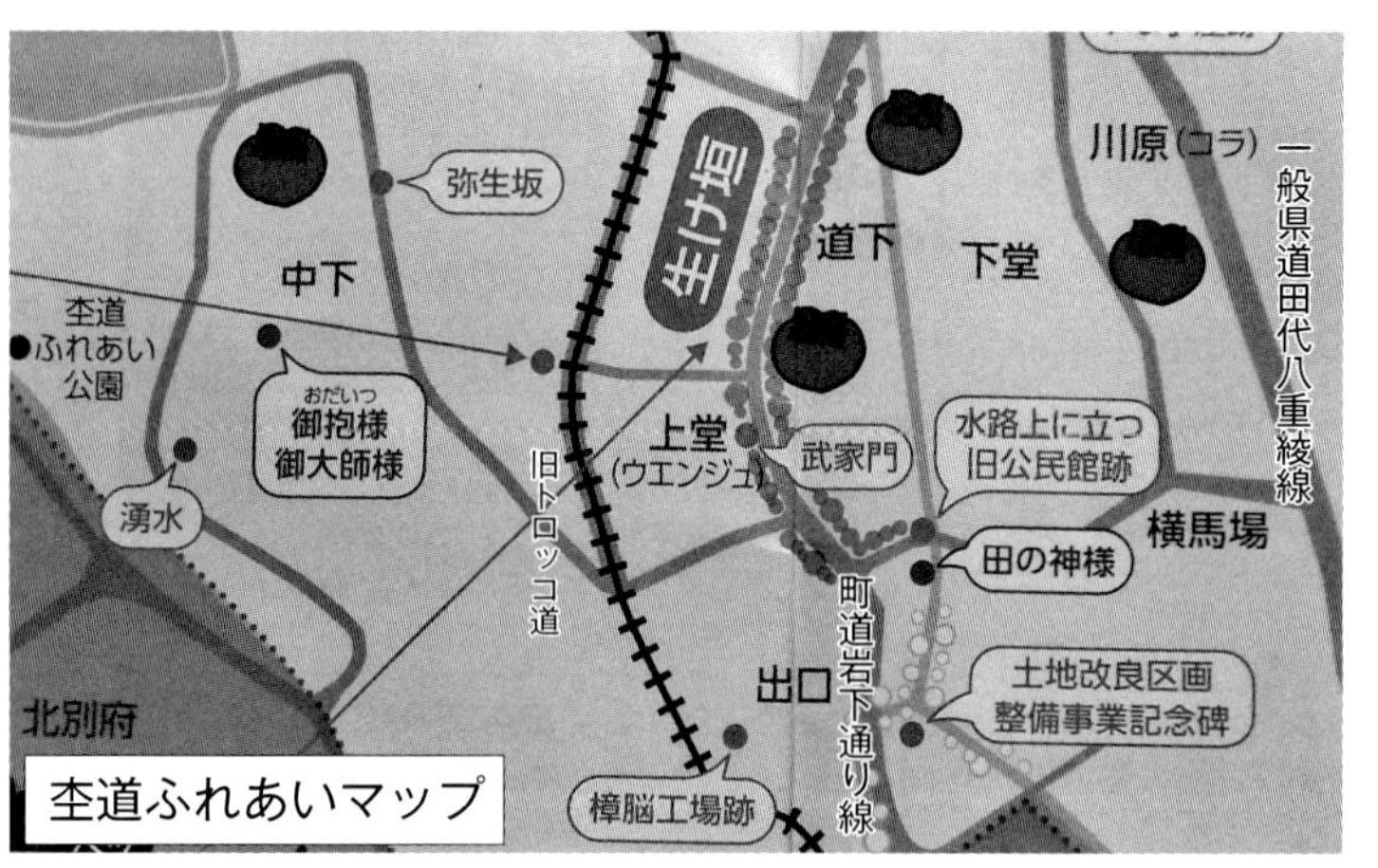

修センター）がある」（『綾誌』）。※北川水難記念碑、⑱八町下、『綾史』（473〜7ページ）参照。かつて杢道入口というバス停留所があった（昭和31年4月〜平成22年3月、宮崎交通）。ゼンリン住宅地図（平成21年版）に「杢道入口」とある。

(3)弥生坂は「いよいよ栄える坂道」という願望地名。弥生はいやおい（弥生・陰暦三月）の約で、「草木がますます生い茂る」の意。**上堂**は「上手のお堂」、**下堂**は「下手のお堂」の意であろう。前ページ「杢道ふれあいマップ」の**上堂**（ウエンジュ）は「上住」で、「上手に住む」の意であろう（岡元洋氏談。**杢道**などの地名についていろいろ教えてもらった）。また、**道下**は「ミシタ」といい、「町道（岩下通り線）の下」の意、**中下**は「ナカノシモ」といい、**錦原**台地から下を見て**杢道**との「中段の下」の意であろう（岡元洋氏談）。**出口**は「**杢道**を出る所」の意。

※北川水難記念碑（『綾郷土誌』1012・1075ページより引用）。

「所在地＝**杢道出口**　建立＝明治二十八年二月　説明＝明治二十六年十月**杢道**中州簗流失、簗組仲間十一名水死、その霊を弔う記念碑」、「明治二十八年二月水難者の冥福を祈り、これを後世につたえるため、**杢道出口**に記念碑が建てられた。その碑文は破損がひどく判読できないのが残念である」。

⑬⓪堂前＝どうまえ

(1)杢道西部の北側で人家僅かの耕地山林地。浦の田谷川に堂前橋（町道杢道・尾立線）、綾北川に椎屋橋（一般県道田代八重綾線）が架かっている。**(2)**「**浦田の谷**を渡って**鷲が野**に上る坂を昔から**地蔵坂**と呼んだ。坂を上り詰めた所に地蔵様を祭った小さなお堂があったので、この辺りの字名を**堂前**という」（『綾誌』）。**(3)堂前**は「地蔵堂の前方」、**地蔵坂**（町道杢道・尾立線）は「地蔵堂のある坂道」の意。

Ⅱ　錦原北部の台山地［地名図⑪］

錦原は綾盆地へ西から東へ突き出た隆起洪積台地で、錦原北部の台山地はほぼその北半分を占めている。

⑬鷲ヶ野＝わしがの

(1)堂前・杢道西側の山間地で人家僅か。南東部の鷲ヶ野谷を鷲ヶ野谷川（浦ノ田谷川支流）が東流する。(2)「元禄綾郷略図」に「**鷲ヶ野**北方村内」、「献上鮎に関する古文書」（文化11年［一八一四］）に「綾之内**鷲ヶ野**番所の山床より相渡候」（『綾史』）、『日向地誌』に「**鷲ヶ野**　割附ノ北三町許ニアリ人家七戸」とある。(3)**鷲ヶ野**は①「鷲の生息する山林原野」の意か。鷲はワシタカ科の翼が大型の猛鳥の総称。②鷲はアシ（葦）の転で「葦の茂った原野」の意か（例：島根県鹿足（かのあし）郡津和野町鷲原（ちょうわしはら）、地名は古木が茂り鷲が多くいたこと、また鷲は葦の転訛で、葦原に由来するともいう。『島根県地名大辞典』）。アシ（葦・蘆・葭・芦）は水辺に群生するイネ科の多年草。茎は中空で簾の用材。根は漢方薬。③「崖のある原野」の意か（例：『和名抄』参河国（愛知県）碧海郡鷲取郷、ワシはアシ（崖地）の転、取りも崖地のことか。『古代地名語源辞典』）。

132 割付＝わりつけ（行政区名。第七章の行政区参照）

(1)**鷲ヶ野**の西側南側で東部に人家が多く、**割付**営農研修センター（割付公民館）がある。大半緩傾斜の果樹園と山林地。中央西部に本宮神社（創建等不明。再興元和5年［一六一九］。神仏習合の社）がある。(2)「本宮神社には萩原寺（天文2年［一五三三］創建、廃寺等不明）の遺物と思われる仏像三体が保存されている」、「（十六世紀中頃伊東氏の時代）竜尾城から**割付**に向けて真っ直ぐな広い道が抜け、騎馬の武士が往来していた。役所（政所）があり領民に土地を割付け、年貢を取りたてていた。**割付**は竜尾城の麓であり政事の中心地であった」（『綾誌』）。「元禄綾郷略図」に「**割付**北方村内」、『日向地誌』に「**割附**　**杢道**ノ南三町許ニアリ人家十二戸」とある。(3)**割付**は「土地・年貢を割り付ける」の意。「一般に割付は江戸時代、年貢を村々に割り付けることであった」（『日本国語大辞典⑬』）。

133 大窪＝おおくぼ・134 北別府＝きたべっぷ

(1)**大窪**は**割付**東側の耕地で人家僅か。**北別府**は**大窪**北側の耕地で人家僅か。耶治川（綾南川支流）に別府橋（町道**錦原西通り**線と町道**公園墓地通り**線が交差）がある。北部に**杢道**運動公園がある。(2)『綾郷土史』に「再興本宮神社　元和五年（一六一九）十一月　大願主　綾村**北別府**、中万八良左ヱ門」、「元禄綾郷略図」に「**北別府**　北方村内」、「綾にある別府という地名は**錦原**に**中別府**、**宮原**に**別府原**…」とある。**中別府**は委細不明。**北別府**の誤記誤植か。(3)**大窪**は「大きな窪地」の意であろう。**北別府**は「北俣（**錦原**台地北部）の別符による開墾地」の意であろう。第七章の**別府**参照。

135 吉井原＝よしいばる

(1)大窪東側の耕地で人家僅か。(2)『日向地誌』(北股村)に「原野 錦原ニシキ 本村ノ南南股村ニ連ナル…相伝フ古ハ吉井原よしゐ卜呼シ…」とある(南股村にも同様の記述)。錦原を吉井原と称したのは鎌倉時代(一一九〇～)以前であろう。南俣錦原参照。

(3)①吉は美称、井は居の転で、吉井原は「住み良い所」の意か。「錦原は上代における居住の中心地」(『綾誌』)で、「所々に小高い森があり、居住にふさわしい環境であったことが容易に考えられる」(『綾史』)。②吉はアシ(葦・蘆・葭・芦)の転で「葦の茂った湿地の原野」の意か。「ヨシイ(吉井・芳井)はアシヰ・芦井のアシをきらってヨシ(吉)にした地名が多い」(『日本地名事典』)。アシ(葦)は100ペ-ジ参照。

136窪上=くぼうえ・○原中=はらなか・137石坂=いしざか

(1)窪上は大窪の南側、人家僅かで大半耕地。原中は比定地不確定。窪上と石坂との間の欠地番(一二三八五～一二四四七番地)で、その中間の吉井原の西部辺りか。あるいは「綾町小字図」(昭和40年代前半作製)によると、石坂の南部、吉井原と138野首原の中間辺りか。石坂は吉井原北東側の耕地で人家はない。

(3)窪上は「窪地(大窪)の上手の地」の意であろう。原中は「吉井原(錦原)の中間」の意であろう(例：静岡県沼津市原中宿、浮島ケ原の中に位置することに由来すると思われる。『静岡県地名大辞典』)。石坂は「石ころの多い坂道」の意。雨が降ると周囲の雨水が集まって土砂を洗い流したのであろう。

138野首原=のくびばる・139野首=のくび・○衆力山=しゅうりょくざん

(1)野首原は吉井原の東南側、野首は野首原の南側で、ともに大半耕地で人家僅か。県天然記念物のイチイガシがある(平成4年3月みやざき巨樹百選に指定)。衆力山は野首内の山林地。比定地不明。(2)「綾初代の上井抑は移住の郷士を城山の西隣野首の台地に屋敷割をあてがった。一反五畝、一反、八畝等だった」、

「三の丸の城門口は西方遥か**割付**に向う広い道をそのまま乗馬の練習場となした」（『綾誌』）。元和元年（一六一五）の一国一城令により、「山城はすべて廃止され、地頭、衆中も皆、山城のほとり**野首口**を降り平地住まいとなった」（同前）。『日向地誌』に「**野頸**　麓ノ西六町許ニアリ人家八戸」とある。「明治二十一年（一八八八）五月十三日綾陽小学校新築落成…校舎の材は大杉材で**衆力山**から伐出された…」（『綾史』）。「用材一切は**野首**の**衆力山**（しゅうりょくざん）から搬出したとある…」、「**衆力山**（しゅうりょくざん）（村有林）の大木を使い当時としては立派な建築（校舎）であった」（『綾誌』）。

(3)野首原は「**野首**の原野」の意か。**野首**は地形地名で、①「野の台地が首状に細くくびれ狭まった所」の意か（例・鹿児島県川内（せんだい）市永利町（ながとしちょう）野首（のくび）、南九州の山城は尾根の狭くなった部分を野首と言っている例が多い。首れている所という意味であろう。青屋昌興『南九州の地名』）。②首はクエ（崩）の転で「崩壊地・崖地のある原野」の意か（例・岐阜県吉城（よしき）郡宮川村（みやがわむら）野首（のくび）、ノクエ（野崩）の意で野原の崩壊地に由来する。『日本地名大事典下』）。③「首塚のある原野」の意か。南俣の㊻**大工園、十ケ所・五ケ所の地名伝**参照。**野首口**は「野首の入口の辺り」の意。**衆力山**は「民衆の力で植林した山地」の意。「恐らく民衆の力で造成さるる山と云う意味から出たものであろう」（高岡を語る会・同町文化財委員会編『たかおか』6号、昭和52年）。第七章の**衆力山**参照。

140 二本松＝にほんまつ

(1)野首の西側、大半耕地で人家僅か。円形の花時計（平成3年6月10日時の記念日の午前10時始動）が季節の花に彩られ静かに時を刻んでいる。厩舎や花の育苗センターがある。耶治川（郷鳴川上流）が東流し赤松橋（町道**錦原西通り**線）と別府橋（町道**錦原西通り**線と町道**公園墓地通り**線の交差点）がある。

(3)二本松は「二本の大松」の意。「かつて綾城三の丸口の城門口には大松が聳えていた」（『綾誌』）。

141 遠目塚＝とうめづか

(1)二本松南西部西側の耕地。(2)『綾郷土史』に「大字北俣字**遠目塚**　山林　明治三十九年五月十一日不要存置国有林払い下」とある。現在は南俣の地番（三四五三〜三五七一番地）。語意は南俣50**遠目塚**参照。

142 愛宕下＝あたごした

(1)**窪上**の南西側で日向夏果樹園が広がる。「耶治川は**愛宕下**附近から流出する」（『綾誌』）。(2)「**愛宕下**（愛宕神社が祭られていた）は雑木が生い茂り人家から遠く離れ昔から寂しい所であった」（同前）。『綾郷土史』に「永正十五年（一五一八）戊寅艮ノ高峯ニ愛宕勧請ス綾龍之尾城ノ鬼門ニ当ルガ故ナリ」とある。また「愛宕神社跡　**錦原**ノ西北隅ニ在リ天正六年（一五七八）戊寅六月二十四日綾地頭新納勘解由左ヱ門ノ創建スル所ナリ…慶応三年廃寺」とある。勧請と創建の間に六十年の差があるが委細不明。「元禄綾郷略図」に「**愛宕**」とある。「**愛宕山**や杉山の下の**愛宕下**では狐が人を化かした」（『綾のむかし話①』）。「**尾立**ヒヨイと出て**愛宕平**来れば**割付**べっぴんしゅが出て招く」（田植え歌、『綾誌』）。

(3)**愛宕下**は「愛宕山の下辺り」、**愛宕平**は「**愛宕下**辺りの小平地」、**愛宕山**は「愛宕神社のある山地」の意。愛宕は愛宕神社の勧請による伝播地名であろう。語意は第七章の**愛宕**参照。川名の**耶治**・**弥次**は「湿地」の意であろう（例：鹿児島県指宿市十町弥次ケ湯（温泉）、弥次はヤチの転訛で湿地の意。小川亥三郎『南日本の地名』）。

143 南割付＝みなみわりつけ

(1)**愛宕下**北側の台地山地で、人家は東部中部に散在し北東部に**割付**ふれあい公園がある。

(3)**南割付**は「**割付の南部**」の意。**割付**の語意は132**割付**参照。

Ⅲ　北俣の西北部・東北部の台山地［地名図⑫⑬］

北俣の台山地は錦原台地北部の西側とその北側の台山地、及びその北東側の綾北川（本庄川支流）左岸北部の台山地である。綾北川が東南流し、流域周辺に僅かな平地がある。

⑭⑭尾立＝おだて（行政区名。第七章の行政区参照）・⑭⑮中迫＝なかざこ

(1)尾立は⑬⑫割付の西側で東西に長い台地。戦後開拓者の人家が点在する。東部の町道南麓・竹野線沿いに「尾立番所跡」石碑があり（次ページに写真）、裏面に「江戸時代薩摩藩の通行取り締りの小さな関所が設けられた」とある。東部の「綾町イオンの森」の山地約十ヘクタールに二〇一三年以来、綾町と千葉市のイオン環境財団主催で毎年十月に町有林復原のため植樹が行われてきた。計約二万本（二〇一九年終了）。展望台・記念碑がある。西北部の尾立縄文さくら館（尾立公民館、もと綾小学校尾立分教場校舎）辺りを南光原という（住民談）。中迫は尾立西北部西側の山地耕地で人家僅か。中迫地下式横穴墓群がある（推定五世紀末～六世紀前半）。(2)「尾立から竹野に通ずる道路と農道との三叉路を番所（バンドコ）という。旧藩時代山道番所として関所の置かれた所で、郷士が数人宛（づつ）

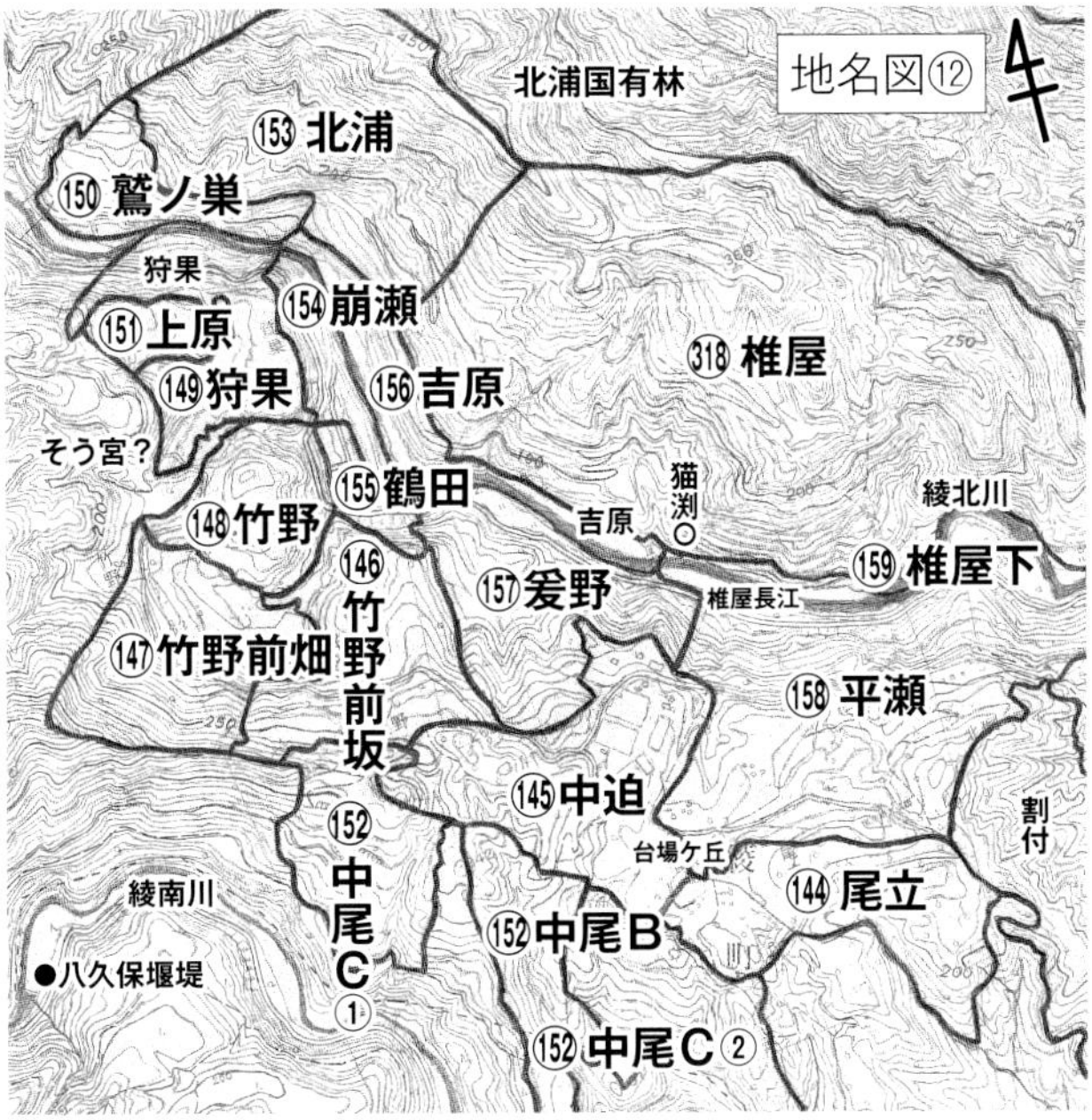

尾立番所跡石碑。左は農道、右が町道**南麓**・**竹野**線

交替で勤務した」（『綾誌』）。「日州廻御山奉行御差入ニ付日帳 綾」（文化4年〔一八〇七〕）に「**尾立** 弐反程 右者来辰春人別差杉場所右之通御座候」とある（『県史史料編 近世5』）。御山は藩の直轄山林、差杉場は杉の植林地。「旧藩時代末期から明治にかけ**尾立**の原野で一部放牧が行われていたようで柵を巡らした土塁の一部も残っていた」（『綾誌』）。「**尾立野**（オダテ） 本村ノ西隅ニアリ」（『日向地誌』）、「**尾立原**（おだてばる） 北俣**尾立**（おだて）にある洪積台地…」（『宮崎県大百科事典』）、「**尾立原**（学校の北方約一里）は昭和初期綾小学校の春季遠足の地であった」（『旧綾郷土史』）。

(3)**尾立**は①「尾根が高く立ち上がった所の原野」の意か（例：鹿児島県熊毛（くまげ）郡屋久町（やくちょう）尾立岳（おだてだけ）、山の尾根が立っている、尾が谷川に切り立つように落ちているという山名。『日本山岳ルーツ大辞典』）。②立は断（崩壊）の転で「尾根に断崖のある所」の意か。**南光原**は①「南面に光が当たる原野」、または②「南側の広い原野」の意であろう。**中迫**は「中間にある迫」の意。かつては長迫と言ったという（住民談）。語意は入野**310長迫**参照。

146竹野前坂＝たけのまえさか・147竹野前畑＝たけのまえはた

(1)竹野前坂は中迫西北部の北側、竹野前畑は竹野前坂のほぼ西側で、ともに山林地、人家耕地僅か。

(3)竹野前坂は「竹野前方の坂」、竹野前畑は「竹野前方の畑地」の意。**竹野**の語意は次項参照。

148 竹野＝たけの（行政区名。第七章の行政区参照）

(1)**竹野**は**竹野前坂**北部の北側及び**竹野前畑**東側の耕地で人家僅か。北部に**竹野**公民館がある。竹野谷川（綾北川支流）に竹野橋（町道上原通り線）と竹野谷橋（一般県道田代八重綾線）が、南部の下ノ谷川に下の谷橋（同前）が架かっている。昭和五十二年二月国指定の天然記念物のホルトノキは平成四年三月みやざき巨樹百選に指定された。樹齢約三三〇年（令和元年現在）。　(2)「**竹野**番所は昔肥田木正連（鷲巣家の祖）が薩摩藩主から山道押えに任命され、肥後球磨から綾に侵入してくる敵に備えて置いた番所で、郷士が数名宛交替で勤務した」（『綾誌』）。ホルトノキは「肥田木正連の二男播磨の墓の標木であると伝えられ、根元に墓石を抱き込んでいる」（現地ホルトノキ案内板）。「元禄綾郷略図」に「**竹野**」とある。「日州廻御山奉行御差入ニ付日帳　綾」（一八〇七年）に「北俣村之内**竹野後之谷**　指杉場五畦程…」とある（『県史史料編　近世5』）。『綾郷土誌』に「竹野地区（**後谷・前谷・爰野谷**）」、『日向地誌』に「**竹野**　**鷲巣**ノ南三町許ニアリ人家十一戸」とある。「明治十九年**竹野**部落に宮崎大林区署綾小林区が設置され、大正三年（一九一四）五月**桑下**の新庁舎に移転した」、「**竹野**の上の**小田島こば**は小田島幸吉の植林に依り其の名がある。営林主事補の小田島幸吉は明治二十年（一八八七）二月綾小林区署の署長に任命された」（『綾史』）。「明治二十二年一月～明治二十四年十一月、野尻小林区署の署長心得を兼務した」（熊本営林局「年輪」編集委員会『年輪―写真で語る一世紀―』昭和62年）。

(3)**竹野**は①「竹藪・竹林のある原野」の意か。竹はイネ科のタケ亜科植物で、稈が長く中空のものの

警告板の「竹野谷川」（上）と「下ノ谷川」

総称。茎は建築器具等の用材。②竹は崖の転で「崩落崖地のある原野」の意か（例：長野県上伊那郡中川村竹ノ上・竹ノ下は崖の上・崖の下の意。松崎岩夫『長野県の地名 その由来』）。③岳（釈迦岳・矢筈岳）ノ尾の転で「山岳の末端の地」の意か。「宮崎県全図」（『宮崎県の地名』付録地図）に「**竹尾**」とある。「竹下・竹本・竹越・竹腰などの竹は、岳の当て字で、岳下・岳本・岳腰などの意であろう。タケ（岳）はタケ（長）、タカ（高）と同根の語である。」（『地名語源辞典』）。**後之谷**は「**竹野後方**（北側）の谷」の意。**前谷**は「**竹野前方**（南側）の谷」の意であろう。**小田島こば**は「小田島氏が植林した山林（地）」の意であろう。

⓵⓸⓽狩果＝かりはて・⓵⓹⓵上原＝うえはる

(1)**狩果**は**竹野**東北部の東側の山林地。一般県道田代八重綾線は平成十七年九月より通行止め。**上原**は**竹野**に入り込んだような平地山林地。(2)「元禄綾郷略図」に「**狩ハテ**」とある。綾北発電所があった（出力一六〇〇〇キロワット、大正10年7月～昭和34年3月。『綾史』）。(3)**狩果**は①「狩猟場の末端地」の意か（例：奈良県奈良市京終（きょうばて）、京の街並みが終わる所。浅井建爾『日本の地名雑学事典』）。②刈（崩壊地形）果（傍の転）で「崖地の傍地」の意か。**鷲巣**との境に崩落崖地がある。**上原**の語意は南俣㊽**上原**参照。

⓵⓹⓪鷲巣＝わしのす・〇カヤノ＝かやの（地名図記載なし）

(1)**鷲巣**は**狩果**の綾北川（本庄川支流）対岸の山林地。**カヤノ**は**鷲巣**のやや上流、綾北川左岸奥地辺りの俗称。(2)「肥田木正連事当所之内四里山奥**上中尾**と申所に居住仕天正之頃（一五七三～九二）**鷲巣**を切明け妻子家来迄引越罷居候…」（『綾史』）。長男大隅（鷲巣家）の居住地。「元禄綾郷略図」に「**鷲巣**」、『日向地誌』に「**鷲巣**　爰野ノ西北五町許ニアリ人家七戸」とある。「法ケ岳薬師寺の竹内玄丹通称鬼玄丹という生臭坊主が寛永六年（一六二九）頃、隠遁して**カヤノ**の洞窟で棒術の修行に励んだと伝えられている。

狩果の旧九電発電所跡から町有林を経て上り、釈迦岳（830・6メートル。山名は、山頂に釈迦像が安置されていたとの言い伝えによる。大谷優著『みやざき百山』）と「矢筈岳（704メートル。矢筈は矢の上端の弦を受けるへこんだ所）の稜線から綾北川に下ること約百メートルの、通称**カヤノ**と呼ぶ所に、入口幅四尺・高さ五尺、奥行き不明の洞窟がある」（『綾誌』要約引用）。⑶**鷲巣**は①「鷲などの生息地」の意か。②鷲はアシ（葦）、巣はス（洲）の転で、「葦の群生する洲」の意か。当地の南側には川洲がある（例：山口県防府市鷲崎、アシサキ（葦崎）の転化とみられ、葦の生えた州の先をいうのであろう。『日本地名事典』）。③「川洲の混じり合う所」の意か（例・栃木県芳賀（はが）郡二宮町鷲巣（にのみやまちわしのす）、和しの洲で川洲の混じり合う所をいう。『日本地名大事典下』）。**カヤノ**は茅野で「茅の生い茂った原野」の意であろう。茅（かや）はチガヤ・ススキなどのイネ科の総称。屋根葺きや炭俵・すだれの材料。

152中尾＝なかお（地名図記載なし）

⑴綾北川の右岸、**竹野・竹野前畑**などの西側で、小林市須木までの広い山林地。九州中央山地国定公園（昭和57年指定、二四五五ヘクタール）の一部になっている。古賀根橋の右岸は地番が**中尾**（三四一一―三番地）である。⑵**鷲巣**の引用文中の「**上中尾**」は「古賀根橋ダムの東方一キロメートルほどの山中の小平地」という（河野耕三氏談）。「郷田實さんは町長に就任した翌年の一九六七年に、**中尾**国有林三三〇ヘクタールの伐採計画に対し町民の先頭にたって反対された」（坂本守雄『ホルトノキ』VOL7。2010年3月）。⑶語意は南俣**88中尾**参照。

153北浦＝きたうら・〇スノ谷＝すのたに（次ページの「杢道地形図」『杢道　語り部　聞き書き集』）

⑴綾北川左岸、入野**318椎屋**の北西側から西側の小林市須木までの広い山林地（九州中央山地国定公園。古賀根橋の左岸は地番が**北浦**三四一六―六番地）。「国有林は**中尾**、**大川原**、**北浦**の三国有林に分かれている」（『綾史』）。**162尾谷**北部の北側に**スノ谷**がある（次ページの「杢道地形図」）。⑵『日向地誌』に「森林　**北裏山**

雑木林　南ハ南股村界ヨリ西北須木村及ヒ児湯郡米良ノ寒川村ニ連ナル東西凡三里強南北凡三十余町地勢険阻樹木蓊鬱樫櫟松椴梹樚ノ良材ヲ生ス官有ニ属ス」、「地蔵木山　本村ノ西南股村界ニ聳ユ高凡百余丈樹木蓊鬱山脈ハ西須木村ノ大森岳ニ連ナル」とある。「（明治38年〔一九〇五〕の豪雨被害で）**北浦**山林大阪製材会社仕入産物は莫大の損害にして山師五名即死、二名重傷、行方不明者もあり…」（『綾誌』）。「村道、北は**杢道**を経て**北浦**字**惣見**に達す」（『旧綾史』）。**惣見**の比定地不明。

(3)浦はウラ（末）の転で、**北浦**は「北俣（村）・北方（村）の奥地」の意であろう（例：奈良県高市郡明日香村大字阿部山字北浦（キトラ）、キトラ古墳がある。ウラは深く入り込んだ地形の意。池田末則『奈良の地名由来辞典』）。南俣**南浦**参照。

スノ谷は①「洲の谷間」の意か（例：飛騨国（岐阜県北部）国府村巣納谷、「洲の谷」の意であること明らかである。鏡味完二「地名の現地調査とその成果」『地名学研究　上巻（第七号）』（昭和33年9月））。②「砂の多い谷」間の意か（例：岐阜県吉城郡宮川村巣納谷、「後風土記」によれば、巣納谷は砂生谷の借字で、「水谷山の谷川、大雨の頃、水嵩増さりて砂を押し出す」ことによるという。『岐阜県地名大辞典』）。

惣見の語意は南俣**惣見**参照。

○そう宮＝そうぐう・○砥石山＝といしやま（地名図記載なし）

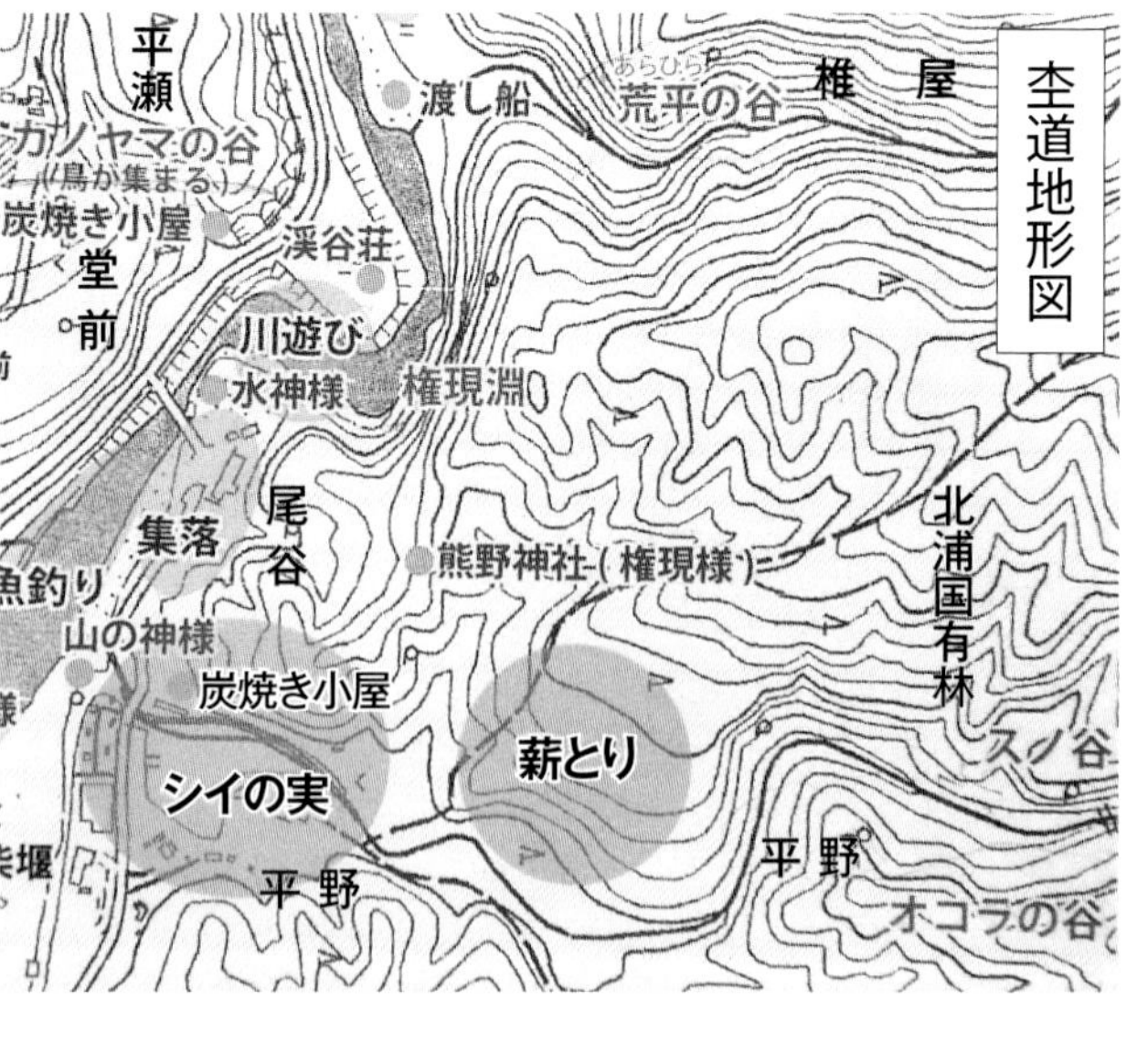

(1)ともに比定地不明。**竹野**の西側一キロメートル余りの所か。(2)「藩主御狩に関する古文書」（文化11年〔一八一四〕）に「爰元御旧式之三度御狩、**中尾そう宮**（ぐう）**鹿倉**（かくら）に而…」とある（『綾史』）。『日向地誌』に「**砥石山**　本村ノ西隅**竹野**ノ人家ヲ距ル十余町字**ソーグ**ニアリ其色青黒其質堅緻鋒刀ヲ磨スルニ宜シ往年信濃ノ国ヨリ来リ居タル石工之ヲ採テ一硯ヲ製セシカ其品位赤馬関ノ石ニ下ラスト云フ」とある。

(3)**そう宮・ソーグ**の語意不明。**砥石山**は「砥石に適した石材のある山地」の意であろう。

○鹿倉＝かくら・○鹿の窪＝しかのくぼ（地名図記載なし）・○八窪＝はちくぼ

(1)何れも**北浦**内の俗称であるが比定地不明。(2)「日州廻御山奉行御差入ニ付日帳　綾」（文化4年〔一八〇七〕）に「右者綾北俣**鹿倉**諸所御仕送り…」、「爰元北浦**鹿倉**より御仕送り…」とある（『県史史料編 近世5』）。「（明治38年〔一九〇五〕の豪雨被害で）主なる被災地は**北浦**山林の**鹿の窪**で変死人の中頭首を異にするものもあり実に惨状を極む」とある（『綾誌』）。「大正時代、一時**竹野**は人夫の出入りで繁昌した。私（編集者）は小学校高等科の頃（十五歳）、**竹野**の若い者たちと一緒に川崎山のこば切りに雇われ、**竹野**の奥の吊橋を渡った川向うの**八窪**の造林地で仕事をしていた」（『綾誌』）。「吊橋」はかつて149**狩果**の西部に架かっていたのであろう。

(3)**鹿倉**は狩倉の転で「狩り場・猟場」の意。「狩倉　藩主の狩場として一般の狩猟や立入りを禁じた藩直轄林。のち狩倉山と称した。山奉行の管轄下に各郷の行司が管理した」（『鹿児島県の地名』「歴史地名通信」40号）。「九州脊梁山地の猟師たちは、猪や鹿を狩る狩場のことをカクラ（鹿倉―狩倉）と呼ぶ。カクラは文字通り狩りの領域で、狩座（かりくら）―神座（かむくら）でもある」（西米良村教育委員会編『西米良神楽』）。「カクラという語はもともと猪や鹿のすんでいる場所のことで、カリクラ（狩倉）のつづまった語である」（『谷川健一全集⑮・小集落の地名』）。**鹿の窪**は①「鹿の集まる窪地」の意か。②「岩石の多い窪地」の意か（例・・滋賀の語源は「シ

（石）カ（処）」で、石や岩の多い地域という意味である。吉田茂樹『図解雑録 日本の地名』）。③鹿の窪で「断崖のある窪地」の意か（例：京都市左京区鹿ケ谷は断崖の谷の意。『京都地名語源辞典』）。④「砂洲の窪地」の意か（例：福岡市西区志賀島、シカはスカ（州処）の転で「砂州や砂丘のあるところ」の意であろう。『古代地名語源辞典』）。**八窪**の語意は第四章の**八クボ**参照。

⓯154 崩瀬＝くえんせ

⑴狩果の東側で人家一軒の南北に細長い平坦地。北部を竹野谷川（綾北川支流。107ジペーに写真）が東流して竹野谷橋が架かり、南部を下ノ谷川（同前）が東流して下ノ谷橋が架かっている（両橋とも一般県道田代八重綾線）。下ノ谷川の下流域は崩瀬谷川ともいう（平成26年3月綾町地域防災計画」V—3）。**⑵**「綾町北俣崩瀬 昭和四十五年四月に急傾斜地崩壊対策危険区域に指定された」（「県高岡土木事務所管内図」）。**⑶崩瀬**は「崖崩れのある川瀬」の意であろう（例：石川島県鹿島郡鹿島町久江、背後の丘陵地が崩壊しており、クエ（崩）の意と思われる。『日本地名事典』）。

155 鶴田＝つるた

⑴崩瀬南部の西側で細長い平地山地。**⑶鶴田**は①「鶴首のように細長く曲がった小平地・田地」の意であろう（例：鹿児島県薩摩郡鶴田町鶴田、ツル（川ぞいの細長い地）・ダ（場所を示す接尾語）という地名。『市町村名語源辞典改訂版』）。北俣120**水流**参照。②「川辺につる草の生える小平地」の意か（例：同前鶴田町鶴田、鶴田はツルタ［蔓田］の意と思われ、川辺につる草の生える土地であろう。『日本地名大事典下』）。蔓はクズ・ウリなど茎が蔓状になって他に絡みついたり地上をはったりしながら生長する植物の総称。③「鶴の飛来する湿地」の意か（例：鹿児島県出水市鶴田など、鶴は水のある湿田で眠る習性がある。青屋昌興『南九州の地名』）。かつ

て鶴が飛来した時期があったかもしれない。第七章の**水流**(つる)参照。

⑮⑥ 吉原＝よしばる

(1)**崩瀬・爰野**の対岸で、綾北川（本庄川支流）左岸沿いの細長い耕地山地。(3)アシ（葦・蘆・葭・芦）はヨシともいう。ヨシ（吉）はアシ（葦）の転で、**吉原**は「葦の多い原野」の意であろう（例・宮崎市池内(いけうち)町(ちょう)芳原(よしばる)、葦の自生していた原野、佳字地名。『宮崎市の小字地名考』）。アシ（葦）は100ページ参照。

⑮⑦ 爰野＝ここんの

(1)吉原南部の西側の山林地。東北部に綾北隧道がある（一般県道田代八重綾線）。(2)「元禄綾郷略図」に「**爰々野**」、『日向地誌』に「**爰野　鶯ケ野**ノ西二十町許ニアリ人家七戸」とある。

(3)①爰はココ（茲＝茂る）の転で、**爰野**は「草木のよく茂る原野」の意か。②爰はコ（川）コ（処）の転で「川沿いの原野」の意か。③爰はコゴ（凝）の転で、「岩がごつごつした原野」の意か（例・長崎県佐(さ)世(せ)保(ぼ)市心野町(ここんのちょう)、岩がごつごつして険しい意の凝(こご)の野の転か。『長崎県地名大辞典』）。

⑮⑧ 平瀬＝ひらせ　〇カノヤマの谷（「杢道地形図」110ページ）

(1)**爰野・中迫**の東側、綾北川流域や南側の広い山地耕地。東部に椎屋橋(ばし)（一般県道田代八重綾線）が架かり、少し下流に綾町ふれあい合宿センター（元宮崎県企業局寮・発電所寮）がある。東端部の南部に**カノヤマの谷**がある。(2)「見晴らしのよい台地で標高指示三角点があり（一二三七・九メートル）、**尾立**展望台（高さ九メートル、昭和51年［一九七六］設置）から西方一帯が**台場が丘**で、縄文後期時代（約四千年前）の**尾立**遺跡地である」（『綾誌』）。「**北俣尾立**（包含層）で石器時代の遺物、石斧・石玉・石錐・タタキ石・砥石・縄文土器・弥生土器が発見された」（喜田貞吉『日向国史　古代史』）。「**尾立縄文遺跡の碑**」（昭和46年2月設置）がある。「遺跡のある岡の西端に西南の役（明治10年［一八七七］）に西郷軍が築いた台場の跡が一部残っている」（『綾誌』）。

(3)平瀬は①「緩やかな流れの瀬」の意。川幅が広く浅瀬でゆったり流れている。②平は崖の意で「崖地のある川瀬」の意か。当地の綾北川両岸に崖地がある。③アイヌ語「ピらpira（崖）＋セプsep（広くアル（ナル））」（知里真志保『地名アイヌ語小辞典』）で、「崖地の間の平地」の意か。第七章の**平**参照。

台場が丘は「砲台場の丘」の意（例：東京都港区台場、幕府は文化7年［一八一〇］砲台の建設に着手した。砲台とは大砲を設置するための陣地のこと。石井淳「お台場のいわれ 江戸湾警備の象徴」『地名の由来　別冊歴史読本24』）。

カノヤマの谷は「小鳥が集まる谷間」の意であろう（『杢道 語り部 聞き書き集』）。

159 椎屋下＝しいやした

(1)綾北川左岸、綾北第二発電所辺りの小区域（昭和34年3月竣工）。旧椎屋橋（昭和32年6月架設）を渡る。**(3)**

椎屋下は「**椎屋下段の小平地**」の意。入野**318椎屋**参照。

「椎屋橋」の銘板

160 尾谷＝おたに

(1)162平野の西側で大半山地。尾谷川（綾北川支流）が南流し、下流域は式部谷川ともいい、第1尾谷橋（太鼓橋、町道**休養村公園通り**線の終点）、第2尾谷橋（式部一号橋、町道**尾谷**線）が架かっている。時季になるとホタルが舞う。南部には自然休養村公園がある。綾川荘の南側に小田黒潮の句碑がある。「山川の彼方に激しここに澄む」（昭和50年建立）。綾北川に権現橋（別称椎屋吊橋。町道**尾谷**線）が架かっている。北側山腹に今熊野三柱神社がある。**(2)**「今熊野三柱神社　文明年中（西一四七〇）佐藤継貞綾村に氏神を負い来りて勧請す。佐藤氏代々祭祀す。杢道部落にて講番制にて祭祀し現在に至る」(『綾史』)。「元禄綾郷略図」に「宮薗」、「今熊三社」とある。「明治三十九年村是の図面に宮園(みやぞの)の地名があるのも神社のある山麓の意味かと思われる」(『綾誌』)。

(3)**尾谷**は「尾根の末端にある谷間」の意。**式部谷**・式部谷川・式部屋敷は「昭和三十二年自然休養村開設の時に隣町国富町法華嶽寺近くにある和泉式部伝説にちなみ命名された」という(松元捨雄氏談)。**宮園**は①「神社所属の栽培園」「神社祭祀用の栽培園」の意か。②「山麓の栽培園」の意か(右(2)引用文)。③「低湿地の栽培園」の意か。南俣57宮田参照。

161 杢道川原＝もくどうがわら

(1)167小田爪の南側に隣接し、陸上競技場・多目的広場などがある。「流れるプールの下辺りの川原を**下の川原**(したんこら)といい、かつて原野であった」という(住民談)。(2)天保十一年(一八四〇)八月の大洪水の時、「杢道川原　竪川防崩掛土手流三十六間」とある(『綾史』)。「**杢道川原**(中州付近)には梁場があった」(『綾誌』)。

(3)**杢道川原**は「杢道にある川原」の意。**下の川原**(ん)(俗称)は「一段低地の川原」の意。

162 平野＝ひらの

(1)杢道川原西部北側の南北に長い山林地で人家僅か。綾てるはの森の宿(綾町サイクリングターミナルを改

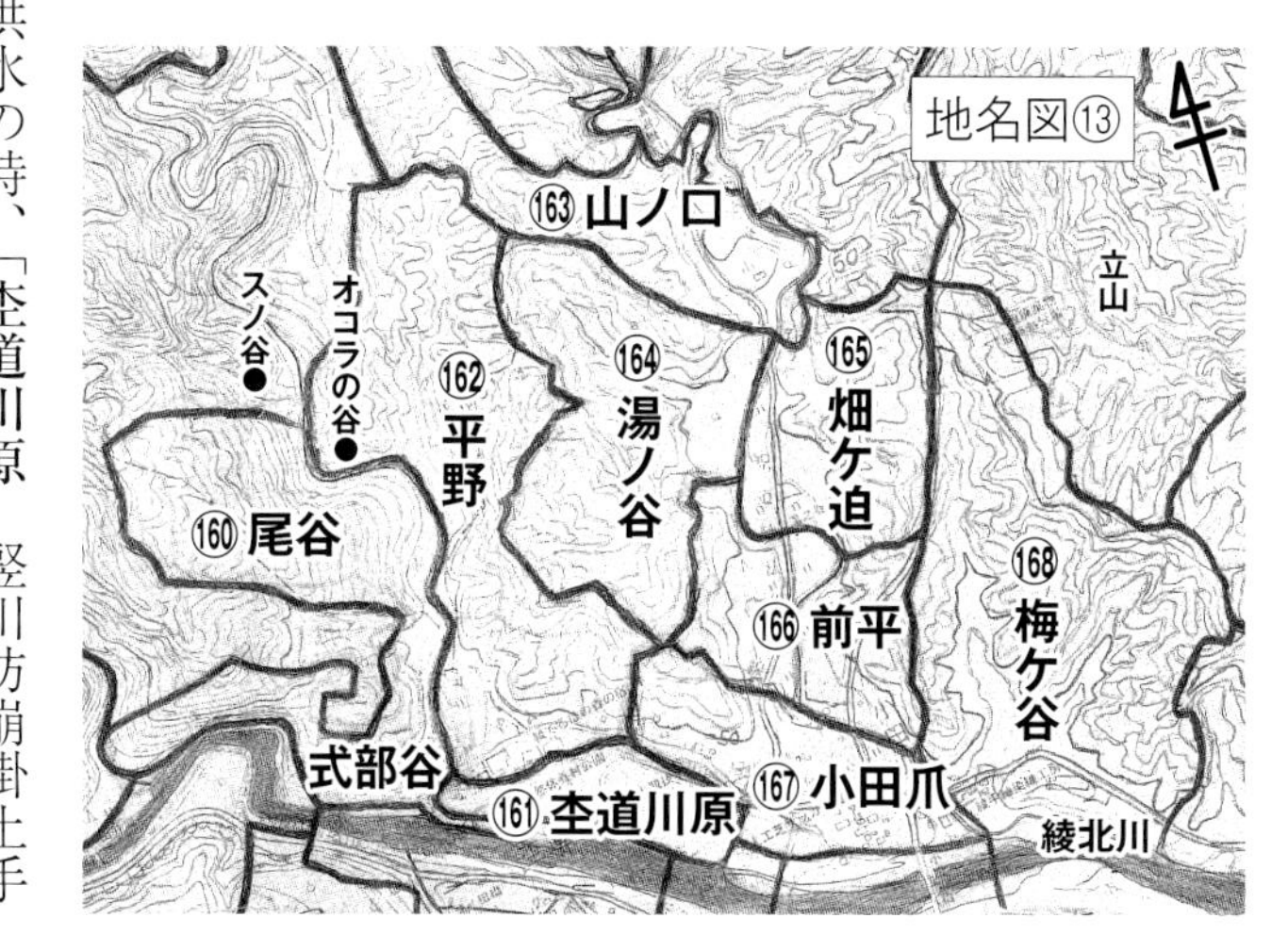

称。以前は県水産試験場試験池）や式部谷ふれあい体育館（綾町交流促進センター体育館）がある。(2)天保十一年八月の大洪水の時、「**平野ノ下**　竪川防土手流六十間程」とある（『綾史』）。「（明治10年西南の役）七月廿八日**上畑・陣ノ尾**、紙屋の新村にて合戦有之、薩兵敗軍にて官軍当区へ相見得候ニ付、砲丸を避くる為家内一同引越し**杢道奥のオコラの谷**へ罷越居候…」（『綾史』）。「杢道地形図」110ページ参照。**浦田**隧道が完成（昭和14年［一九三九］6月）する以前は柴堰に材料を供給する井堰山（共有林）があった（『綾史』）。

(3)**平野**は①「山麓に開けた平地」の意であろう（例：三重県鈴鹿市平野、丘陵が当地で平坦となり田野が開けていることによる。『三重県地名大辞典』）。②「崖地のある原野」の意か（例：鹿児島市平之町、山地や崖のある所では崖崩れが山裾に起こる土地。小川豊『あぶない地名』）。第七章の**平**参照。オコラは祠の転で、**オコラの谷**は「祠のある谷間」の意であろう。

163山ノ口＝やまのくち・164湯ノ谷＝ゆのたに

(1)**山ノ口**は**平野・湯ノ谷**東側の原野山林地。東側の入野315**迫ノ内**との境に第五湯ノ谷橋（湯ノ谷川＝綾北川支流、一般県道綾法ケ岳線）が架かっている。一般県道綾法ケ岳線の案内標識に「北俣**山ノ口**」とある（下に写真）。**湯ノ谷**は**平野**東側の山地。かつては川筋の広い地名であったのであろう。(2)「昭和十五、十六年に北俣**山之口**の国有の旧軍人木場学校林で杉の植林をした」（『綾誌』）。旧軍人木場学校の由来不明。(3)口は入口の意で、**山ノ口**は「山地への入口」の意であろう（例：都城市山之口町、山の入口であることからという。『宮崎県地名大辞典』）。**湯ノ谷**は「湯（冷泉）の

交通案内標識の「北俣山ノ口」

湧き出る谷間」の意であろう。入野316黒岩参照。

165畑ケ迫＝はたがさこ・166前平＝まえびら

(1)畑ケ迫は湯ノ谷東側の山地。湯ノ谷川に第四湯ノ谷橋（旧畑ケ迫橋、綾法ケ岳線）が架かっている。前平は畑ケ迫南側の山地小平地。湯ノ谷川に第三湯ノ谷橋（旧前平橋、綾法ケ岳線）が架かっている。

(2)『綾郷土誌』に「昭和二十九年畑ケ迫木橋架設」とある。(3)畑ケ迫は①「畑地のある谷間」の意、または②「末端・突端の谷間」の意であろう。前平は①「前方の傾斜地」の意か（例：鹿児島県日置郡金峰町前平（ちょうまえびら）、やや傾斜度が緩くてある程度幅のある傾斜面をヒラ・ビラという。前比良（マエンヒラ）・後之比良（ウシトンヒラ）など。『南九州の地名』）。第七章の平参照。②「前方の平坦地」の意か。

167小田爪＝こだづめ

(1)前平南側の平地で南部に人家が多い。第一湯ノ谷橋（湯ノ谷川、町道小田爪・尾堂線）の西詰に石碑「小田爪渡し場跡」（下左に写真）がある。やや上流（北側）に第二湯ノ谷橋（町道小田爪・久木野々線）が架かっている。町道尾谷線の南側に小田爪地区研修センター（小田爪公民館）がある。北側の一般県道綾法ヶ岳線沿いの白山権現社辺りを白山（しらやま）という（住民談）。県道の案内標識に「北俣小田爪」とある（次ページ下に写真）。

石碑「小田爪渡し場跡」

(2)「池袋氏元和七年（一六二一）三月綾郷へ転住の途次御池（高原）の水面に浮ぶ白き袋、加賀国白山妙理大権現の由緒ある神位の木像なり背負いて日州諸県郡綾之里宮薗の内初住也、後小龍見（たつ）に居住」（『綾史』)。「元禄綾郷略図」に「**小田爪**」とある。「綾郷大風洪水破損等披露覚」(一八一四年頃)に「綾北俣村之内**小田爪**田地崩川成弐ケ所…」とある(『県史史料編 近世5』)。「**小田爪**渡しに舟番屋があった」(『綾誌』)。『日向地誌』に「字地 **小田爪**(コダツメ) **梅藪**ノ北八町許ニ綾北川ノ北岸ニアリ人家十九戸」、「**小田爪渡** 隣村往還ニ属ス綾北川ニアリ幅一町余水深三尺夏月徒渉冬月ハ**独木橋**ヲ架シ漲溢ノ時ハ船ヲ供ス」とある。

(3)爪は詰の転で、**小田爪**は「行き詰まりの小平地」の意であろう(例・㋐西都市岩爪、爪は詰の転訛で「奥詰まった」の意。田代学『南・西都地名考』。㋑西都市妻は爪(ツメ)の古形で爪(ツマ)と同源、岬の先端や内陸平地の奥まった端土地に命名される。都万神社も平地のゆきづまった所にある。吉田茂樹『地名の由来』)。

交通案内標識の「北俣小田爪」

168 梅ケ谷=うめがたに

(1)畑ケ迫・小田爪などの東側で大半山地。小平地に染色工房や僅かな人家がある。

(3)**梅ケ谷**は①「土砂で埋った谷間」の意であろう(例・熊本県熊本市花園町柿原(かきばる)、以前は梅ケ谷と呼ばれ、土砂崩壊で埋った場所であった。藤吉洸「熊本白河大水害と北九州豪雨白川流域に刻まれた災害地名」。谷川健一編『地名は警告する 日本の災害と地名』)。南俣78**梅ケ野**参照。②「梅の木が群生する谷間」の意か。

Ⅳ　綾北川下流域沿岸の平地〔地名図⑭⑮〕

綾北川（本庄川支流）下流域両岸の平地には飛地のように地名が点在する。

169 松下＝まつした

(1)「綾町地籍図字図」によると、北俣120水流西北部の小区域。(2)「鮎簗下待あば関の古文書」（文化11年〔一八一四〕）に「松下 壱番待あば壱ケ所」とある（『綾史』）。(3)松下は「松林・松の大木の下方の地」の意であろう。

170 岩戸＝いわど

(1)消滅地名。「綾町地籍図字図」「綾町小字一覧図」によると、綾北川の左岸、入野288岩堂の西南部辺りの小山林地。(2)『高岡名勝志』（文政7年〔一八二四〕）に「高岡郷入野村岩戸　岩戸権現　神躰木像虫付」とある。「昭和十四年八丁下用水の取水口を上流岩戸淵に移し水路を延長して自然流入とした…十五年六月竣工した」（『綾史』）。「尾堂下井堰のすぐ上流に岩戸の断崖がありその崖下は岩戸渕であった」（岩戸の断崖の写真は203ジペー参照）、「岩戸の平がしめると雨が降る」という（『綾誌』）。(3)岩戸は「岩の洞窟の入口」の意か。「万葉集（第一六七）に岩戸がみえ、岩室の門・入口をいう。全国に散見される地名には、この意の他に単に岩の多い土地として用いられる」（『日本地名事典』）。②「岩の上を渡る所」の意か（例：小林市野尻町三ケ野山岩戸、岩瀬川の岩の上を渡るの意。園田隆『南九州路をさるく』）。岩戸の平は「岩戸の崖地」の意であろう。

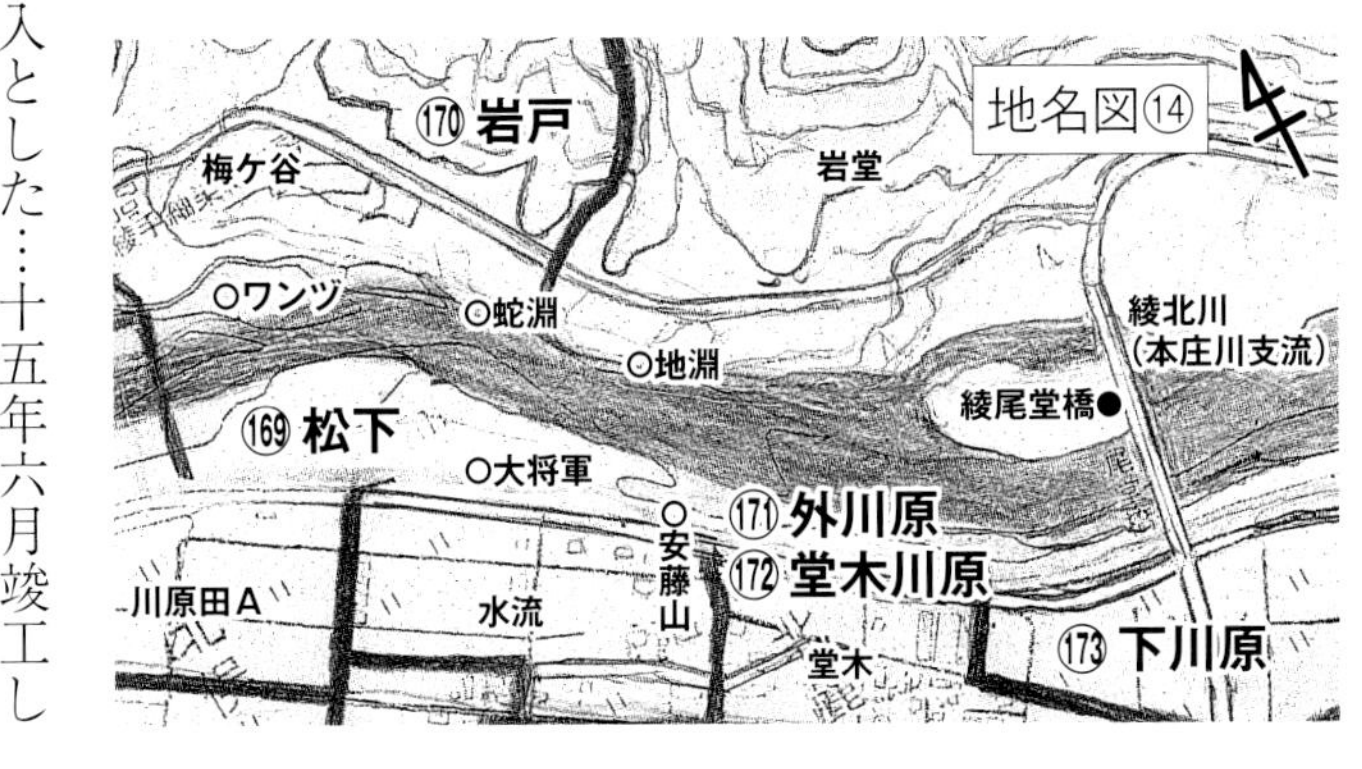

(171) 外川原＝そとがわら・(172) 堂木川原＝どうのきがわら・(173) 下川原＝しもがわら

(1)**外川原**・**堂木川原**は消滅地名で比定地不確定。「綾町地籍図字図」「綾町小字一覧図」によると、**外川原**は綾尾堂橋（はし）のやや上流（西側）右岸の河川敷辺りの小区域。**堂木川原**は**外川原**の南側辺りの細長い小区域。**下川原**は**堂木**東南側の細長い耕地で人家はない。(2)天保十一年（一八四〇）八月の大洪水の時、「**堂木川原**　打切流百五十間」、「こらとは**梅藪**及**久木丸**部落のうしろ川端の田の事」とある（『綾史』）。かつて田地であったのであろう。(3)**外川原**は「堤防の外側にある川原」、**堂木川原**は「堂木の川原」の意であろう。堂木の語意は(119)**堂木**参照。**下川原**は**堂木川原**などの「下方の川原」の意であろう。**外川原**・**堂木川原**の下方か。

(174) 小山田＝おやまだ

(1)入野橋（はし）左岸の入野(293)**宮原**と(296)**北ノ園**の西側の南北にある細長い耕地で人家僅か。(2)「小山田氏給分坪付写」（永徳3年［一三八三］）に「綾内**小山田**　六反卅四斗代」、「小山田重宗給分坪付写」（明徳5年［一三九四］）に「諸県庄綾裏内**小山田**　三反四斗代」とある（『県史史料編 中世1』）。給分坪付は45ページ参照。『日向地誌』に「字地　**小山田**　入野村ノ内**宮ノ下**ノ西六町許ニ飛フ綾北川ノ東岸ニアリ人家一戸」とある。

(3)小山田は①「小さな山間の田地」の意か（例：『萬葉集』（第七七六）の小山田、註に「ヲ（狭小）山田」とある。小学館版）。②「小さな谷間の水田」の意か（例：『萬葉集』（第三〇〇〇）の小山田、註に「谷間の水田」とある。同前）。「かつては谷川の水を堰きとめ、そこに人工的湿地をつくる、いわゆる小山田の耕作も行われた」（『国史大辞典⑦』）。③「小山の麓の新田」の意か（例：愛知県幡豆（はず）郡吉良町（ちょう）小山田（おやまだ）、小山の麓に開拓された新田を小山田と称したことによるという。『愛知県地名大辞典』）。

175野中田＝のなかだ・176上萩ノ窪・177下萩ノ窪＝かみ・しもはぎのくぼ・178谷尻＝たにじり

(1)「綾町地籍集成図」によると、**野中田**は入野**295新屋敷**北部北側の小区域＝飛地。**上萩ノ窪・下萩ノ窪**は入野**303スミ床**東部の飛地。**谷尻**は「綾町地籍図字図」によると、入野**302四反田**の東端部の小区域。

(3)野中田は「野原の中の田地」の意であろう。**上萩ノ窪**は「上方（北側）の萩ノ窪」の意、**下萩ノ窪**は「下方（南側）の萩ノ窪」の意。**萩ノ窪**の語意は南俣**73萩ノ窪**参照。**谷尻**は「谷間の末端」の意。

179八町＝はっちょう・○竹下＝たけした（黒塗り部分）

(1)**八町**は入野橋のやや下流左岸、入野**294中袋**の東側で、東西に長い人家と耕地の地域。町道**新屋敷・川久保線**に**八町**バス停留所がある（平成24年6月開通。宮崎交通。下に写真）。東端は森永川（本庄川支流、永福橋親柱には猪ノ谷川とある。次ページに写真）に面す。**竹下**は「綾町地籍図字図」「綾町小字一覧図」によると、**八町**の東端部森永川沿いの小区域。

(2)「秋葉大権現　所在地＝阿万氏宅地

八町バス停留所の標識

建立＝天保十五年（一八四四）二月　古来八丁は北俣村の飛地であったので、八丁として別に建てたものと思われる」（綾町教育委員会『記念碑等調査台帳』）。『日向地誌』に「字地八町（ハッチャウ）　本村（北股村）東入野村ニ飛フ綾北川ノ東岸ニアリ人家二十一戸」とある。

(3)八町は「長さ八町の土地」の意。当地は今も東西八百メートルほどの長さがある。一町は一〇九メートル強。**竹下**は①「竹林・竹山の下方の地」、または②竹は岳の転で「岳（山）の下」の意か（例：宮崎市大塚町竹下（ちょうたけした）、元々は竹之下で、竹之下溝と大谷川が合流する所一帯の地名。地形や植生からみれば確かに「竹林や竹藪の下の溝」であった。あるいは「竹山の下」が「竹下」になったのかもしれない。多田武利『郷土・大塚の歴史を楽しむ』）。「竹下・竹本などの地名の竹は岳（タケ）の当て字で、岳下・岳本などの意であろう。タケダ（竹田・武田）は高田の義。たけはな（竹鼻）は高地の端・崖の端の意。タケ（竹）はタカ（高）のなまりか」（『地名語源辞典』）。148竹野参照。

180 八町下＝はっちょうした

(1)八町の南側で、東端は森永川で国富町に境する。東西に長い耕地で人家僅か。八町バス停留所標識の南側二〇メートルの所が三叉路交差点（町道下馬場崎通り線の起点）で、八町と八町下との境を東流する八丁下用水路（鐙川）に八丁下橋がある（道路と一体化、町道新屋敷・川久保線）。八丁下用水路は森永川に注ぐ。

(2)「田畑開墾の古文書」（文化11年［一八一四］）に「八丁の下　大山野（うざんにや）五畝程田開・四反五畝程畠開　八丁之仲兵衛」、「鮎簗下待あば関の古文書」に「八丁之下　待あば関壱ケ所」とある（『綾史』）。第七章の土

永福橋親柱の銘板・猪の谷川（森永川）

地の種目参照。「綾町北俣字**八丁下**及び入野字**川久保**附近約十五町歩に掛る用水は明治七年（一八七四）**尾堂**下に井堰を設け、北川に沿って水路を設け、特に字**宮原**に百五十間の隧道を開鑿して取水した」とある（同前）。明治二十六年（一八九三）十月十四日旧暦九月五日未明、**杢道**中須簗場における大洪水の水難事故に関して、「…本日五時頃岡元善助は入野**長友ノ下**、大脇義比は森永渡小屋にて発見…」とある（『四本兼良の日記』『綾史』）。**長友ノ下**は**八町下**辺りの俗称で、かつては綾北川の流域であったのであろう。(3)**八町下**は「**八町**の下方の地」の意。**八町**の語意は前項参照。なお、**八丁下**は右引用の他にも『綾郷土誌』に二例あるが（481・482ページ）、**八町下**は見当たらない。「綾町土地台帳」「綾町地積集成図」「綾町地積図字図」「綾町小字名地番番号一覧」などは**八町下**である。なぜ**八丁下**が小字名の**八町下**になったのかは不明。**長友ノ下**は「長友家の下辺り」の意であろう。

181 川原元＝かわらもと

(1)「綾町小字一覧図」によると、**八町下**の南側、綾北川左岸堤防辺りの細長い小区域。(2)「昭和二十九年（一九五四）九月十三日の台風十二号により、**川原元**の堤防が流失し、護岸災害復旧工事や農地復旧事業が行われた」（『綾誌』）。(3)元はモト（許）の転で、**川原元**は「川原の辺り」の意であろう。

182 宮ノ下＝みやのした

(1)294**中袋**の南部、明見神社（永正7年［一五一〇］、都於郡領主伊東尹祐在陣中に勧請）の下辺りの耕地。町道**明神通り**線が南北に通る。(2)『日向地誌』に「字地　**宮ノ下**（シタ）　入野村ノ内**八町**ノ西南一町許ニ飛フ綾北川ノ東岸ニアリ人家一戸」、「**宮原渡**　燐村往還ニ属ス綾北川ニアリ幅三十二間平水深二尺五寸平時徒渉ス冬月ハ独木橋ヲ架ス漲溢ノ時ハ渡船アリ」とある。「明治期以前から**宮原渡し**に舟番屋があり、渡し賃をとり交通の便をはかっていた」、「大正九年（一九二〇）営林署のトロリー橋が架けられるまでは**宮原渡**（妙見神社下附近）（ママ）の一本橋が川向うに渡る唯一の交通路であった」（『綾誌』）。「古い入野橋はトロッコ軌道をはずさずに、そのまま橋として使っていた」（『綾の森と暮らす』）。渡し場は現入野橋のやや下流にあった。　**(3)宮ノ下**は「明見神社の下方・下段の低地」の意であろう。明見は霊験あらたかな神の尊称。

※比定地不明の地名（古文書・文献等A～E）

A『宮崎県史史料編』にある地名

①『中世1』の「小山田氏給分坪付写」（永徳3年［一三八三］10月11日）に、「綾内**谷口**二反卅五斗代」、「屋敷一ケ所**下莚**」とある。②『中世1』の「小山田重宗給分坪付写」（明徳5年［一三九四］4月27日・8月16日の文書）に「諸縣庄綾裏内 **下莚** 大平兵衛作（ママ）」、「諸縣庄綾裏内 **薗壱前**（ママ） **下莚** 太郎兵衛作（ママ）」、「**井尻**一反七斗代」、「**谷口**二反卅五斗代」とある。③『近世5』の「日州諸縣之郡綾名寄目録」（明和6年［一七六九］）の綾北俣村浮免に、「**村之下** 下々田七間十四間半…」、「**同所** 下々田五間廿一四間…」、「**同所** 山畑二間半廿六間…」とある。④『近世5』の「綾郷大風洪水破損等披露覚」（年不詳 戌7月14日。郡見廻・郷士年寄の氏名から文化11年［一八一四］頃と推定）に、「綾北俣村之内**柿内** 溝土手壱ケ所 弐拾間程破損」、「綾北俣村之内**西之下** 惣破損」とある。**柿之内・西之下**はDの**柿之内・西之下**と同じであろう。

B「元禄綾郷略図」（元禄十二年［一六九九］）にある地名

○下ゾクウ山・**上ゾクウ山**。『綾郷土誌』（891ページ）の「明治三十九年綾村是附図」（口絵）にも**下ゾカウ山**とある。**148竹野**・**149狩ハテ**の西側の山名か。ゾクウはあるいは**そう宮**・**ソーグ**に同じか（11ページ参照）。**○長尾**。竹野の西方に**長尾**とある。**○ウハバミノ尾**。「**椎屋**　高岡入野村支配の北方」、**平野**辺りの山地か。地蔵木山のことか。**○フクスタ**。**川中嶽寺**の北側か？

C『日向地誌』にある地名

○下。「…本村（入野村）ノ東北股村飛地ノ内字**下**田一段一畝三歩」とある（1151ページ）。

D『綾郷土史』にある地名

○柿之内・西之下。「田畑開墾に関する古文書」（文化11年〔一八一四〕8月）に「**柿之内**　大山野（うざんにや）　八畝程田開　**梅藪**之吉左ヱ門」、「**柿之内**　大山野（うざんにや）　弐畝程畠開　**梅藪**之吉左ヱ門」、「**柿之内**　大山野（うざんにや）　四畝程田開　**小田爪**之長次郎」、「**西之下**　大山野（うざんにや）　壱反程畠開　**小田爪**之十左ヱ門」とある（515ページ）。**柿内・西之下**はAの**柿内・西之下**と同じであろう。　**○松瀬・尾畑**。「鮎簗下待あば関の古文書」（文化11年戌8月）に「**松瀬**　壱番待あば関　壱ケ所以下五番関まで」、「**尾畑**　壱番待あば関　壱ケ所以下三番関まで」とある（『綾史』528ページ）。

○湯前・伝蔵の下。明治十三年（一八八〇）八月五日の大洪水の時、「朝門外に起出て東望するに、垂水、坂元に至る迄皆水難に罹り今吉（**下久木丸**）表より**神下**村の前後は蒼々たる満水にて恰も入海の如く、坂元より**湯前**の処へ航するは水練能く達したる者にあらざれば能はず」、「八月六日（旧七月一日）、今日河水漸時へり故に川原へ出て見るに田畠殊の外水害を受け未だ**伝蔵の下**は川水走流す」とある（「四本兼良日記」473ページ）。**伝蔵の下**は北俣114**久木ノ丸**辺りか。　**○椨前・空之下**。天保十一年（一八四〇）八月初めの大洪水の時、「一、**椨前**　□□□□用地壱反砂入」…（中略）一、**空之下**　弐畝砂入」とある（468ページ）。**空之下**はあるいは**西之下**の誤記・誤植か。椨は「囲い」の意か（園田隆『南九州路をさるく』143ページ）。

E『南九州路をさるく』（園田隆著）にある地名

○日和賀野坂・陣ヶ平。「今日綾仮屋よりの道筋**日和賀野坂**を越行。このところ左の方少々杉山あり、程なく**陣ヶ平**辺路番所（へんろばんどころ）あり番人両人番所の前別宜候。鉄砲射場（ゆば）あり、番所より西光寺の方へ五、六丁ばかりもよじ上れば、右の方に見下ろして、**竹野村**あり…」（81ページ）。「射場は弓で射たり、鉄砲で射たりの調練場」（130ページ）。

第三章　大字入野の地名散策

大字入野の地域は綾盆地周辺の平地台山地、及び綾盆地への飛地に分散している。「大字入野一番地は字**古川**に始まって、字二**又**四千九百六番に終っている。字数百二十八、この地番の番号の付け方は必ず隣接地に続くように付せられ決して飛んでいない」（『綾郷土史』）。

大字入野の地域は小字名の番号（200〜321）の順に、Ⅰ綾南川（本庄川）右岸の綾盆地西部の平地台地（**上畑区**）、Ⅱ綾盆地への飛地、Ⅲ綾南川右岸東南部の平地台山地＝入野東南部の平地台山地（**古屋・昭和区**）、Ⅳ綾南川・綾北川（本庄川支流）の合流地域、Ⅴ綾北川左岸の下流域及び東北部の平地台地＝入野東北部の平地台山地（**宮原・久木野々区**）、の五つに分けることができる（**太字**は綾町の地名）。

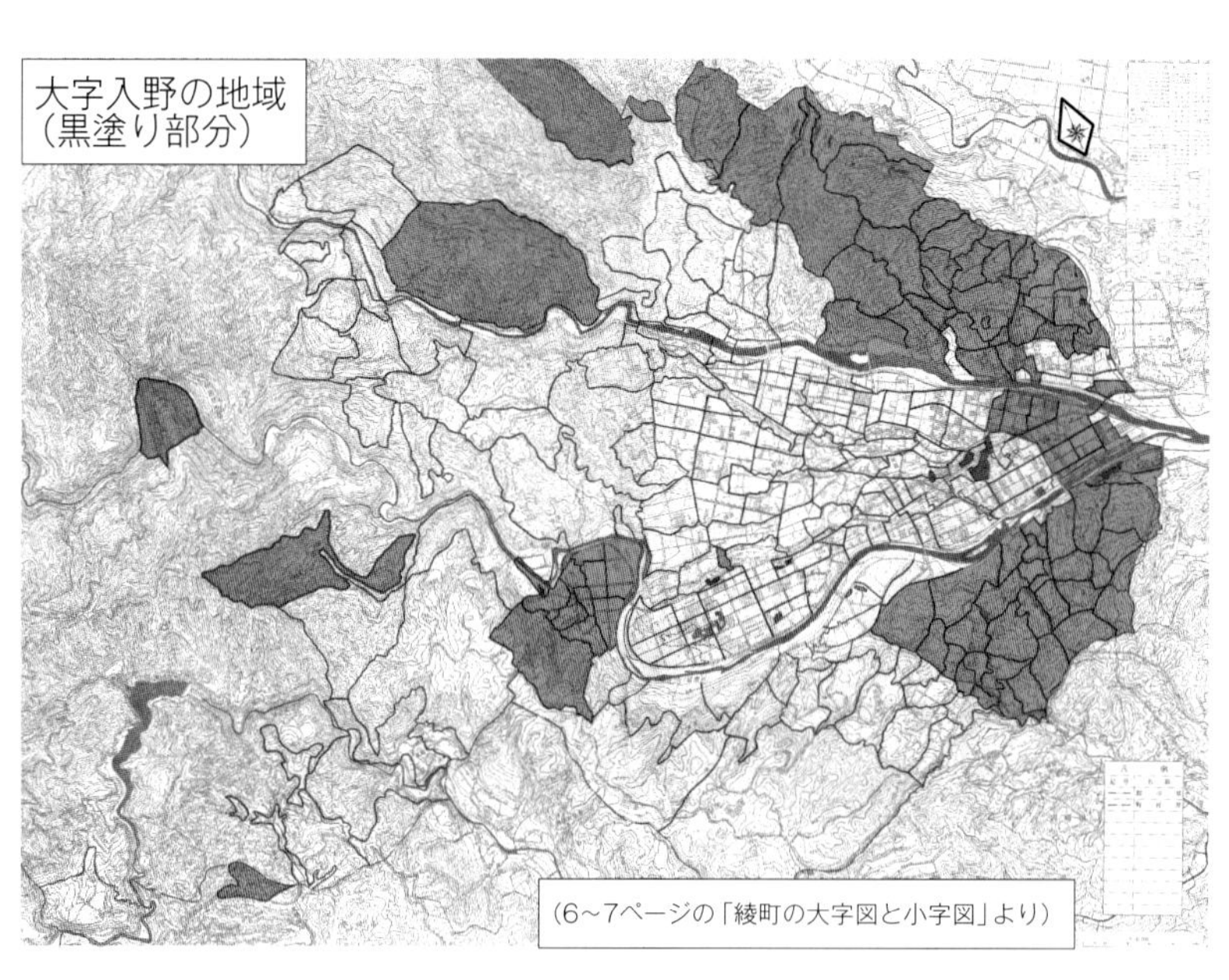

(6〜7ページの「綾町の大字図と小字図」より)

I　綾盆地西部の平地台地［地名図⑯］

綾盆地西部の平地台地は南流する綾南川（本庄川）右岸西側一帯の上畑区の地域である。

200 古川＝ふるかわ

(1)綾南川に架かる上畑橋（主要地方道宮崎須木線、下に写真）の西詰から右岸下流沿いの耕地。212平ノ山から北東流する上畑川（綾南川支流）に古川橋（町道小峰・松原線）と第3上畑橋（町道前原線）が架かっており、綾南川への合流口に水門が整備されている。北西部に上畑公園や上畑自治公民館がある（平成18年4月から。以前は主要地方道宮崎須木線と町道との四叉路交差点の西南角にあった。同交差点は町道上畑・倉輪線と町道上畑・水窪線の起点）。(2)「上畑の渡し場に舟番屋があり渡し賃をとっていた」（『綾誌』）。「対岸は四ツ枝の渡しで」（『綾史』）、「上畑に通ずる橋は今の上畑橋（うわばたばし）よりもずっと下の方に（水門のやや上流）、板橋がかかっていた。…上畑の側には川を渡ったところに榎（えのき）の古い大木が立っていて、板橋の板が大水のとき流れないように、針金でつなぎ

上畑橋親柱の銘板

合わせて榎の大木にくくりつけてあった。川の両岸にはたくさんのイゾロピが生えていて、赤い甘い実がびっしりなっていた。小鳥も集まり子どもも熟した赤い実を食べていた」（継松敏夫編『綾のむかし話第一集』）。

224イゾロ田参照。　(3)語意は南俣**22古川**参照。

201 堂前＝どうまえ

(1)消滅地名。「綾町小字一覧図」によると、**古川北西部**の**上畑公園**辺り。

(3)**堂前**は「お堂の前」の意であろう。「長楽寺（**209上畑**参照）の本尊薬師如来（台座共約一メートル）が現在軍護神社（**207前畑**参照）境内の小堂に保存されている」（『綾史』）。「堂前・堂之上など堂のつく地名は仏堂にかぎらず、神社の所在地のこともある」（松尾俊郎『日本の地名』）。長楽寺の「本堂・仏堂の前」の意か。

202 中水流＝なかづる・203 中川原＝なかがわら

(1)ともに**古川北側**の耕地。**中水流**東部の河川敷に**松原**運動公園（サッカー場）がある。

(2)「戦前の綾南川は今よりもずっと西側を流れていて、**中水流**も**中川原**も**松原**も左岸にあった」という（住民談）。「日向国諸縣郡綾名寄目録」（延宝6年［一六七八］）の紙屋入野村之内新仕明持留に「**中川原**　中田十壱間十三間　四畦廿三歩…」、「**中川原**　下畑六間八間　壱畦十八歩…」などとある（『県史史料編　近世5』）。名寄目録は28ページを、仕明・持留は第七章の**土地の種目**を、中田・下畑は**田畠**(でんぱた)**の等級**を参照。

(3)**中水流**は「中間の水流(つる)」の意。**水流**の語意は北俣**120水流**、**中川原**の語意は南俣**24中川原**参照。

204 松原＝まつばら・205 上水流＝かみづる

(1)**松原**は**中水流**北側の耕地。北側は綾南川に面する。**上水流**は**松原**西側の小耕地。　(2)「日向国諸縣郡綾名寄目録」の紙屋入野村新仕明持留に「**上水流**　下々畠三間廿二間」（『県史史料編 近世5』）、『綾郷土誌』に「**上畑**の井堰　私設組合として小谷の流水を引用供給していたが、明治三十一年（一八九八）頃河川の一局部に水門を築いた。昭和二十四年（一九四九）六月のデラ台風により流失し、復旧工事が行われた。井堰の位置は**上水流**二七六番地」とある。**下畑**との境介辺りか。

(3)**松原**の語意は南俣**53松原**参照。**上水流**は「上方の水流（つる）」の意であろう。**水流**の語意は北俣**120水流**参照。

206下畑＝しもはた・○桐木＝きりのき

(1)**下畑**は**中水流**北部中部の西側、大半耕地で人家僅か。主要地方道宮崎須木線と町道**上畑**・**倉輪**線、町道**上畑**・**水窪**線との四叉路交差点辺りを**桐木**（きりのき）という（住民談）。(2)『旧綾郷土史』に「肥田木城址　天正ノ頃（一五七三〜九二年）肥田木正連ノ居城タリ、城ノ東南一町許桐木造ノ楼門アリ」とある。第七章の**肥田木城案内板**参照。

(3)**下畑**は①「下方・下段の畑地・開墾地」の意であろう（例・・兵庫県神戸市垂水区下（しも）畑（はた）、畑はハル（墾る）の転で、山を切り開いてつくった田畑という。『兵庫県地名大辞典』）。②「下方・下段の機織地」の意か。次ページの**209上畑**参照。**桐木**は「桐の木造りの楼門のある（あった）所」の意であろう。

207前畑＝まえはた

(1)**下畑**南側の耕地で人家僅か。俗称大明神（でめじん）さま（住民談）の軍護神社が鎮座する。宮崎須木線沿いに石碑「**上畑小学校跡**」があり、「明治三年に寺子屋を廃して明治十七年まで小学校が置かれた」とある。

(2)『高岡名勝志』（高岡の地誌、一八二四年）に「高岡郷入野村之内**上畠**　軍護大明神　神躰座木像八躰銘々高サ八寸　奉造立貴森大権現正躰　徳治元丙午（一三〇六年）九月廿九日」とある。「長楽寺（**209上畑**参照）の本尊薬師如来（台座共約一メートル）は現在軍護神社境内の小堂に保存されている」（『綾史』）。(3)**前畑**は

①上畑・下畑の「前方（東側）の畑地・開墾地」の意であろう。②「前方の機織地」の意か。209上畑参照。

208前原＝まえばら・○板ヶ谷＝いたがたに

(1)下畑の西側の耕地で人家僅か。中央部を東流する上畑川（綾南川支流）に第1・第2上畑橋が架かり（町道前畑線）、上畑川支流の板ケ谷川（県高岡土木事務所の「上畑砂防指定字図」）が南部を東北流する。板ケ谷川は小峰谷川ともいい（ゼンリン住宅地図）、北側の支流は中小峰谷川（同前）とも平ノ山谷川ともいう（下に警告板の写真）。

(3)前原は「何かの前方の原野・開墾地」の意であろう。長楽寺の前方か、212平ノ山の前方か（例・・熊本県玉名郡菊水町前原、天御子山を背後に控え、その前面に畑や田になる原が開けていたことにちなむという。『熊本県地名大辞典』）。**板ヶ谷**は①板はイタ（損・傷・痛）の転で「崩落崖地のある谷間」の意であろう（例・・愛媛県新居浜市板ノ本や徳島県三好郡池田町板野など、丘の端や山麓急斜面の崖地に沿っている。その他多くの実例から板のつく地名は、ガケからきたものがあることは間違いないように思う。松尾俊郎『日本の地名』）。②「板のように平らな谷間」の意か（例・・児湯郡木城町大字中之又字板谷、この地区は地質が板状で谷筋も岩盤が板を重ねた状態だから、「板谷」と呼ぶようになったのではないかと思う。木城町史友会編『木城の地名』史誌第8号）。第四章の**板木**参照。

土石流警告板の平ノ山谷川（上）と北小峰谷川

209上畑＝うわばた（行政区名。第七章の**行政区**参照）

(1)**前原**の北側で人家僅か。西部に僅かの山林地があるが、それ以外は耕地田地。主要地方道宮崎須木線沿いの土石流警告板にある北小峰谷川（綾南川支流、前ページに写真）は、北側の南俣**56宇都**との境を東流する。小峰谷川・中小峰谷川とは別の谷川で「宇都谷川（綾南川支流）の南側の谷川である」という（宮崎県高岡土木事務所職員談）。(2)かつて西南部の高台や**212平ノ山**東部の台地に長楽寺があった（正平元年［一三四六］垂水弁阿闍梨が創建、寛政十二年［一八〇〇］廃寺。『綾史』）。「長楽寺の旧寺域は**寺の坂**を上り左側の展望のよい所で、其前面を**寺の前**という」（『綾史』）。**寺の坂**は**上畑**西方の町道**上畑**・**倉輪**線の坂道の俗称。「新納忠清目録写」に「日州諸県入野名之内　**上畑**　屋敷壱段五畝十歩…慶長十五年（一六一〇）三月九日」とある（同前）。『長野家ふすま文書』（本章末の※比定地不明の地名のB 183ページ参照）の「杉木中受願」に「入野村之内字　**上畑平**　衆力山　一杉九拾本…」とある。南俣**衆力山**、及び第七章の**衆力山**参照。**上畑平**は**上畑**西側の**平ノ山**辺りであろうが消滅地名。『日向地誌』に「字地　**上畑**　**四枝**ノ西北六町許南股村ノ内ニ飛フ人家三十三戸」とある。三十三戸は当時の**上畑**区の全戸数。

(3)**上畑**は①**下畑**に対して、「高台・上段の畑地」の意であろう（例：石川県鹿島郡中島町上畑（なかじままちうわばたけ）、山麓のなだらかな傾斜地の上部が畑として利用され、下部が棚田状になっている景観による。『石川県地名大辞典』）。②畑はハル（墾）の転で「上段の開墾地」の意か。**206下畑**(3)の①の例参照。③畑はハタ（機）の転で「上段の機織地」の意か。「**上畑**は如法大姉が曼荼羅を織られたとの言い伝えから、上機織（うわはた）から**上畑**地名に転訛されたものとも言う」（園田隆『南九州路をさるく』）。「如法大姉は肥田木城城主肥田木正連の妻で、天文二年（一五三三）三十三歳の時離縁を請い翌年出家して京に上り、念願の曼荼羅を完成させた。参内勅命で宮中にて曼荼羅一幅を織って献上し、時の帝後奈良院より如法大姉の称号などを賜らる。後に佐土原に住して織った極楽曼荼羅は佐土原町の高月院に保存されている。晩年綾郷に没す」という（松元捨雄氏談、及び『南九州路をさるく』）。④新羅系渡来人の秦氏（はたうじ）の移住者にちなみ、「絹織物の産地」の意か。第七章の**秦**参照。**上畑平**

は「**上畑**の傾斜地」の意であろう。**寺の坂**は①「寺に行き来する坂道」の意であろう。②「照らの坂（日当たりの良い坂道）」の意もあるか（例：兵庫県出石郡出石街寺坂、地名は南面する地勢が日によく照らされるから、照ら坂の転化かと思われるが不詳。『兵庫県地名大辞典』）。**寺の前**は「長楽寺の前方の地」の意であろう。

210 水久保＝みくぼ・211 梅ノ木川原＝うめのきがわら（土地台帳の「梅ノ木川原」による）

⑴**水久保**は**上畑**の北側で大半V字状の綾南川流域。水窪橋（町道上畑・水窪線）が架かっている。**梅ノ木川原**は「綾町地籍図字図」によると**水久保**の最南端部、V字形下部の小区域。⑶**水久保**の語意は南俣**55 水窪**参照。**梅ノ木川原**は①「土砂で埋まった川原」、または②「梅林そばの川原」の意か。南俣**35 梅木田**参照。

212 平ノ山＝ひらのやま・213 小峯＝こみね（土地台帳の「平ノ山」・「峯」による）

⑴**平ノ山**は**上畑**・**前原**・**小峯**などの西側で大半山林地。上畑川（綾南川支流）は**前畑**で二股に分岐し、下流から見て右側（右股川）は平ノ山谷川（ゼンリン住宅地図は中小峰谷川）、左側（左股川）は小峰谷川（同前）とも板ケ谷川ともいう。**小峯**は**平ノ山**中東部東側の耕地山林地で人家僅か。東側は**200 古川**に境する。

⑵**平ノ山**は当地の地形から「崖のある山地」の意であろう（例：北海道登別市平山、ヒラはアイヌ語ピラPiraの音訳とみたい。「断崖のある山」の意（『日本山岳ルーツ大辞典』）。第七章の**平**参照。**小峯**は「小さな峰」の意。

II　綾盆地への飛地［地名図⑰⑱］

『日向地誌』（綾郷調査は明治十三年〔一八八〇〕六月）に「入野村　地勢　南ニ草岡ヲ擁シ北ニ林邱ヲ負ヒ中ニ一段ノ平田アリ綾南川綾北川其中間ヲ流ル田圃隣村ニ分割シテ二十九区ノ飛地アリ」とあり、二十九個の小字名がすべて現存している。

㉔214 四ツ枝＝よつえ・215 四枝下＝よつえしも

(1)ともに消滅地名で比定地不確定。「綾南県営圃場整備事業地区現形平面図」（竪元竜弘氏所蔵、昭和46年事業完了）によると、**四ツ枝**は綾盆地西部の**36四枝**の西部や堤防辺りの南北に細長い小区域。**四枝下**は**35梅木田**中部から東側**30柳田**などに及ぶ耕地の区域。一部**34瀬脇**に食い込んでいる。

(2)『日向地誌』に「字地　**四枝**　寺山ノ西十五町許南股村ノ内ニ飛フ人家四戸」、「飛地字**四枝ノ下**　田二町六段一畝二十六歩　畑二畝二十三歩　宅地一段七畝二十八歩　原野八畝二十歩　芝地二十五歩」とある。何時頃から**四枝下**か不明。

(3)語意は**36四枝**参照。**四枝下**は「**四枝**の下方＝下流側」の意。

216 樋口＝ひぐち・217 溝代＝みぞしろ

(1)ともに消滅地名で比定地不確定。「綾町小字一覧図」によると、**樋口**は雲海酒造工場の東側の**25表川原**への飛地。**溝代**は**28水流前東南部**辺りへの飛地。(2)『日向地誌』に「飛地　字**樋ノ口**　田一畝二十二歩」、「飛地　字**溝代**(ダイ)　田一段一畝二十九歩」とある。

(3)**樋口**は「樋の先端・用水の流れ出る所」の意であろう（例：宮崎市大塚町樋ノ口(ひのくち)、樋ノ口とは樋の先端のことで、東流する前田溝(まえだこう)が南流する一段下の溝(みぞ)に落ち込む所一帯の地名。多田武利『郷土・大塚の歴史を楽しむ』）。**溝代**は①「用水路・排水路」の意か。「溝代(みぞしろ)　中世以降の荘園で用水路・排水路。その面積は非課税地として計算」（『日本国語大辞典⑫』）。（例：宮崎市高岡町大字内山溝代(みぞしろ)、田地に水を引いてある所。岩満重信編著『宮崎市の小字地名考』）。②「溝の区域・敷地」の意か。「溝代引・堰敷引、用水や排水を通す場合の溝や堰の敷地分の貢租を引くこと」（『日本史用語辞典』）。③「溝の予定地」の意か。「畠代　畠として開発が予定されている土地（荒野）をいう。溝予定地」（『荘園史用語辞典』）。④溝代(みぞだい)で「用水溝の敷設にともなう経費」（同前）の意か。

218 谷向＝たにむこう・219 向沖代＝むこうおきしろ・220 野中＝のなか（地名図点線の区域）

(1)何れも消滅地名。「綾町小字一覧図」によると、**谷向**は雲海酒造工場東側の**25表川原南部**辺りの小区域。**向沖代**は**24中川原**・**22古川**の南部に跨る小区域。「綾南県営圃場整備平面図」によると、**野中**は**29壱町田**と**32豆新開西部**の小区域。(2)『日向地誌』に「飛地　字**谷向**　田七畝二十六歩畑一畝二十四歩原野一畝」、「飛地　字**向フ沖代**(タイ)　原野八畝」、「飛地　字**野中**　田二町四段九畝二十五歩」とある。何時頃から**向沖代**(しろ)か不明。(3)**谷向**は「谷向かいの地」の意、谷は綾南川右岸の**63宮ノ谷**であろう。**向沖代**は「川向かいの**沖代**」の意であろう。沖代の語意は**226沖代**参照。**野中**は「原野の中央部」の意であろう（例：京都市左京区静市野中町(しずいちのなかちょう)、山谷の原野の中心にある土地を野中と呼んだのであろう。『奈良・京都地名事典』）。

221柳田＝やなぎた（黒塗り部分）・**222宿神＝しゅくじん**・**○中堂＝なかどう**（地名図に記載なし）

(1) **柳田**は**40中堂**の玉石神社南側の主要地方道宮崎須木線沿いの小区域。**宿神**は**中堂**東北部東側の小区域で人家僅か。町道**四枝**・**中堂**線北側沿いの林地に宿神社が鎮座する（笹原氏管理）。**中堂**は**宿神**辺りの俗称で消滅地名。ゼンリン住宅地図によると、笹原早夫氏宅辺りの小区域。

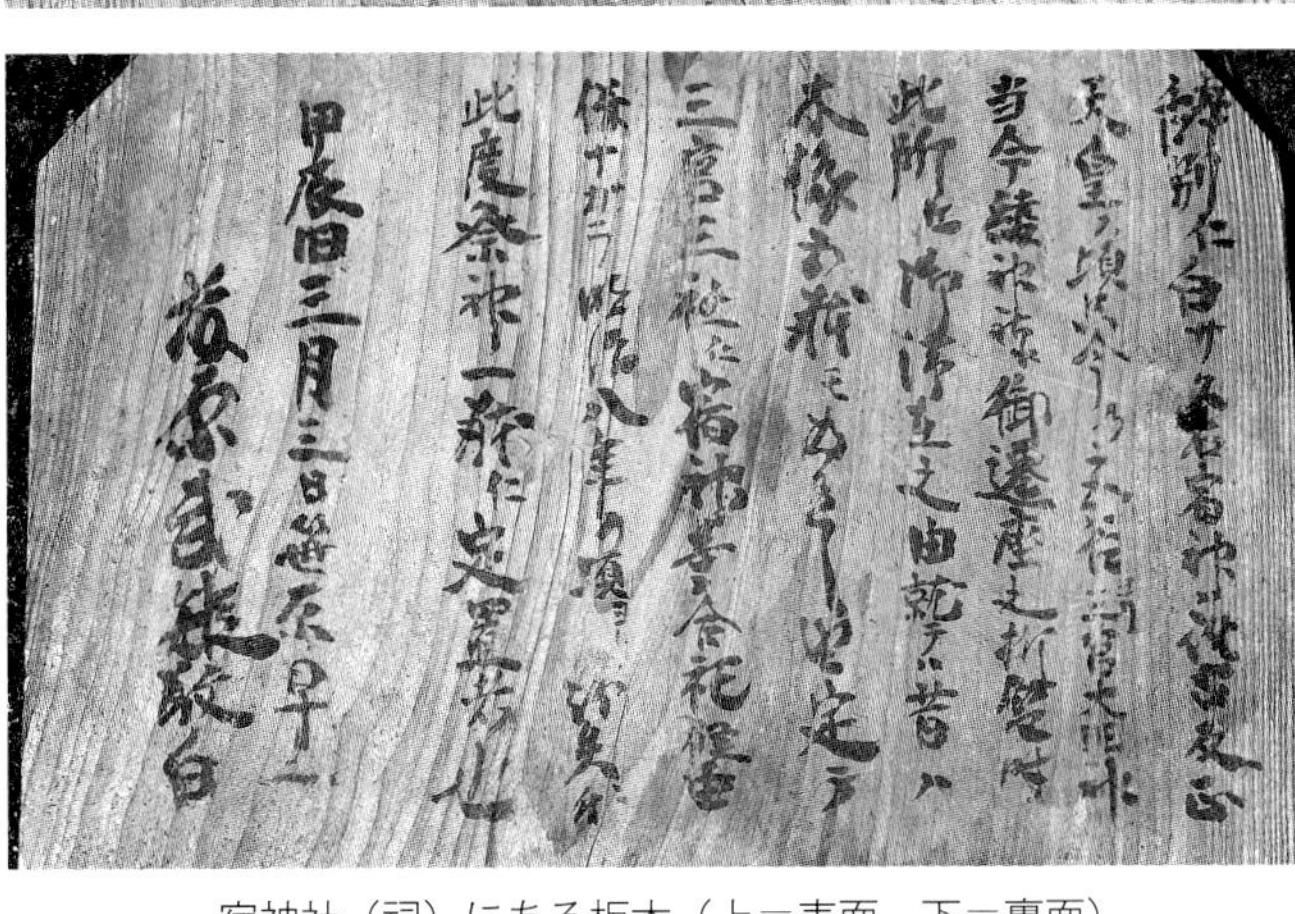

宿神社（祠）にある板木（上＝表面、下＝裏面）

(2)『日向地誌』に「飛地　字**柳田**　田二町二段二十二歩」、「字**宿神**（シクジン）　田二町五段七歩　畑四段二十歩　宅地一段二畝十歩　山林三段　藪一段二畝　芝地一段一畝二十六歩」とある。宿神社の堂内にある板木（明治37年［一九〇四］3月）に「綾村南俣小字**狩行司宿神**之社堂宇…」、「辞別ニ白サク右**宿神**往古反正天皇ノ頃…」とある。反正天皇は第十八代、四三八年王となる。「**中堂**の笹原方の屋敷山の一角に亭亭と高く聳える公孫樹の下に三宝荒神の祠堂がある。昔は夜廻りを部落でやった。火を粗末にすると三宝荒神（さんぽうこうじん）様のお怒りで火事が起きると教えられた」（『綾史』）。**247大明神**にも宿神大明神が祀られている（146ページ参照）。「明治十年西南の役従軍者氏名」に「岩下甚蔵・笹原伊右ヱ門　入野村飛地**中堂**　三月三十日戦死　和田半右ヱ門負傷」とある（『綾史』）。

(3)**柳田**の語意は**30柳田**参照。**宿神**は①「宿の神」の意か。地元では「神の泊まった所で、祭神は火の神、サンポコジンとも言うと伝えられている」（住民談）。三宝荒神は仏・法・僧の三宝の守護神であるが、また屋内の火所に祀られて、火伏せの神・竈の神の機能も持つ。②「星の神」の意か。「宿神とは星の神とされ、星宿信仰にもとづく偉大なる自然神＝地主神であると考えられる」（西米良村教育委員会編『西米良神楽』）。第七章の**宿神**参照。**中堂**の語意は**40中堂**参照。

223下水流＝しもづる・224イゾロ田＝いぞろだ・225寺山＝てらやま

(1)**下水流**は消滅地名で比定地不確定。「綾町小字一覧図」によると、**220野中**の東側でイゾロ田近くの小区域。**イゾロ田**は**21馬場田**の西部で人家数戸。**寺山**は**20畑田**北西側に隣接する小区域。(2)『日向地誌』に「飛地　字**下津留**（ツル）　田二町一段一畝十七歩　原野一畝」とある。「南俣**中堂**の下に字**上水流**、**下水流**、**イゾロ田**、**石原田**などがある」（『綾史』）。「日向国諸縣郡綾名寄目録」の紙屋入野村浮免に「**イゾロ田**　十壱間卅五間　壱反弐セ廿五歩…」など（『県史史料編　近世5』）、『日向地誌』に「飛地　字**伊曾呂**（イゾロ）**田**　田一町二段一畝二十二歩」とある。「金ぢいさんはよくトゲのいっぱいついているイゾロギを平気でもち帰って、フロのタキモノにしていた」（継松敏夫編『綾のむかし話①』）。「島津領となった天正五年（一五七七）頃、綾の**寺山**周辺の台地は武士の居住地であったし門百姓の人の住む所でもあって、『すみとこ』の門名も生まれている」（『綾誌』）。『日向地誌』に「飛地　字**寺山**　田五段九畝三歩　宅地一段六畝六歩」、「綾**寺山**　椎屋ノ南二十町許南股村ノ内ニ飛フ人家四戸」とある。

(3)**下水流**は「下方の水流」、**上水流**は「上方の水流」の意。水流の語意は北俣**120水流**参照。**イゾロ田**

は「野茨などがある土地の開墾地」の意であろう。「いぞっ田は野茨などの田の開墾地」(『綾誌』)。野茨はバラ科の落葉低木で、つる状の枝にトゲがある。秋に赤い小果実を結ぶ。**200古川**(2)参照。**寺山**は①「寺領の山地」の意か(例・石川県輪島市町野町寺山、往古大照寺の寺領であったことによる。『石川県地名大辞典』)。②「寺のある山地」の意か(例・栃木県足利市寺山、寺のある小丘を寺山と称したのであろう。『日本地名大事典(下)』)。

○桑原田＝くわはらだ

(1) **20畑田**中央部の小区域であったが消滅した。(2)『日向地誌』に「飛地　字**桑原田**　田二段二畝六歩宅地三畝十三歩」、『綾郷土誌』の「綾都市計画用途地域・住居地域」(昭和56年[一九八一])に「入野字桑原田の一部…」とある。(3) **桑原田**は①桑野・桑原・桑畑などと同義で、「桑の木の群生地」の意か。②クエ(崩)ハル(墾)タ(田)で「崖下の開墾地・田地」の意か。当地の北側は**錦原**台地の崖下に位置する。**300桑水流**参照。③鍬墾田の転で「鍬で開墾した土地」の意か(例・宮崎市古城町鍬原田、鍬で開墾した土地と、崩墾田で崩れた開墾田のあった土地か。『宮崎市の小字地名考』)。

226沖代＝おきしろ・227平田＝ひらた・228五ヶ所＝ごかしょ

(1) 沖代は**67沖代**の西側で、人家数戸の小平地。**平田**は**65本宮**東側の小平地で南側は**66田平**。平田と田平の燐接は珍しい。天付谷川(綾南川支流)に平田橋が架かっている(町道**宮谷**・**向川原**線)。**五ヶ所**は綾南川橋(一般県道高岡綾線。別称＝宮谷橋、てるはの森の会「古屋ふれあいMAP」)の右岸、及び一般県道高岡綾線沿いの人家の多い区域。**17下川原**に**五ヶ所**の飛地がある。(2)かつて綾保育園があった(昭和55年〜平成25年。**282川原元**へ移転)。(3) **沖代**は「遠方・奥の田地」の意であろう(例・宮崎市高岡町大字内山沖代、奥地の田代。『宮崎市の小字地名考』)。「沖田・沖山は奥の田、奥の山の意」(丹羽基二『地名』)。**平田**は当地の地形から「傾斜地の田地」の意であろう（例：熊本県上益城郡益城町平田、地名は東の台地から西に広がる傾斜地の水田地帯の意という。『熊本県地名大辞典』）。「平田は傾斜地の段々になった田で、坂田と同じ意味だと思われる」（『地名語源辞典』）。**五ヶ所**の語意は**62五ヶ所**参照。

229岩スリ＝いわすり（地名図⑰）・**230飯地＝いぢ**（地名図⑲）・**231中坪＝なかつぼ**（左の伊能大図）

(1)**岩スリ・飯地**は消滅地名。「綾町小字一覧図」によると、**岩スリ**は**244飯地山**北西部辺りの山地。**飯地**は**244飯地山**北東部辺りの山地。**中坪**は比定地不明であるが、「伊能大図」（文化九年［一八一二］六月綾郷調査）の「入野村**崎ノ田**」の西側に「入野村**中坪**」とある（左の地図）。地番から推測すると、**飯地**と**江後口**の中間で**243柿畑**の北部辺りか。 (2)「日向国諸縣郡綾名寄目録」（一六七八年）の紙屋入野村竹脇門に「**岩わり** 下々田八間廿間…」、「**岩わり** 下田六間十間…」とある（『県史史料編 近世5』）。**岩わり**＝**岩スリ**かは不明。また、同前竹脇門に「**飯地の下** 下々田十間廿四間…」とあり、「元禄綾郷略図」（一六九九年）に「**飯地**」とある。 (3)①スリは摺（すべり動く）で、**岩スリ**は「岩の多い地すべり崖地」の意か（例：愛知県豊田市足助地区摺、スリは急崖とか山がすり減ることを表す。中根洋治「愛知・岐阜の災害地名 危険を孕んでいるところ」。谷川健一編『地名は警告する 日本の災害と地名』）。②「岩石のザラザラした急傾斜地」の意か（例：米良にいた頃山中の

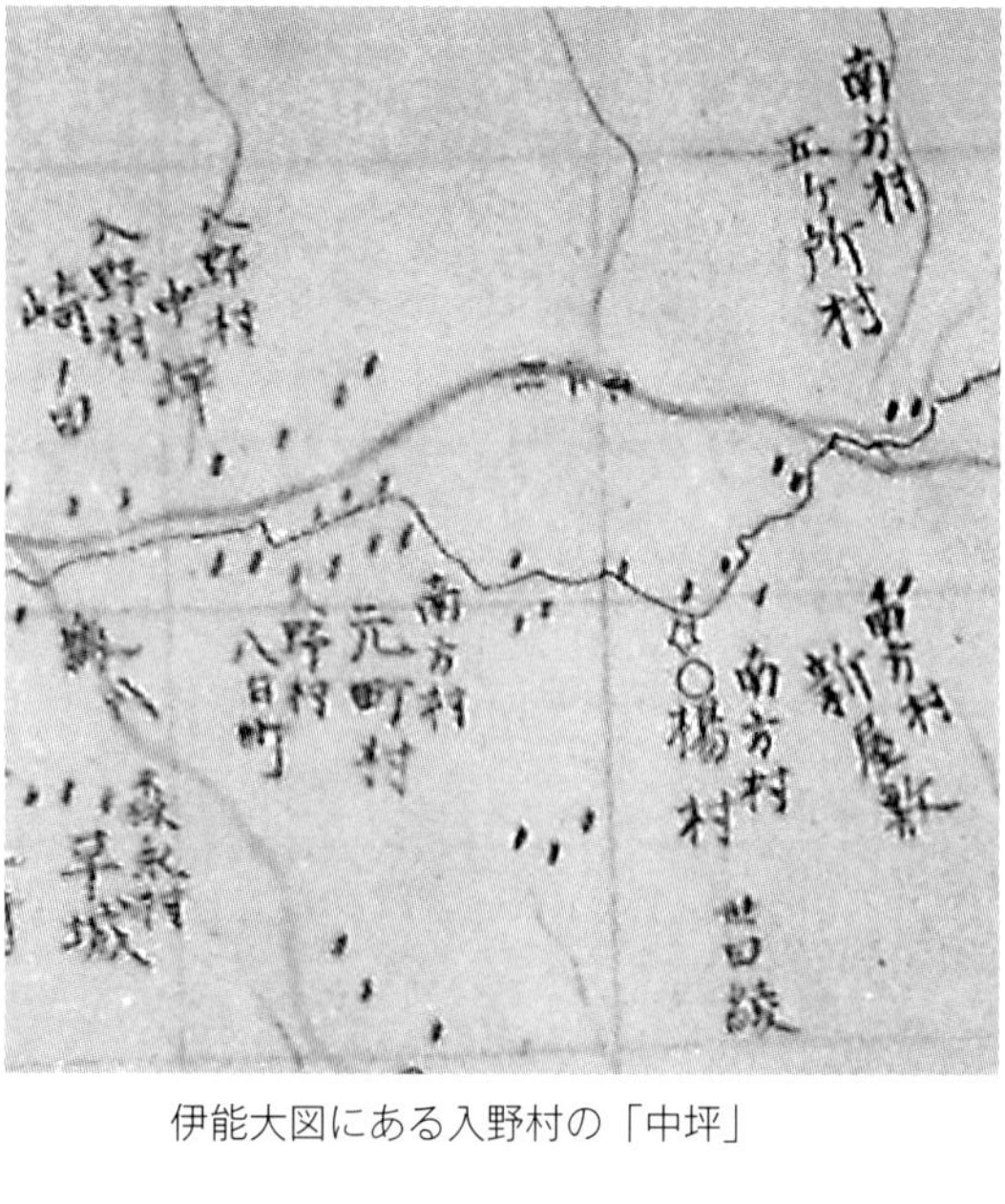

伊能大図にある入野村の「中坪」

急傾斜地で石片のザラザラしているところをズリと聞いた。（吉元正義『小林の地名考』）。**岩わり**は①「割れた岩石のある所」、または②「岩石を割る採石地」の意であろう。**飯地**は①結地の転で「共同で利用する土地」の意であろう。「近所親戚等での共同作業を結(い)といった」（『綾誌』）。「イ（飯）はユイ（結い）の訛り」（石川恒太郎『日向の方言』）。②イジ（維持）の転で「井堰維持のための山林地」の意か。**244飯地山**参照。**飯地の下**は「**飯地**の下方の地」の意。**中坪**の語意は**7中坪**参照。

232 江後口＝えごぐち（地名図⑲）

(1)「綾町小字一覧図」によると、三本松橋と**木森井堰**の中間辺りで、**243柿畑**東北部の綾南川右岸に面した小区域。**(2)**「綾南川は寛政・享和時代（一七八九〜一八〇四）までは**宮ノ谷**の下から山の手を流れて**江後口**に出で**木の瀬**に流れていた」（『綾史』）。「明治後期のこと、出水の度毎に流木が川岸やエゴに漂着した。また、出水時の川魚の集まる処は川岸近くの流れの遅い処であり、入江のような形となる**エゴ**である。川面が川幅一杯となる頃を見はからいエゴの餌釣りや網すくいは魚獲が多く面白いようであった」（『綾誌』）。

(3)江後はエ（江）コ（処）で、**江後口**は「袋状の淀んだ入江の出入り口」の意であろう（例：愛媛県喜多郡長浜町(ちょう)（現大洲市）江後口(えごのくち)は、肱川の左岸、町の前面に大きく凹入した巾着形の入江をエゴといい、その口部をエゴノクチという。『民俗地名語彙事典 上』）。エゴの語源は「エグ（抉・刳・剔）れた、ゴ（処）」であろう。

233 永田前＝ながたまえ

(1)「綾町地籍集成図」によると、町道**西中坪**・**元町**線と**千草通り**線の四差路交差点北東側のごく小区域。

(2) **永田前**は「**永田**の前方」の意。**永田**の語意は南俣**5永田**参照。

㉞石原田前＝いしはらだまえ・㉟石原田上＝いしはらだかみ

(1)「綾町地籍集成図」によると、石原田前は❻桑下の東南部、**西中坪**公民館東側辺りの小区域。石原田上は⑮灰原の北部、町道**桑下**線と町道**やじがわ**自転車歩行者道2号線との交差点の南西部の小区域。 (2)『日向地誌』に「飛地　字**石原田ノ前**　三畝十三歩」、「飛地　字**石原田ノ上**　田七段一畝二十七歩」とある。 (3)**石原田前**は「石原田の前方（南側）」の意、**石原田上**は「石原田の上手（北側）の地」の意であろう。**石原田**の語意は58**石原田**参照。

○石原田ノ向＝いしはらだのむかい（地名図に記載なし）

(1)比定地不確定。「綾町小字一覧図」によると、❽**仮屋園**西南部と❾**大坪**中東部との境界辺りの小区域。大正九年（一九二〇）の「**浦田井堰の灌漑区域**」に「…**川原下**、**石原田向**、**上八日町**…」とあり（『綾誌』）、これより推測すると、279**川原下**と277**上八日町**の中間辺りか。 (2)『日向地誌』に「飛地　字**石原田ノ向**　田一段四畝六歩」とある。 (3)**石原田ノ向**は「石原田の向かいの地」の意であろう。

236石原田中＝いしはらだなか・237石原田＝いしはらだ

(1)「綾町地籍図字図」によると、**石原田中**は**石原田上**の東側、104**神下**北西端部への小さな飛地。**石原田**は北俣105**灰原**東北部のコンビニ綾入野店、及びその東南側辺りの小区域。 (2)『日向地誌』に「飛地　字**石原田中**（ナカ）　田二段四畝二十三歩」、「飛地　字**石原田**　田三段一畝十九歩」とある。「日向国諸縣郡綾名寄目録」（一六七八年）の紙屋入野村浮免に「石原田　田八間四十六間　壱反弐畦八歩…」（『県史史料編　近世5』）とある。　(3)石原田中は「石原田の中間・中央」の意か。

○入道島＝にゅうどうしま（地名図⑨）

(1)消滅地名で比定地不明。大正九年（一九二〇）の「浦田井堰の灌漑区域」に「（字）…郷鴨、日立、入道島、別府向、向新開…」とある（『綾誌』）。これより推測すると、285別府向の北部辺りか。　(2)『日向地誌』に「飛地…字石原田、字入道島、字田中…」、「飛地　入道島　田六段二十七歩」とある。　(3)入道島は「坊主頭のような円い島・周囲から孤立した小高い所」の意か（例：新潟県西頸城郡青海町入道山、山容が坊主頭のような山の意。入道とは坊主頭で在家のまま出家の相をする人をいう。『日本山岳ルーツ大辞典』）。

238田中＝たなか

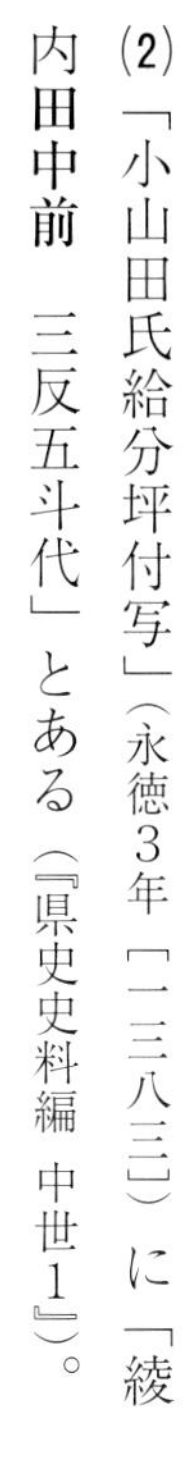

(1)100平田の北側西側の人家密集地。中坪川（耶治川分流＝東中坪用水）に地蔵橋（町道地蔵通り線）・中坪橋（町道立町・郷鴨線）がある。主要地方道宮崎須木線の北側沿いに東中坪公民館、北東端に東中坪団地二棟がある。　(2)「小山田氏給分坪付写」（永徳3年［一三八三］）に「綾内田中前　三反五斗代」とある（『県史史料編　中世1』）。『日向地誌』に「飛地　田中　田三町九段十三歩　宅地一段八畝三歩」、「飛地　字田中前　田一段三畝十八歩」とある。田中前は平田Aと101郷鴨との境界辺りの小区域（「綾町小字一覧図」）。「かつて田中の北東部辺りに広さ一町ほどの椎の木の多い淋しい椎の池があった」という（松元捨雄氏談）。　(3)田中は「田地の中

親柱銘板の「中坪橋」

央・中心の地・集落」の意、**田中前**は「田中の前方の地・集落」の意であろう。第七章の**田中**参照。**東中坪**は「中坪の東部」の意。**椎の池**は「周囲に椎の木が群生する池」の意。椎はブナ科の常緑高木、スダジイ・ツブラジイなどの総称。幹は椎茸の原木（榾木(ほだぎ)）や建築などの用材。種は食べられる。

(240)池ノ元＝いけのもと・○池尻＝いけじり（ともに地名図①）

(1)ともに消滅地名で比定地不確定。**池ノ元**は「綾町地籍集成図」によると、(101)**郷鴨**の**中島の池**の南側辺りの小区域。**池尻**は「綾町小字一覧図」によると、**中島の池**の南側辺りの俗称。(2)『日向地誌』に「飛地　字**池ノ元**　田五畝十三歩」、『綾郷土誌』の「綾都市計画用途地域・住居地域」に「大字入野字**田中**、**石原田上**、字**池尻**…」とある。(3)**池ノ元**は「池の頭」、**池尻**は「池の末端」の意であろう。

(239)永田＝ながた・(241)永田脇＝ながたわき・○永田ノ後＝ながたのうしろ・○永田下＝ながたしも

(1)「綾町地籍集成図」によると、**永田**は❺**永田**の南西部、町道**西中坪**・**元町**線沿いの東側の小区域。**永田脇**は❺**永田**の南西部、町道**西中坪**・**元町**線沿いの小区域。「綾町小字一覧図」によると、**永田ノ後**は❸**森元**西部の小区域。**永田下**は❹**郷鴨**西部や❺**永田**北東部辺りの俗称。(2)『日向地誌』に「飛地　字**永田ノ後**　田二段四畝十三歩。字**永田下**　田八段六畝五歩」とある。「**永田後**・**永田下**は入野**古屋**の永田一族の所有地」という（住民談）。(3)**永田**の語意は南俣❺**永田**参照。**永田脇**は「永田の傍ら」の意。**永田ノ後**は「**永田**の後方」、**永田下**は「**永田**の下方」の意であろう。

Ⅲ　入野東南部の平地台山地

［地名図⑲⑳］

入野東南部の平地台山地は東流する綾南川右岸の古屋区・昭和区で、平地は少なく大半は丘陵山地である。

242 木森＝きもり・○木の瀬（鬼の瀬）＝きのせ

(1)**木森**は綾南川右岸、**木森**井堰（元禄14年［一七〇一］創設。『綾史』）の南側一帯の地で人家僅か。入野神社が鎮座する（徳治元年［一三〇六］9月創建。**鬼森**神社を明治5年［一八七二］に入野神社に改名。同前）。**木森**井堰の水門から下流を新田溝と呼び（『綾誌』）、新田橋がある（町道**権現通り**線）。**木の瀬**は**木森**井堰右岸のやや上流辺りの俗称。(2)「天正五年（一五七七）二月島津家は日州を領し、**鬼森**権現を崇め…松田治部太夫を戦功により**木森**権現の祝子職（神職）となし永田門四十五石を寄進す」（同前）。「義廉　綾義廉右馬丞（元亀3年［一五七二］没）の弟義種の子、即ち甥の義淳は木野守城主と号し**古屋**の**木の森**の高台に居を構えた」（『綾史』）。**木の森**の高台は「今村宅の上で**木森**堰の南側辺りに比定される」（『綾誌』）。「日向国諸縣郡綾名寄目録」（延宝6年［一六七八］）の紙屋入野村之内竹脇門に「**木乃森**　下々田十八間廿七間半」とある（『県史史料編 近世5』）。綾南川は「寛政・享和時代（一七八九～一八〇四）までは山の手を流れ…**木の瀬**に流れていた」

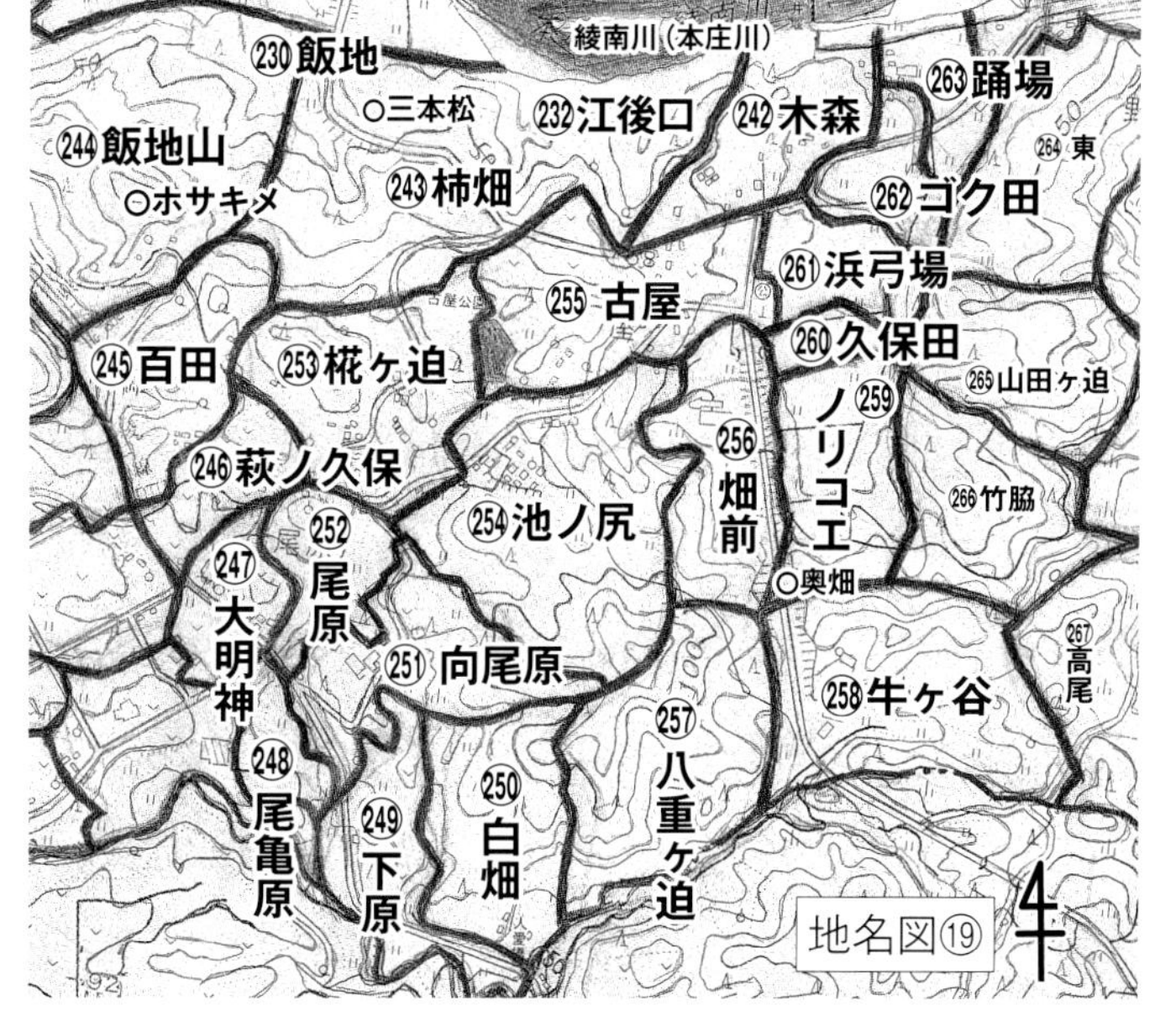

(『綾史』)。「大正三年(一九一四)八月六日、日州新聞に、字**鬼の瀬**、水深四尋余りの川で怪物を突き刺し…後日下流の**木森**堰に斃死しているのを発見、怪物は大鰻、長さ六尺三寸…」とある(『綾誌』)。「昭和四十八年(一九七三)四月、関係者の熱意と努力により**鬼の瀬**から電力で揚水施設を設け水路が完備された」(同前)。**(3)**①木はキ(城)の転で、**木森**は「城のある森」の意か。木野守城(委細不明)に由来するか。②「木がこんもりと茂った森」の意か(例:福岡県遠賀郡遠賀町木守、古木がこんもりと茂った森の丘—木守丘とも大木森とも称した。遠賀地名研究所『遠賀郡地名考』)。**新田**は①**木森**井堰創設後の「新開墾地」の意であろう。②以前は**鬼森**神社の「神田(神社所属の田地・神社の諸費用にあてる田地)」であったか。**木の瀬**は①「**木森**近くの瀬」の意か(例:児湯郡木城町大字椎木木ノ瀬河原、河が林に添って流れていて、その流域の河原だったのだろう。『木城の地名』史誌第8号)。②「木を集めた瀬」の意か(例:滋賀県甲賀郡信楽町黄瀬、天平年間紫香楽宮が造営(七四〇年)された折、一帯の材木を搬出する雲井川(大戸川)の拠点として材木を浮かべた(木の瀬)であったことにちなむ。(『滋賀県地名大辞典』)。③木はキ(城)の転で「城の近くの瀬」の意か(**木森**参照)。④木瀬はクセ(曲瀬)の転で「浅瀬」の意か(例:滋賀県甲賀郡信楽町黄瀬など、「クセ(曲瀬)」の転訛で、浅瀬になっている所をいう。『日本地名事典』)。

243 柿畑=かきはた

(1)木森西側の山林原野で崖地や谷もあり、人家僅か。中南部の**三本松**に「てるはの森の会」が「げんだぼの森」づくりを、「水源の森づくりをすすめる市民の会」が「わくわくの森Ⅲ」づくりを進めている。げんだぼは「元気な子ども」の意。**(2)**「学校基本財産…明治末期より造林した。既植林があるが未立木地として大字入野の**柿之畑**に約七町歩があった。北向きの緩傾斜地で萱類が大いに繁茂し、萱切場採草地として利用された」、「**柿之畑**は**三本松**とも言われ、原野の中央の小高い処に一本木で三つまたの大きな松の木があった。遠足の良い場所ともなった」（『綾誌』）。「もともと町有地だった**三本松**は、町内農家に昭和三十二年に払い下げられた採草地の原野で、採草地の中に一人では抱えきれないくらいの太さのクロマツが三本まとまって立っていたため、**三本松**と呼ばれていたが、現在その松はない」（てるはの森の会『綾・ふれあいの里 古屋（完全版）』、2013年）。「公民館亜椰」（町教育委員会公報誌、平成4年12月号）に、東中坪の清水良作氏の歌がある。「ズボンからげて清流渡り別れの遠足三本松も今は車でひと走り」。町道名（**南麓**・**三本松**線）や橋名（**三本松**橋。右下にその銘板の写真）に使われている。**三本松**は**三本松原**ともいう（『照葉樹林だより』49号、2017・8・31）。**(3)**①柿は刈りの転で、右**(2)**に引用の通り、**柿畑**は「萱切場・採草地」の意であろう。②「柿の木のある畑地」の意か。柿はカキノキ科の落葉高木。果実は食用、柿渋は防腐防水剤、材は器具用。③カキ（欠）ハタ（端）で「崩落崖地の末端」の意か（例：徳島県板野郡吉野町柿原、流水が柿原に衝き当り岸が欠けていたところ。小川豊『川を考える地名』）。**三本松**は右(2)に引用の通り「三本の大松」の意で、一株三俣説が有力であろう。

三本松橋の親柱銘板

244 飯地山＝いぢやま・〇ホサキメ＝ほさきめ

(1)飯地山は**柿畑**西側の山地で人家僅か。西北端部の**67沖代**との境の牛喰谷川（綾南川支流）に奥殿平橋（一般県道高岡綾線）が、**12中須**・**17下川原**との境には牛喰谷橋（町道南**向川原**線）が架かっている。

(2)『綾郷土誌』に「旧道路、**向川原**から**奥殿坂**を**ホサキメ**（原田宅）に上り…」とある。「原田宅辺りを**ホサキメ**といい、かつては三軒ほどあった」という（住民談）。「穆佐小山田村女子分門名寄帳」（天保6年〔一八三五〕）に「**ほさきめ**　山畑七間卅三間　七畦廿壱歩…」、「穆佐小山田村前薗門名寄帳」（同前）に

「ほさきめ　山畑五間半十二間　弐畦六歩…」とある（『県史史料編 近世5』）。

(3)飯地山は「結地山（共同で利用する山林地）」の意であろう。飯地の語意は230飯地参照。②堰山（材料供給林）→維持山→飯地山という転訛か。元禄十四年（一七〇一）、島津氏は「入野村字木森の現在地に井堰を築き、現在の綾町大字入野字一二六一番地山林八反一四歩外俗称堰山及び城山を材料供給林として提供し、爾来代表者名義にて管理させた」（『綾史』）。ホサキメの語意等不明。

245百田＝ひゃくだ・246萩ノ久保＝はぎのくぼ・247大明神＝だいみょうじん

(1)百田は**飯地山**南側の耕地、**萩ノ久保**は**百田**南側の山地耕地、ともに人家僅か。252**尾原**との境の町道八日町・**尾原**線沿いに**尾原**地区営農センター（公民館）がある。**大明神**は**萩ノ久保**南側の山地で人家僅か。宿神大明神が一般県道高岡綾線沿いの竹藪の中に祀られている。(2)『高岡名勝志』（一八二四年）に「入野村之内**尾原**　宿神大明神　神躰座木像高サ九寸　主取柿畑門五左衛門」、「入野村之内**尾原**　岩窟大明神　神躰座木像高サ九寸　主取木之下門平之亟」とある。「現在の公民館の附近に高さ七十センチ位の石がある。その附近に大明神さまがお祭りしてあった。大明神は大変気の荒い神さまで、昔その附近をうっかり裸馬に乗って通ると、必ず落馬したというので、宿神大明神さまを木下の先祖が今の**大明神**の山に移転してお祭りされたと聞いている、と古老は話している」（『綾誌』）。岩窟大明神の由来等不明。

(3)**大明神**は宿神大明神・岩窟大明神の略称であろう。**百田・萩ノ窪・大明神・宿神**の語意は南俣71**百田**・73**萩ノ窪・大明神馬場**・入野222**宿神**参照。

248尾亀原＝おかめばる・249下原＝しもばる・250白畑＝しろばた

(1)**尾亀原**は**大明神**南東側の南北に細長い山地谷地、**下原**は**尾亀原**の南側及び251**向尾原**西南側の山地耕地で人家僅か。**白畑**は**下原**東側の山地耕地で人家僅か。南側は高岡町大字五町押田に境する。**(2)**「日向国諸縣郡綾名寄目録」の紙屋入野村竹脇門に「**岡目原**　下々畠十間卅間…」とある（『県史史料編　近世5』）。「県道高岡―綾線の**揚町**―**尾原**間の道路は南俣**畑田**から入野**白畑**に通じ、昭和十年（一九三五）十一月に開設された」（『綾誌』）。**(3)尾亀原**は①「小さな亀の背状のような原野」の意か。②亀はカメ（嚙）の転で「大きな浸食・崩壊のある原野」の意か（例：新潟県中蒲原郡亀田町、カメはカマ（崩壊地形・浸食地形）の転で、「崩れやすい自然堤防」のことか。『市町村名語源辞典改訂版』）。③尾亀は狼の転で「狼が出る（出た）原野」の意もあるか（例：京都市伏見区深草大亀谷、元は狼谷で、狼が出る山道であったと思われる。その「狼」が「お亀」へと転訛したようだ。『京都地名語源辞典』）。**下原**は①「下方・下段の原野」の意か。②原はハル（墾）の転で「下方・下段の開墾地」の意か。**白畑**は「白砂の多い畑地」の意であろう。白砂の語意は**72白砂**参照。

251向尾原＝むこうおばる・252尾原＝おばる

(1)向尾原は**白畑**・**下原**北部の北側の山地耕地、**尾原**は**向尾原**西北側の耕地で、ともに人家僅か。**(2)**「元禄綾郷略図」（一六九九年）に「尾原　入野村内」、『日向地誌』に「字地　**尾原上畑**ノ南三十町許南股村界ニアリ人家十五戸」とある。**(3)向尾原**は「向かい側の**尾原**」の意。**尾原**は①「尾根に続く原野・尾根末端の原野」の意であろう。②尾はオ（大・小）の転で、「大きな・小さな原野・開墾地」の意か。

253椛ケ迫＝かばがさこ・254池ノ尻＝いけのしり

(1)椛ヶ迫は**尾原**北側の耕地で人家僅か。東部に**古屋**ふれあい公園がある。**池ノ尻**は**椛ヶ迫**東南側の耕地で人家僅か。**(2)**「日向国諸縣郡綾名寄目録」の紙屋入野村竹脇門に「**椛か迫**　山畑六間十二間…」とある（『県史史料編　近世5』）。**(3)椛ヶ迫**は①「紅葉するかえでの自生する谷間」の意か。椛は「木＋花の会意。葉が花のように色づく、もみじの意味を表す」(『新版漢語林』)。②椛はカマ(釜・噛)の転で「釜状の谷間」「崩壊浸食のある谷間」の意か。**池ノ尻**の語意は入野**115池尻**参照、第七章の**山畑**参照。

255 古屋=ふるや(行政区名。第七章の**行政区**参照)・256 畑前=はたまえ

(1)**古屋**は**池ノ尻**北側の耕地で人家僅か。町道**八日町・尾原**線沿いに田中国広宅趾(平成16年3月まで**古屋**公民館)や石碑「鍛刀師國廣の史跡地」(昭和8年[一九三三]2月建立)がある。東部の町道**八日町・尾原**線の東側沿いに**古屋**公民館(古屋國廣地区営農研修館、平成16年4月竣工)がある。西部に**古屋**用水溜池(古屋池)がある。**畑前**は**古屋**東部南側の耕地。(2)「元禄綾郷略図」に「**古屋**」、『日向地誌』に「**古屋**(フルヤ) 尾原ノ東三町許ニアリ人家十八戸」、「**尾原池** **長迫池**ノ西南二十五町許ニアリ縦一町余横三十間周囲一町四十間隄高六尺敷十二間馬蹈二間三尺深七尺」とある。「**古屋池**は慶長年間(一五九六～一六一四)の築堤」という(宮崎県『宮崎県土地改良史』)。

(3)**古屋**は①「古くからの集落」の意か(例：徳島県那賀郡上那賀町古屋(ちょうふりや)、古くから人家が存在したことにちなむ。『徳島県地名大辞典』)。②古はフル(振・震=崩壊)の転、屋はヤ(谷)の転で、「崩壊崖地のある谷間」の意か。**振矢**(村)の表記がある(『綾誌』)。③古は(振・震=湿地)の転で、「湿地のある谷間」の意か。(例：長野県長野市大字七二会古間(なにかいふるま)や上高井郡信濃町(まち)大字古間・古海(ふるみ)、「ふる」には「古い」のほかに「振る」「震る」があり、同じ語源で「ゆれ動かす」「ゆれ動く」の意味がある。地名の現地の状況を見るとほとんどが低湿地・沼地のまっ直中にある。(松崎岩夫『長野県の地名 その由来』)。**畑前**は「畑地・開墾地の前方の地」の意であろう。

257 八重ヶ迫=やえがさこ・258 牛ヶ谷=うしがたに

(1)**八重ヶ迫**は**畑前**南側の山林地。南側は宮崎市高岡町大字五町押田に境する。**牛ヶ谷**は**八重ヶ迫**東側の

山林地。南側は高岡町大字五町押田に境する。牛ヶ谷川（内山川支流）の源流があり、西流して㉕⓪**白畑**南端の南側（宮崎市高岡町大字五町）に牛ヶ谷川橋（一般県道高岡綾線）が架かっている。

(3)**八重ヶ迫**は①「山中の小平地のある谷間」の意か。「八重と書く地名は…とくに宮崎県に集中的に多い。水流と同様に小さな平地に名づけられているが、水流が文字どおり川沿いであるのに対して、八重は山上や斜面の小平地に立地するものが多く、山深い奥地に多く見られる」（鏡味明克「宮崎県の地名」『宮崎県地名大辞典』月報32号）。②「なだらかな緩傾斜のある谷間」の意か。「日向の山村などの八重はなだらかな地形をさしているようである」（柳田國男・倉田一男共著『分類漁村語彙』）。**牛ヶ谷**の①牛は「憂し」の転で、**牛ヶ谷**は「地すべり崩壊のある谷間」の意か（例・滋賀県東近江市愛東町牛ヶ谷、ウシは憂しで地盤の不安定な土地の意。地すべり崩壊、洪水などの被災地。小川豊『あぶない地名』）。②牛はウス（薄＝浅＝小）の転で「小さな狭い谷間」の意か（例・㋐宮崎市高岡町大字五町牛ヶ谷、牛には石（いし）・浅（あさ）・内（うち）の転化が考えられ、牛の放牧地としての谷と、浅く狭い谷の両方が考えられよう。『宮崎市の小字地名考』。㋑島根県浜田市牛谷は短小な谷。吉田茂樹『地名の由来』）。③アイヌ語 us.i うシ（入江・湾）で（知里真志保『地名アイヌ語小辞典』）、縄文海進の頃の「入江の谷間」の意もあり得るか（「太古綾村海岸想像図」97ページ参照）。

㉕⑨ノリコエ＝のりこえ・㉖⓪久保田＝くぼた

(1)ノリコエは牛ヶ谷西北部北側の耕地山地。町道**古屋**・南城寺線が峠を越えて宮崎市高岡町大字五町字南城寺へ至る。**久保田**は**ノリコエ**北側の耕地。**ノリコエ**の奥地の山付き辺りを**奥畑**という（住民談）。

(3)漢字は**乗越**で「乗（山の稜線）を越える所」の意であろう。鞍部と同義（例・東臼杵郡椎葉村乗越は高峻な山の鞍部を通ずる峠。野間吉夫『椎葉の山民』）。**奥畑**は①「奥の畑地」、または②「奥の端地」の意であろう。

久保田は窪田の好字で「窪んで水がたまるような土地・田地」の意。

261 浜弓場＝はまゆんば・262 ゴク田＝ごくでん

(1)**浜弓場**は久保田北側の耕地。**ゴク田**は**浜弓場**北側の耕地で人家僅か。(2)「日向国諸縣郡綾名寄目録」の紙屋入野村竹脇門に「**濱いは**　下々田十九間十九間…」とある（『県史史料編 近世5』）。幕末から明治初期の綾郷では「身心の鍛錬を目指して相撲、剣道、捻打（曲がった木を手ごろに切り先端を削り刈田に打ち込んで相手を倒す競技）、ハマ投げ（輪切りの木で路面をころがし合う競技）、弓術、馬術等…毎年盛大に行われた」（『綾誌』）。(3)**浜弓場**は「ハマ（破魔矢の的）を弓矢で射る場所」の意であろう（例…東京都青梅市日向和田浜矢場、破魔矢が本来の文字。破魔は元来仏教用語で悪魔を打ち破ること、煩悩を打ち払うことを指した。筒井功『東京の地名 地形と語源をたずねて』）。浜射場・破魔弓場・破魔射場なども同義語。第七章の**浜射場・破魔打**参照。**ゴク田**は御供田で「**木森**神社への供物を弁ずるための田地」の意であろう（例…宮崎市南方町御供田、産物を神社やお寺にお供えするため、免税された田地。『宮崎市の小字地名考』）。「宮崎県児湯郡西米良村では、以前はどの宮にもゴクウデンがあって、潔斎してから白装束姿で田植えをした。…稲の取り入れも祓えをしてから行われたという」（『日本民俗大事典 下』）。

263 踊場＝おどりば

(1)**ゴク田**北東側の耕地で人家僅か。西側の**木森**水路に新田橋が架かっている（町道**権現通り**線）。(2)「鮎簗下待あば関の古文書」（文化11年［一八一四］）に「**踊場**　待あば関壱ケ所以下二番関まで」とある（『綾史』）。天保十一年（一八四〇）八月初めの大洪水の時、「**踊場**　川原除土手五十六間…」とある（同前）。(3)**踊場**は①「死者供養・祖先供養の踊りを行った場所」の意であろう。「天正十五年（一五八七）豊臣秀吉西征の時弟秀長が垂水城に駐屯した」（154ページ **城山**参照）。この時の戦死者供養の踊り場か（例…都城市山田町(ちょう) 山田踊り場、JA山田支所辺り。慶長4年（一五九九）庄内の乱の時、山田城（龍廻城(たつめぐりじょう)。役場辺り）の攻防戦で敵味方数百名の戦亡者が出た。落城の6月23日には弔慰供養を行い土地の人々が踊りを奉納する慣わしとなり、その場所が踊り場という地名になったという。瀬戸山計佐儀『日向(ひむか)の国 諸県(もろかた)の伝説』）。「踊り場といふ地名が遠く里離れた境線に在るのも、今日の盆踊から考へると不思議なやうだが、やはり本来は亡霊を送る行事だつたからである」（『定本柳田⑳・地名の研究』）。②「念仏踊り・盆踊りを行った場所」の意か（例：兵庫県氷上(ひかみ)郡山南町(さんなんちょう) 踊場(おどりば)ほか、念仏踊りや盆踊りなど庶民が踊る広場。多くは祖先供養のために始まったが、のち村民たちの遊楽行事に用いられた。丹羽基二『続 難読姓氏・地名大事典』）。③「雨乞いの踊り場」の意か（例：北諸県郡三股町(ちょう) 宮村小鷺巣踊り場、小平坦地があって、のぼりを立て鐘や太鼓を叩き、雨乞いをした所。宮村同志会編集委員会『宮村郷土史』）。

264 東＝ひがし・265 山田ヶ迫＝やまだがさこ

(1)**東**は**踊場**・**ゴク田**東側の山地。西側を小迫谷川が北流し、南西部に**一ノ谷**がある（住民談）。**城山(じょんやま)**を東の山という（同前）。**山田ヶ迫**は**東**の南側の山林地。(2)「日向国諸縣郡綾名寄目録」の紙屋入野村竹脇門に「**山田迫**　下々田十間五間壱反六畦廿歩…」とある（『県史史料編 近世5』）。第七章の**田畠の等級**参照。(3)**東**は①「鬼森権現・貴森権現の東方の山地」、または②「木森井堰の東方の山地」の意であろう。「木森の山林八反一四歩外俗称 堰山(イデノヤマ)及び城山を**木森井堰**の材料供給林として提供した」（『綾史』）。城山が東の山、堰山が西の山であろう。**244飯地**山参照。**一ノ谷**は「一番目の谷間」の意。**山田ヶ迫**は「山田の

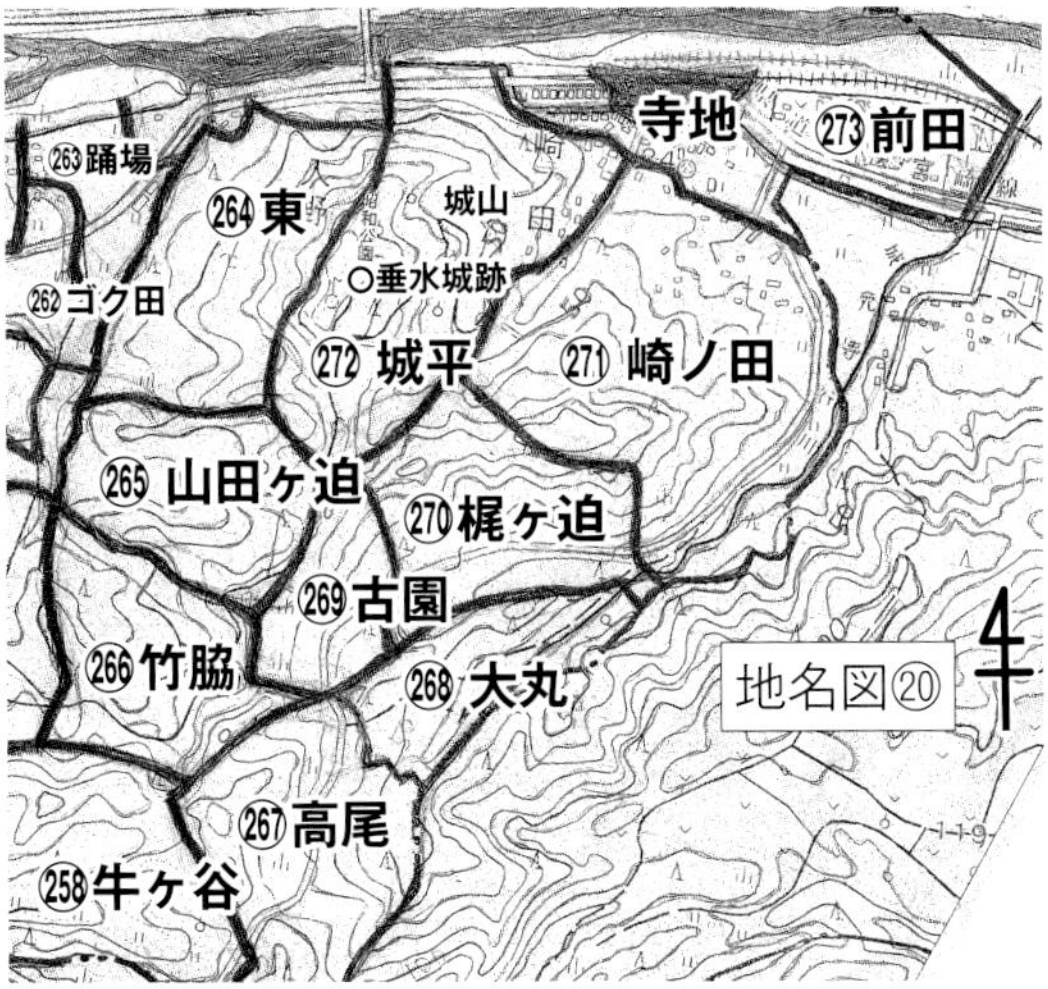

263踊場
264東
262ゴク田
城山
○垂水城跡
寺地
273前田
272城平
271崎ノ田
265山田ヶ迫
270梶ヶ迫
269古園
266竹脇
268大丸
267高尾
258牛ヶ谷

地名図⑳

ある迫」の意であろう。迫は22ページ参照。

266竹脇＝たけわき・267高尾＝たかお

(1)**竹脇**は**山田ヶ迫**の南側の山林地。**高尾**は**竹脇**東南側の山林地。　(2)**竹脇**は「元禄綾郷略図」に「竹脇」とある。「日向国諸縣郡綾名寄目録」の紙屋入野村竹脇門に「**高尾**　下々畠五間十六間…」とある（『県史史料編 近世5』）。　(3)**竹脇**は①「竹林の脇の地」の意か（例：都城市山田町大字竹脇、俗称竹脇、竹山ん脇の部落ち言うこっごわんそかい。瀬戸山計佐儀『都城盆地物語』）。**竹脇**北部や北側の**山田ヶ迫**には今も竹林がある。②「崖地の脇」の意か。**高尾**には地すべり防止区域がある（昭和62年3月指定。下に標示板の写真）。**高尾**は①「高い尾根」の意か（例：京都市右京区高尾山、タカヲ（高峰）の意で、山の高い所をいう。『日本地名事典』）。②「崖のある山地」の意か。地すべり防止区域がある（例：愛媛県松山市和気町高尾、タカは浸食による崖状地となる所。小川豊『災害予知と防災の知恵』）。

268大丸＝だいまる・269古園＝ふるぞの・270梶ヶ迫＝かじがさこ

(1)**大丸**は**高尾**北東側の山林地。**古園**は**大丸**北西側の山林地。**梶ヶ迫**は**古園**東側の山林地。　(3)**大丸**は①「大きな地すべり地・崩崖地」の意か。**高尾**に「地すべり防止区域」がある。「丸はマルグ（転）などから、崩崖・地すべり・斜面など崩壊・浸食地形を示すものもあるか」（『地名用語語源辞典』）。②「大きなこぶ状の山塊」（都丸十九一『続・

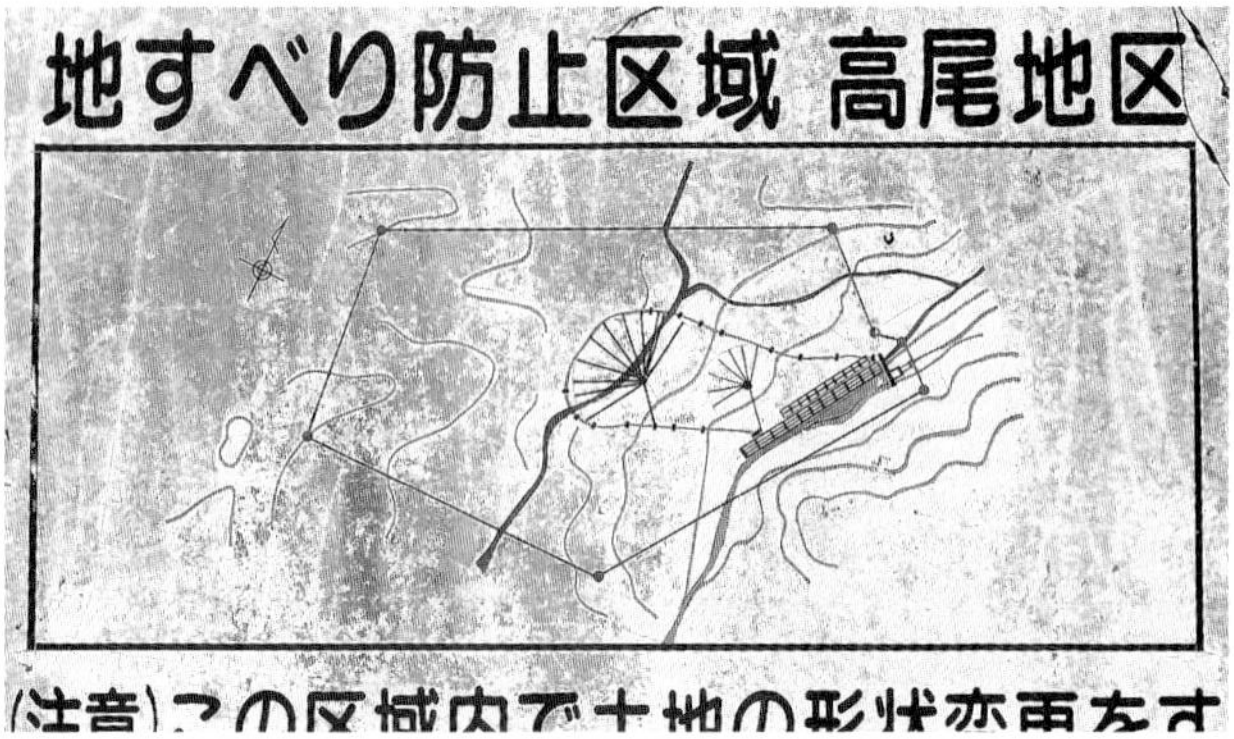

地すべり防止区域の「高尾地区」標示板

地名のはなし』）の意か。**古園**は「古い栽培園」の意か。**梶ヶ迫**は①「梶の自生する谷間」の意か。「カジ（梶）は堅木で、昔は特定の木ではなかった。それ故、多くの地名としてものこる」（丹羽基二『地名』）。梶はクワ科の落葉高木で樹皮は和紙の原料になる。②「紙の原料を採取した谷間」の意か（例：鹿児島県姶良郡加治木町、「カジノキ（梶の木）」で、紙や木綿の原料を採取した地をいう。『日本地名事典』）。③梶はカジ（掻・嚙）の転で「地すべり・崩壊のある谷間」の意か（例：高知県長岡郡大豊町梶ケ森、標高一四〇〇メートル、北斜面に崩壊地がある。小川豊『あぶない地名』）。

271 崎ノ田＝さきのた（旧行政区名。現在は**昭和区**。第七章の行政区参照）。

(1)**梶ヶ迫**の東北側、北東部に人家があり周辺は耕地。南西部は山林地。東側は国富町向高大坪に境する。**272**
城平との境を北東流する城平谷川（綾南川支流、下に写真）の下流域を崎ノ田谷川（下に写真）という。

(2)かつて城源寺があった（創建不明、『綾史』。明治初年廃寺か、『綾誌』）。「垂水城は約六七〇年前（一三二〇年頃）の室町時代垂水九郎右ヱ門なる武士が当時藩主伊東家の跡継ぎ問題の解決に努力した功により、築城を許されたという。これが**崎之田**に集落の出来た基だともいわれている」（内野義春「昭和公民館紹介」『公民館亜椰』平成4年5月号）。垂水九郎右ヱ門は長楽寺（131ページ参照）を創建した弁阿闍梨のこと。阿闍梨は密教の

土石流警告板にある川名「城平谷川」

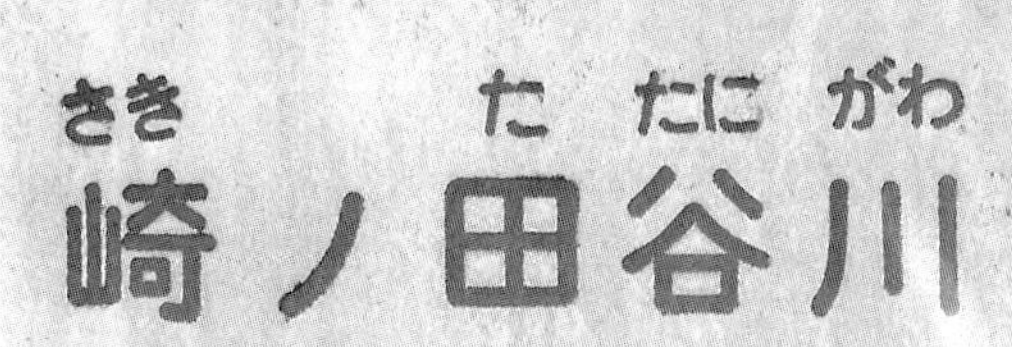

土石流警告板にある川名「崎ノ田谷川」

秘法を伝授する高僧。「伊能大図」に「入野村崎ノ田」とある（138ページの写真参照）。『日向地誌』に「崎ノ田八日町ノ南三町許ニアリ人家二十四戸」とある。「新田溝の向う側には崎之田の住家が続き水の汲口があり、橋がかけられていた。汲口と水車は昭和四十五年頃に姿を消した」（『綾誌』）。(3)崎ノ田は垂水城か城源寺の「東・前の田地」の意であろう。なお、昭和区の昭和は中国最古の古典『書経』（五経の一つ）の堯典「百姓昭明、協和万邦」による。「すべての人が安らかに。すべての国が仲良く」の意。

※寺名は「じょうげん寺」か「じょうげ寺」か「ぞうげん寺」か？

『綾郷土史』に「崎ノ田部落の墓地の南方の山の下に昔城源寺があった…」とある。『綾郷土誌』にも「城源寺」とあるが、土石流警告板の川名は「城元寺谷川」である（綾南川支流。下に写真）。『高岡名勝志』には「入野村之内城下寺地蔵堂一宇」とあり、『日向地誌』（守永村）には「飛地　向高村ト入野村トノ界字蔵源寺　田七段八畝」、「蔵源寺址　蔵源寺ニアリ宗派及ヒ廃毀ノ年月詳ナラス今地名トナル」とある。現在も国富町大字森永に字蔵源寺がある。出水哲朗氏も蔵源寺と言う。

272 城平＝じょうびら・〇城山＝じょんやま

(1)城平は崎ノ田西側の耕地山地で人家僅か。崎ノ田との境を北東流する城平谷川（綾南川支流。前ページに写真）に第1崎ノ田橋が架かり、町道川端・城平線が山頂の昭和公園に至る。城平山地は俗称「じょん山」（『綾史』）、「城山」（『綾誌』）という。(2)「日向国諸縣郡綾名目録」（一六七八年）の紙屋入

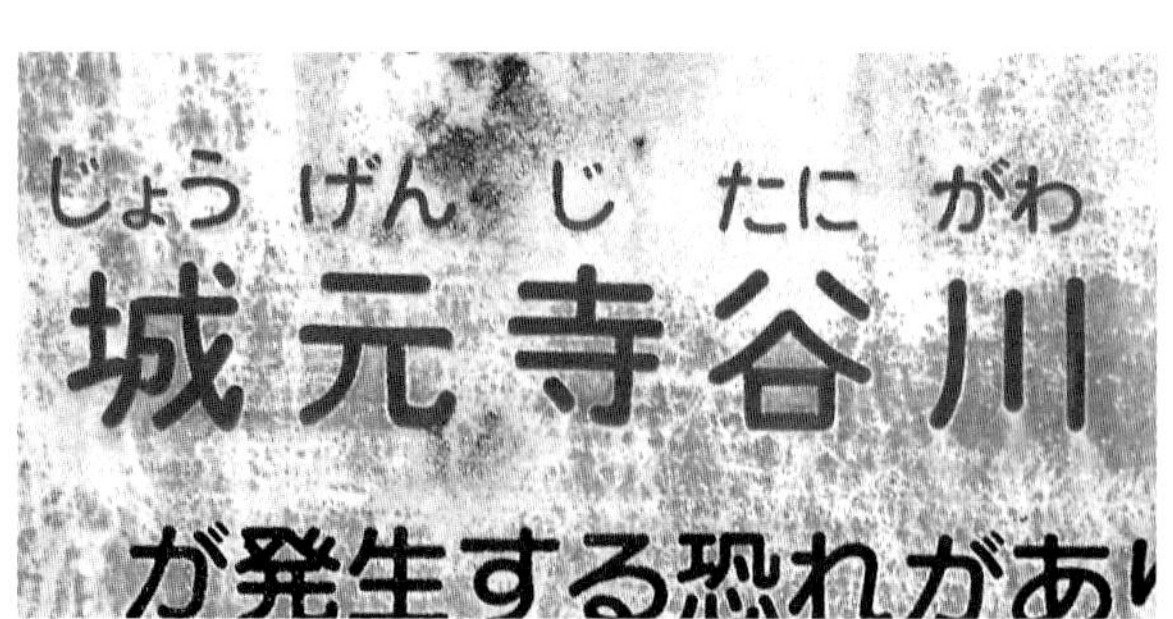

土石流警告板にある「城元寺谷川」

野村竹脇門に「**城ケ平**　山畑六間卅間…」とある（『県史史料編　近世5』）。「豊臣秀長（とよとみひでなが）ノ陣虚（じんきょ）　大字入野**崎之田**ニ在リ北ハ綾南川流レ断崖絶壁トナリ自然ノ要害ノ地タリ…天正十五年丁亥年（一五八七）豊臣秀吉西征ノ時其弟秀長日向口大将トシテ此ニ屯ス今其地ヲ**城山**ト称フ」（『旧綾郷土史』）。39ページの「綾舊地圖」参照。「明治二十七年頃**城山**には彌助松があった」（『綾史』）。

(3)**城平**は①「城山の小平地」の意か。②「城山の崖地」の意か（例：宮崎市高岡町大字下倉永字祇園城平、彼所の北の斜面即ち押川宅の上方一帯が「城平（城山の斜面）」と呼ばれている。高岡町文化財委員会編『たかおか』6号）。「じょんやま」は城山（じょうやま）の訛りで、「**城**のある（あった）山地」の意（例：児湯郡木城町（ちょう）大字高城字城山（じょうやま・じょんやま）、高城という山城がある地区で、南北朝時代から戦国時代にかけて戦いのあった所である。木城史友会『木城の地名』史誌第8号）。なお、城山（じょんやま（じょうやま））は音訓読み（重箱読み）、**115麓**の集落名**城山**（しろやま）は訓訓読みである。

彌助松は人名であろうが由来不明。

○万太郎峠＝まんたろうとうげ・○平床峠＝ひらとことうげ（下の峠図、『綾のむかし話①』より引用）

(1)**崎ノ田**と国富町向高の境界にある峠名の俗称。

(2)「昔垂水城の殿様に助けられた狐の親子が鳴き声で敵が来るのを知らせ恩返しした。以後母狐は**万太郎峠**に子狐は**平床峠**に住んだ。**平床**は出水（いづみ）家の元屋敷であった」（『綾のむかし話①』要約引用）。「**万太郎峠**は向高の上の原の地名、現在の高岡町と綾町との境にある。昔**万太郎**という狐が住みついていた」（国富町教育委員会編『国富町

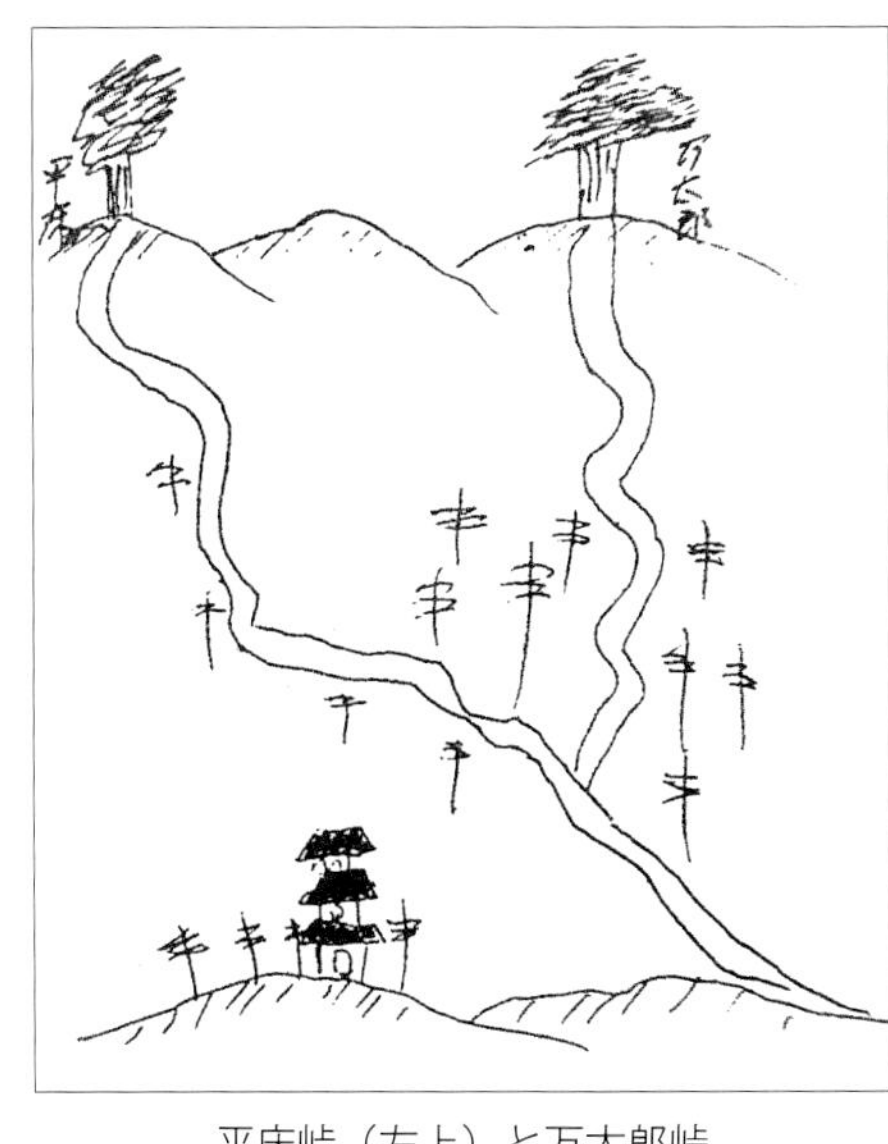

平床峠（左上）と万太郎峠

の地区名』)。(3)平床は①「平坦な小台地」の意か。②「ヒラ(傾斜・崖)のある小台地」の意か。

※垂水城跡＝たるみじょうあと

(1)**城平**にあった中世山城の跡地。『高岡名勝志』(一八二四年)に「入野村　古ル屋城　御仮屋より亥之方道法壱里八合程　但竹之内城又ハ垂水之城共申候　垂水何某居城と申傳候」とある。(2)『日向地誌』に「古城墟　**崎田**ノ高岡上ニアリ**竹ノ内城**又**垂水城**トモ云北ハ綾南川ニ臨ミ断崖壁立十二三丈東南ハ少シク岡阜ニ連ナル其嶺平坦広凡一段五畝土人ノ伝フル所ハ往昔垂水某ノ居ル所ナリト」とある。**垂水城**(**竹内城**)跡は昭和五十五年十月町指定史跡。「由来　中世垂水氏の祖垂水但馬(たじま)の居城跡と言い伝える」(『綾誌』)。「垂水但馬は**上畑**に長楽寺を正平元年(一三四六)年に創建した垂水弁阿闍梨(垂水九郎右ヱ門秀実)のことで、伊東家の跡継ぎ問題解決の功により居城を与えられた」という(松元捨雄氏談。271崎ノ田参照)。現在は昭和公園(以前は垂水公園)といい、綾町無線基地局の鉄塔が建つ。案内板に「七代にわたる垂水氏の居城として栄えた。山頂から約十(メートル)下に堀をめぐらし、室町時代の山城としての面影を残している。附近には**のろしの丘**もある」とある。「**崎ノ田**南部の山地尾根に一町歩程の平地があり、昭和三年(一九二八)までは出水氏が住んでいた。垂水城を守るための見張りをする「**のろしの丘**」であろう」(出水哲郎氏談)。「狼煙をあげる所は『火立番』とも呼ばれた」(青屋昌興『南日本の地名』)。

(3)**垂水**は「垂れ落ちる水」の意であろう(例：鹿児島県垂水(たるみず)市元垂水、垂水地名の由来は垂水城の崖下の岩間より清水が滴(したた)り落ち泉となり、住民の飲料水となったことに由来する。『鹿児島県地名大辞典』)。**竹ノ内**は**竹ノ内城**の下略で、「竹林に囲まれた館」の意か。現在も西側の急斜面は竹林で覆われている。「竹の内という屋敷名は家の周りに竹を多く栽えて要害に宛てたかと思う…中世には数多いものであった」(『定本柳田⑳・地名の研究』)。現在も地すべりや地震の防災のための竹林が至る所にある。②「館の内」の意か(例：広島県世羅郡甲山町東上原上谷地区の竹の下・竹谷、竹は館の音変化したものといわれ、一般に領主居館周辺で多くみられる地名である。前原茂雄「備後国太田庄の地名と景観」『地名を歩く 別冊歴史読本81』）。③「崖地の内」の意か（例・長野県上伊那郡中川村の竹ノ上・竹ノ内・竹ノ下、国道一五三号が高い崖地の中腹を通っている。松崎岩夫『長野県の地名 その由来』）。**のろしの丘**は「のろし（狼煙・烽火）をあげた丘」の意であろう（例・小林市野尻町の野尻保育園・墓地の辺りの遠目塚は、伊東藩の全盛時代は小高い丘状の地で、しのび寄る敵状を監察したり、狼煙の合図の連絡を受けるために遠くを見張り、野尻城に急報する場所であった。園田隆『南九州路をさるく』）。

273 前田＝まえだ

(1)**城平・崎ノ田**北側の耕地。人家は西部中部に多く**昭和**自治公民館（城里鎮守の館）がある。**木森**用水路に第2崎ノ田橋（町道**川端通り**線の終点）、第3崎ノ田橋（町道**崎ノ田**・南城寺線の起点）がある。**木森**用水路（新田溝）脇に石碑「垂水城跡入口二〇〇米」がある（下に写真）。国富町向高大坪との境に水門があり、城元寺谷川が北流する（綾南川支流、154ページに写真）。(2)「**崎ノ田**の新田溝沿いの住民は水の汲み取り口を設け、昭和四十五年以前は凡そ二百メートルの間に大小五基位の水車設備があった。水田への揚水目的であった」（『綾誌』）。(3)**前田**は①何かの「前方（東側）の田地」の意。垂水城か城山か城源寺か。②「直営田」の意か。「有力な神社・寺や特殊な屋敷などの前の田をいう。領主の直営田を**前田**という場合もある」（『宮崎市の小字地名考』）。

石碑「垂水城跡入口」

Ⅳ　南北両川の合流地域［地名図㉑①］

綾南川（本庄川）と綾北川（本庄川支流）の合流地域は綾盆地最東部の地域で、東側は国富町森永に境する（18・19ページの航空写真及び6・7ページの色分け大字図参照）。

㉗④水流＝みずあらい・〇吐合＝はきあい（地名図記載なし）**・〇ホギ＝ほぎ**

⑴**水流**は**前田**の対岸、綾浄化センター（平成16年12月完成）辺りの耕地。「入野の内に**向川久保**、**川原下**、**水流**となって此所で南北両川が合流する」（『綾史』）。**水流**辺りを**新田**（しんでん）の**クボ**ともいう（住民談）。**吐合**は**水流**の下流側で、東側の隣町・国富町森永の合流地辺りの俗称。**ホギ**は**八日町**東部辺りの俗称。「昭和四十二年**川久保**地区護岸工事一七五米施工　築堤　**崎田**対岸**ホギ**地区用地購入が完了した（水田・畑・山林）」（『綾誌』）。下流に隣接する三角合流地の国富町森永大王ノ下にほぎの川原（こら）がある（『国富町の地区名　土地の呼び名と俗名』）。⑵「日向国諸縣郡綾名寄目録」（延宝6年［一六七八］）の紙屋入野村**竹脇門**に「**水洗**」が七カ所、他に「**水流**下々田…」とある（『県史史料編 近世5』）。「公民館亜椰」（平成4年12月号）に、**東中坪**の清水良作氏の歌がある。「南北の二筋流るる綾の川　**川久保**下りて**吐合**で目出度く結ばる夫婦川」。「田畑開墾の古文書」（文化11年［一八一四］）に「**ほきの下**　大山野（うざんにゃ）　二反二畝程畠開…」と

ある（『綾史』）。**ほきの下**は**ホキ**の下流側の俗称。(3)流は洗の誤記で、**水流**は「川水によく洗い流される所」の意であろう（例：鹿児島県薩摩郡薩摩町永野水洗、雨水で洗い剝がれる場所に付けられた地名。青屋昌興『南九州の地名』）。**新田のクボ**は「新田脇の窪地」の意であろう。**吐合**は「川水が吐きあう＝合流する所」の意。**ホギ**は「川崖崩壊地」の意であろう（例：西都市穂北はホキ（崖）タ（処）、ホキは崖の意と共に崩れる処の意もある。小川豊「崩壊地名の事典」『日本「歴史地名」総覧』）。「ホケ・ホキ（崩壊）、もともと川の岸などの崖状に崩壊するところに命名されることが多い地名語である」（小川豊『危険地帯がわかる地名』）。**ほきの下**は「ホキの下方の地」の意（例：鹿児島県曾於郡末吉町深川ホキノ下、ホキはもともと崖のこと。ほとんど切り立ったシラス断崖のことが多い。土が深く「穿げる」という意味で使われているものと思われる。『南九州の地名』）。

275 八日町＝ようかまち

(1)**水流**南部の西側、東西に細長い耕地で人家僅か。元町橋（もと八日町橋、21ページ参照）北詰から北へ約百メートルの所に八日町橋（主要地方道南俣宮崎線の道路と一体化、郷鴫川）があり、すぐ東側に永田橋もある（町道提原・川久保線、同前）。地元では**元町**の東側にある「よか町」と自慢する（住民談）。元町橋左岸の下流八十メートルの堤防下に「入野村蔵跡」の石碑があり（下に写真）、裏に「鹿児島藩の年貢米倉があり川舟で宮崎鹿児島大阪に輸送した　平成二年三月」とある。

(2)「元禄綾郷略図」（一六九九年）に「総支配**八日町**」、「綾御蔵**八日町**」とある。「藩政時代、**八日町**字の一角に藩の米倉庫が建っていて、**蔵屋敷**と呼んでいた。米蔵のある屋敷にお稲荷様がお祭りしてあった」（『綾誌』）。

石碑「入野村蔵跡」

「蔵のあった所は石碑のある所辺りで**蔵後**（くらんうしと）といった」という（住民談）。稲荷様の所在等不明。なお、「蔵屋敷は明治四年（一八七一）七月の廃藩置県までには大部分が民間に移り、残りは官に没収された」（『新版郷土史辞典』）。『日向地誌』に「**八日町**　**古屋ノ東三町許ニアリ人家八戸**」とある。**蔵屋敷**も**蔵後**も消滅地名。(3)**八日町**は「毎月八日に蔵の出し入れをした町」の意。「**八日町**の地名は毎月八日に藩の蔵が開いて年貢米や現物納品を出し入れしていたことによる」（松元捨雄「入野村お蔵の跡」『公民館亜椰』平成2年11月号）。「入野村の蔵所があり、薩藩に属していた向高・田尻等の年貢の取り立て、年間七〇円の賦役の政所としての役目ももち、併せて毎月八日から十三日の間、小さな市がたち商いも行われていた」（「昭和公民館紹介」『公民館亜椰』平成4年5月号）。**蔵屋敷**は「米蔵のある屋敷」、**蔵後**（くらんうしと）は「蔵の後方」の意。

○流鏑馬馬場＝やぶさめばば

(1)**八日町**の綾南川左岸の堤防や河川敷辺りにあった馬場の俗称。消滅地名。(2)「綾南川左岸堤防工事（昭和34年［一九五九］）以前は、八日町橋（現・元町橋）から下方の**蔵屋敷**のあった所附近迄は、川と耕地の間に草原があり牛馬の運動場、また子ども達の遊び場として利用されていた。この草原を**流鏑馬**（やぶさめ）**馬場**と呼んでいた。入野神社の浜下りの御旅所になり、神事としての流鏑馬が行われていた。また、その馬場では昔の祭りには草競馬もあった」（『綾誌』）。(3)**流鏑馬馬場**は「流鏑馬を行う（った）馬場」の意。流鏑馬の語意は南俣**大明神馬場**、馬場の語意は第七章の**馬場**参照。

276 観音面＝かんのんめん・○郷鳴ノ前＝ごうしぎのまえ（ノは『日向地誌』による）

(1)**観音面**は❸**森元**の東北部に人家のある**下郷鳴**班の小区域。**郷鳴ノ前**は左の引用文や「綾町小字一覧図」によると、**郷鳴**南東部の小区域であるが消滅地名。(2)「**郷鳴**集落のはずれに**観音面**字（あざ）があり、飛んでは渡れない程の二つの大きな溝があり、溝と溝の間に馬頭観音が祭られていた」、「**観音面**字の一角にお庚申(こしん)様と呼んでいた石が建っており、誰が花を供えるともなく常に美しい花が飾られ、そこに俗にいう力石があった。道普請に出役した青年たちが力を競ったという力だめしの石であった」、「馬頭観音は大きな自然石が御神体で、青々とした松が数本生えていて、天にもとどくような老大木になっていた。その中の一本の根本はウト（穴）になっていた。この地を講中の者は**松の木の下**と称し、この松の葉が落ちる範囲の田は『秋まさり』の処と評価され、籾の収穫も多く上田とされていた」、「大正初期の二月、馬頭観音様の附近も畔焼きの火入れがなされた。関係者が安心しきって他の作業を続けている間に観音様の境内にも火が広がり、松の大木の根元のウトに入って燃え進んでいくのを誰一人として知るよしもなかった。…一晩中燃え続け東の空が白む頃、わずかに白い煙が立ち上るようになった。…数年経ずして往生した。里人から畏敬のあった馬頭観音の老松も、しまいには切り倒され、二つ割りにされて、溝の樋(とい)として最後は可愛がられ、重宝がられたのである」（『綾誌』より要約引用）。「昭和の初めまで小野コンクリート工業所があった」という（住民談）。『日向地誌』（入野村）に「飛地　**郷鴫(ガウシキ)ノ前**田五畝二十四歩」とある。「**元町貯木場**（22ページ参照）を起点にトロリー軌道が**郷鴫前**を通り綾営林署貯木場に通じていた」、「**郷鴫**と**八日町**との中間ぐらいの地点に、郷鴫川の下流と**郷鴫前**を流れる排水路が交差する所があり、水路には橋（森元橋）が架けられていた」（『綾誌』）。

(3)観音は観世音の略。①面はメン（免）の転で、**観音面**は「観音堂敷地の年貢免除地」「観音堂維持のための免租田」の意であろう（例：宮崎市下北方町観音免(ちょうかんのんめん)、観音寺の維持費用をまかなう田地で、田租を免じられた耕地。『宮崎市の小字地名考』）。薬師免・堂免・仏供(ぶく)免・天神免・灯明免・油免・修理免・屋敷免なども租税や課役を免除された土地である。②面は方面の略で、「観音堂の辺り」の意か（例：山形県南置賜(みなみおきたま)郡上長井村（現・米沢市）高野免(こうやめん)・地蔵免、高野免は荒野開墾の新田で一定の免租田があって斯く呼ばれていたと思う。地蔵免は神田等のように奉納米の免租地ではなく、単に位置を示す程度のものかも知れない。免と面の発音の混同で、地蔵面とは地蔵前という位の意味ではなかったろうかと思っている。山口彌一郎『開拓と地名』）。**松の木の下**は「松の老大木の辺り」の意。**郷鳴ノ前**は「**郷鳴の前方の地**」の意。**郷鳴**の語意は❹**郷鳴**参照。

○元町後＝もとまちのうしろ（比定地不明、地名図①）

(1)「綾町小字一覧図」によると、❼**中坪**東側の細長い小区域。(2)『日向地誌』に「飛地　**本町**（モトマチ）**ノ後**（ウシロ）田三段二十九歩」とある。「黒木利右ヱ門・やす夫婦の阿万家への長年の忠勤の功績をたたえ千歳に伝えるため、大正初年綾村と高岡村の有志（八人・五人）が相謀り**元町後**の**永田墓地**に記念碑を建立した」（『綾史』）。**永田墓地**は「**永田の中央辺りにあった**」という（住民談）。(3)**元町後**は「**元町の後方**」の意。

277上八日町＝かみようかまち（地名図①）

(1)❷**元町**東部への飛地。町道**西中坪**・**元町**線北側沿いの小区域。人家数戸。**八日町**ふれあい館がある。

(2)『日向地誌』に「飛地　**上八日町**　畑七畝十三歩宅地三段六畝八歩原野六畝」とある。

(3)**上八日町**は「上方（上流側・西側）の**八日町**」の意であろう。八日町の語意は**275八日町**参照。

278小川筋＝おがわすじ・279川原下＝かわらしも

(1)**小川筋**は**八日町**北側の耕地で人家僅か。**川原下**は**八日町**東部北側の耕地で人家はない。

(3)**小川筋**は「小川沿いの道筋」の意であろう。**川原下**は「**川原元の下方**」の意か。**282川原元**参照。

280向川久保＝むこうかわくぼ・281川久保＝かわくぼ

(1)**向川久保**は**274水流**（みずあらし）北側の耕地や綾北川（本庄川支流）流域の区域。綾北川に**川久保橋**（主要地方道宮崎須木線）が架かり、東詰に**川久保**バス停留所がある（下に写真）。**川久保**は**向川久保**の対岸（左岸）の東西に長い耕地で人家僅か。南側東側は国富町森永に境する。(2)「明治三十五年（一九〇二）、永久橋（川久保橋）の約五十メートル上流に渡船場があった」（『綾誌』）。(3)**向川久保**は「川向かいの**川久保**」の意、**川久保**は「川沿いの窪地」の意。

川久保バス停の標柱

282川原元＝かわらもと

(1)**向川久保**の西部北西側の耕地で人家僅か。大型店舗・木材工場・綾保育園（平成25年5月、**227平田**より新築移転）などがある。(2)『日向地誌』に「**川原ノ元溝**　西北股村ヨリ来リ本村ニ入テ東ニ流レ古川ニ至テ断ユ長五町余上流ハ幅一間下流ハ幅二三尺田十町許ノ灌漑ニ供ス」とある。(3)**川原元**は「川原のほとり」の意であろう。

283榎田＝えのきだ・284向新開＝むこうしんかい

(1)**榎田**は**川原元**北側の耕地で人家僅か。**川原元**水路に**榎田**橋（町道中川原・**榎田**線の終点、主要地方道宮崎須木線。道路化し廃止の時期不明）がある。**向新開**は**榎田**の西北側と北俣**102中川原**の東北側の耕地で人家僅か。堤防下に石碑「**宮原ヤブサメ馬場跡**」がある。(2)「日向国諸縣郡綾名寄目録」の紙屋入野村之内新仕明持留に「**向新開**　下田八間廿三間六畦四歩…」とある（『県史史料編　近世5』）。明治初期の頃、「綾北川では

宮原に入って**向新開**の堰に至る間、日本型船四艘がいて、運搬船として二艘、渡船として二艘がそれぞれ利用された」（『綾誌』）。「明治十八年（一八八五）三度目の井堰を上流（**向新開**）に移転し、補助を受けて延長百五十間の隧道を掘ったが、全く意に満たないものであった」（『綾誌』）。(3)**榎田**は①「大木の榎のある所・田地」の意であろう（例：宮崎市佐土原町榎田、榎の生えている所の近くの田地。『宮崎市の小字地名考』）。榎はニレ科の落葉高木で淡黄色の花を開く。②エ（江）ノ（助詞）キ（処）ダ（田）で「川近くの田地」の意もあるか（例：えびの市榎田、エ（江）ノ（野）キ（丘陵）タ（田）で、川岸の原野に丘陵がつきでている所にある水田地帯の意。えびの史談会「えびの」第9号。昭和51年）。**向新開**の語意は南俣**52**向新開参照。

285 別府向＝べっぷむかい・○宮原ヤブサメ馬場跡石碑＝みやばるやぶさめばばあとせきひ

(1)**別府向**は**向新開**西北側の耕地で人家僅か。綾北川に**入野**橋が架かっている（主要地方県道都農綾線、平成17年10月竣工）。宮原ヤブサメ馬場跡石碑は綾北川に架かる入野橋の右岸、やや下流の堤防下（旧入野橋堤防下、下に写真）にある。「江戸時代流鏑馬が催される馬場でヤクサン馬場ともいわれた」とある。

(2)『日向地誌』に「**別府下渡**　村人往来ノ間道ニ属ス宮ノ原渡ノ上流三町許ニアリ幅二十五間平時水深二尺五寸平時徒渉スヘシ張溢ノ時ハ渡船アリ冬月ハ独木橋ヲ架ス」とある。「明治末期**宮原**の**別府下渡**の川端には牛に木を引かせて運ぶ牛山車をしている幾人かの声が大きく小さく交錯していた」（『綾誌』）。「綾にある別府という地名は…**宮原**に**別府原**、**別府向**（**新別府**）…などである」（『綾史』）。「明治三十六年（一九〇三）頃ま

石碑「宮原ヤブサメ馬場跡」

では牛馬のセリ市も各村別々に行われ、綾では**八日町**馬場や**宮原**馬場等で行われた」（『綾史』）。「みけん様（明見神社）の秋祭りには対岸の**流鏑馬馬場**で草競馬も行われた」（『綾誌』）。**(3)宮原**は**別府原**〔はる〕ともいう（住民談）。**別府向**は「別府（宮原の一部）の川向い」の意。第七章の**別符**参照。**ヤブサメ馬場**の語意は南俣**大明神馬場**52ページ、及び第七章の**馬場**参照。

286 ヒタテ＝ひたて（地名図⑨）・**287 堂ノ木＝どうのき**（土地台帳の「堂ノ木」による）。（地名図⑨）

(1)ともに消滅地名。「綾町地籍図字図」によると、**ヒタテ**は**102 中川原**東北部の河川敷や流域辺りの小区域。**堂ノ木**は**ヒタテ**の西北側の河川敷や流域の区域。**(2)**『日向地誌』に「**樋立溝**〔ヒタテ〕　西北俣村ヨリ来リ本村ニ入リテ東ニ流レ古川ニ至リテ断ユ長凡二十町上流ハ幅一間下流ハ幅二三尺田三十町許ノ灌漑ニ供ス」とある。「入野橋のやや上流に**樋立**渡しがあった」、「昭和二十九年九月十三日の台風十二号の被害を受け、**日立**の農地復旧事業が行われた」、「昭和二十九年（一九五四）九月の台風の被害を受け、**堂木**の護岸災害復旧事業が行われた」（『綾誌』）。

(3)①ヒタ（**漬**）テ（**手＝場所**）で、**ヒタテ**は「よく水に浸る所」の意か。「常陸国風土記」に「常陸　袖を漬〔ひた〕す義」とある（岩波版）。なお、常陸にはヒタ（直）チ（方向・土地）＝「平坦な台地」説がある（楠原佑介『日本の地名 由来のウソと真相』）。②ヒ（樋＝溝）タツ（断）の転で「溝の断える所」の意か。**堂ノ木**の語意は**119 堂木**参照。

Ⅴ　入野東北部の平地台山地

入野東北部の平地台山地は、綾盆地東部を東南流する綾北川（本庄川支流）下流域左岸の宮原区・久木野々区の地域で、東側北側は国富町の森永・須志田に境する。

㈠　平地台山地 ［地名図㉒㉓］

㉘㊇ 岩堂＝いわどう・㉘㊈ 社前＝しゃぜん

⑴岩堂は綾尾堂橋（綾北川、町道北麓・市野々線。次ページに銘板の写真）の左岸北部辺り一帯の山地。東隣の島廻との境の立山谷川（綾北川支流）に第1・第2・第3立山橋が架かっている（町道立山線）。⑵「宮原の中心地より北西約千メートルの所に社前（ヤシロガマエ）がある。立山町有林に通ずる林道や田や畑があり、畑地は現在殆ど山林になっている。小山の中腹に広さ三坪位の洞穴（林道から一五〇メートル）があり、昭和五年頃まで高さ三〇センチ、幅二〇センチ位の神壇とも仏壇ともいえるものがあった。今住民はお伊勢さまと呼び時に参拝し御札が配られている。この洞穴が仏飯講燈明講と共にお伊勢講の名に隠れて一向宗（真宗）信仰の一つの隠れ場所であった」（松元捨雄「宮原の隠れ念仏露見」『公

民館亜椰』平成元年10月号)。(3)岩堂は①「岩窟の念仏堂」の意であろう。前項引用文参照。②単に「岩の洞窟」の意か(例：山梨県大月市賑岡町岩殿、岩の洞が殿堂のように立派にみえるので名付けたという。丹羽基二『苗字と地名の由来事典』)。社前は「社の前」の意であろう。

綾尾堂橋の親柱銘板

290島廻＝しまめぐり・291月ヶ平＝つきがひら・292尾堂＝おどう

(1)島廻はほぼ社前東側の耕地山林地。月ヶ平は島廻南側の耕地。町道立山線が通る。尾堂は月ヶ平西南側の山地耕地で人家僅か。尾堂川(綾北川支流。下流域は俗称ホタル川)に第1・第2尾堂橋が架かっている(町道新屋敷・川久保線、町道宮原・尾堂線)。(2)「明治八年(一八七五)宮原地先より森永に跨る水路ができ尾堂地先に井堰もでき菅ケ迫池、長迫池が設置された」(『綾誌』)。(3)①島廻は「島状の小高地の周辺」の意か。②「集落にある谷間」の意か(例：宮崎市糸原の島廻、廻は迫・谷のことで、集落にある迫・谷であろう。『宮崎市の小字地名考』)。③「崖地の辺り」の意か。「シマはシバの転で崖地、廻はミ(廻)で辺りとも考えられる」(『古代地名語源辞典』)。月は尽き・漬きの転、平は崖地・平地の転で、月ケ平は①「台地先端の崖地」、または②「よく水に漬かる平地」の意であろう。尾堂は①「御堂」の意であろう。「山地の中腹にある山の神や大将軍の祠にちなむ」という(松元捨雄氏談)。②「小さな洞穴」の意か。

293宮原＝みやばる(行政区名、第七章の行政区参照)

(1)尾堂東側に174小山田があり、その東側の耕地で人家が多い。「綾にある別府という地名は錦原に中別府、宮原に別府原、別府向(新別府)…などである」(『綾史』)。宮原の北部一帯は通称新別府という(『綾のむかし話①』）。東側の294中袋との境を通る町道宮原・東新別府線より東側を東新別府、西側を西新別府という（住民談）。主要地方道都農綾線沿いに宮原簡易郵便局やバス停留所がある（平成24年6月、宮交バス開通、下に写真）。

⑵「島津忠国宛行状」（永享5年［一四三三］）に「嶋津御庄日向方諸縣庄之内入名幷宮原村…」とある（『県史史料編　中世2』）。「細川義廉から四世の支族小次郎義春は宮原に住した。現在の新松氏宅地一帯である」（『綾誌』）。『高岡名勝志』に「高岡郷入野村宮原　大将軍　神躰座木像高サ八寸…」とある。大将軍の由来等不明。『日向地誌』に「字地宮ノ原　本村ノ東綾北川ノ東北岸ニアリ人家七十戸」、「宮原渡　隣村往還ニ属ス綾北川ニアリ幅三十二間平水深二尺五寸平時徒渉スヘシ冬月ハ独木橋ヲ架ス漲溢ノ時ハ渡船アリ」とある。旧入野橋（現在の橋のやや下流）北詰のやや下流の水門（入野第一排水樋管）の脇に石碑「宮原渡し場跡」（左下に写真）があり、「江戸時代から明治時代まで隣村往還（日向官道）の渡し場跡」とある。「明治期以前から宮原渡しのあたりまで舟が往来して物産の積み出しをしていた。宮原渡しに舟番屋があり、渡し賃をとって交通の便をはかっていた」（『綾誌』）。現・入野橋北詰の主要地方道都農綾線西側脇に二つの石碑「宮原小学校跡　綾町」（北側の新松氏宅地辺り、住民談。低い石垣がある）と「入野村役場跡　綾町」（松元捨雄氏宅地、『綾誌』）があり、「明治三年に寺子屋を廃して明治十七年まで小学校があった」、「明治五年から明治

宮原郵便局前バス停の標柱

堤防下の石碑「宮原渡し場跡」

十七年まで役場があり戸籍事務を取扱った」と刻まれている。

(3)**宮原**は地元では伝説地名と信じられている（松元捨雄氏談）。①神武天皇の兄君、三毛入野命が現在の**スミ床**の三毛入野命遺迹地（173ページ参照）に逗留された時の「仮宮のあった原野」の意か（例・鹿児島県加世田市宮原、瓊瓊杵尊が皇居を建てたと言う伝説に由来するとの伝説がある。竹屋神社がある。『南九州の地名』）。②「お宮のある（あった）原野」の意か（例・宮崎市田野町宮原、神社のある原野（集落）。『宮崎市の小字地名考』）。③「神社近くの開墾地」の意か（例・熊本県八代郡宮原町、古くはミヤノハルともいい、開墾地のことかもしれない。『市町村名語源辞典改訂版』）。④宮はミ（水）ヤ（湿地）で（同前）、「低湿地の開墾地」の意か。57**宮田**参照。**宮原**は**別府原**ともいう（住民談）。**別府原**は「別の官符による開墾地」の意であろう（例・宮崎市吉村町別府原、別府（別符）は、平安末期以後の荘園地名の一種で、国司・郡司によって新しく認められた田地のある所。『宮崎市の小字地名考』）。**新別府**は「別の官符による新開墾地」の意であろう。第七章の**別府**参照。三毛入野は三毛野が普通で、「御食を作る畑のある野原」の意（『折口信夫全集⑳』）。三毛は「御食の意で、神前などにそなえる食糧を調達した土地をいう」（『日本地名事典』）。

294 中袋＝なかぶくろ

(1)**宮原**東側の耕地で人家が多い。明見神社（永正7年［一五一〇］都於郡城主伊東尹祐勧請。昭和5年［一九三〇］以前は妙見神社）が鎮座し、北側に**宮原**営農センター（公民館）がある。神社前に町指定天然記念物のイチイガシがあり、平成二十九年三月みやざき新巨樹百選に指定された。主要地方道都農綾線の東側を通称**東宮原**、西側を**西宮原**という（住民談）。(3)**中袋**は①「中が袋状に入り込んだ所」の意であろう。かつては袋状の入江か池があったのであろう（例・東京都豊島区池袋、池が陸地の方へ袋状に入り込んだところを意味している。筒井功『東京の地名 地形と語源をたずねて』）。②「中が低湿地」の意か。「袋はヒクド（低所）の転か。

池袋・沼袋などは低湿地の地名らしく思われる。」（『地名語源辞典』）。

295新屋敷＝しんやしき・296北ノ薗＝きたのその・297萱迫＝すがさこ

(1)**新屋敷**は中袋北西部北側の耕地で人家僅か。西部に新屋敷共同霊苑がある。298前平に小区域の飛地・新屋敷がある。**北ノ薗**は宮原北側の耕地牧場で人家僅か。**萱迫**は月ヶ平東北側の耕地。**萱迫池**（明治8年［一八七五］完成。『綾史』）がある。 (2)「町道**宮原**・**東新別府**線辺りの低地を**新屋敷**谷といい、新屋敷谷のほとり善居井川の窪地からは今も水が湧き出ている」、「かつては**新屋敷谷**は飲料水として広く利用され、湧水量も多かったせいか、**前平**からもタンゴをかついで水汲みに来ていた」（『綾誌』）。『日向地誌』に「**萱ヶ迫池**　本村ノ北ニアリ縦三十二間横十八間周囲一町四十間隄高一丈敷十二間馬蹈二間三尺深三仞」とある。 (3)**新屋敷**は「新たな屋敷地」の意。**北ノ薗**は「北側の栽培園」の意であろう。**萱迫**は「萱が自生している谷間」の意であろう。萱はカヤツリグサ科の多年草の総称で、笠や簑の用材。

298前平＝まえびら・299平原＝ひらばる

(1)**前平**は**萱迫**・**北ノ薗**の東側の耕地山地で人家僅か。中央部北側辺りを愛宕山、南部辺りを**愛宕山の下**という（『綾誌』）。**平原**は**前平**の東側の耕地で人家が多く、南部に**宮原**団地がある。 (2)『高岡名勝志』（一八二四年）に「入野村**前原**　愛宕権現　神躰座木像高サ一尺一寸主取**宮原**相中」とある。**前原**は**前平**の誤字か。『綾郷土史』に「**平原**権現　徳治元（一三〇六）丙午九月二十九日　入野村**宮原**　御神体　鏡一面亘り三寸五分」とある。 (3)**前平**の語意は166**前平**参照。**平原**は「平坦な原野・開墾地」の意であろう。

300桑水流＝くわづる

(1)平原東南側の耕地で人家僅か。**桑水流**バス停留所がある（平成24年6月宮交バス開通、次ページ下に標柱の写真）。**桑水流**西部を**東片前**、**平原**を**西片前**という（住民談）。町道**八町**・**東片前**線や**西片前**・**前平**通り線が通る。**寺坂**は**平原**北部の坂道。(2)『日向地誌』に「観音寺址　常楽寺ノ南三町許**宮原**ノ内字**桑津留**ニアリ宗派及ヒ廃毀ノ年月審ナラス今宅地トナル」、「常楽寺址　**宮原**ノ内字**片前**ニアリ宗派、廃毀ノ年月審ナラス今宅地トナル」とある。また、田の神と水神について「集落名**片前**　所在地**寺坂**　型式切石　建立者**片前**講中」とあり、「**片前**の山の川が飲料水として利用されていた」という（『綾誌』）。(3)桑はクハ（潰端・崩端）で、**桑水流**は「崖下の川沿いの小平地」の意であろう（例：延岡市北方町桑水流（ちょうくわづる）、水流は川ぞいの小平地の意味。…桑は崖を意味するクワ（高千穂町の崩野（くえの）峠などのクエと同じく、崩れ、崖の意）へのあて字。すなわち桑水流とは崖下の川沿いの土地の意である。鏡味明克「宮崎県の地名」『宮崎県地名大辞典』月報32号）。**片前**は「カタ（肩＝台地）の前方の平地」の意。**寺坂**は「常楽寺へ往来する坂道」の意であろう。

桑水流バス停留所の標柱

301 一ツ堂＝ひとつどう・〇馬場崎＝ばばさき・302 四反田＝したんだ

(1)一ツ堂は**桑水流**東側の耕地で人家僅か。**馬場崎**は一ツ堂・**八町**・**八町下**一帯の俗称で（住民談）、町道名（南馬場崎通り線・下馬場崎通り線）に使われており、「町道**新屋敷**・**川久保**線は通称**宮原**中央線といい、**宮原**から**馬場崎**を連絡している」（『綾誌』）。**四反田**は**桑水流**と一ツ堂の北側の耕地山林地で人家僅か。**四反田**古墳・**王ノ塚**古墳（ともに円墳、昭和8年県指定）がある。**四反田**の東端部に飛地の178**谷尻**がある。121ページ参照。(3)一ツ堂は「一つだけのお堂」の意。「国富町森永市野々にある三つのお堂と区別するため一ツ堂といったのであろう。今お堂はない」という（松元捨雄氏談）。**馬場崎**は「馬場の前方・末端の地」の意であろう。**馬場**の語意は第七章の**馬場**参照。**四反田**は①四反田原の下略で「広さ四段の原野」の意か。②一段高い上の段の**スミ床**に対して「下の段の地」の意か（松元捨雄氏談）。（例：小林市野尻町大字三ヶ野山相牟田シタンヤシキ、後方の上の原から見れば下の段にあたることから言われたものと想像できる。園田隆『南九州路をさるく』）。

303 スミ床＝すみとこ・○峯スミ床＝みねすみとこ・○上・下萩ノ窪＝かみ・しもはぎのくぼ

(1)スミ床は**四反田**の西側と北側の耕地山林地で人家僅か。スミ床公園墓地・**宮原**公園がある。**峯スミ床**はスミ床内の俗称で県指定の王の塚古墳がある。三毛入野命御遺迹の伝承がある。次ページ参照。「綾町地籍図字図」によると、**上・下萩ノ窪**はスミ床北東部の飛地のような極く小区域である。**(2)**覚永山長寿院松原寺（文亀元年［一五〇一］以前の創建。慶応3年9月廃寺。『綾史』）があった。『日向地誌』に「松原寺址眞言宗高岡高福寺ノ末派ナリ観音寺ノ北四町許**宮原**ノ内**炭床**ニアリ慶応三年丁卯九月九日廃ス今畦圃トナル」、「入野**宮原**の中央の高原地帯を**スミ床**といい…」とある。「**宮原スミ床**の北隅**出櫓**と称する小丘が三毛入野命の行在所跡であると言われている」（『綾史』）。「出櫓砦趾　入野**宮原**ノ高原ニ在リ…上古三毛入野命ノ行在所ノ跡ナリ天正六（一五七八）年島津義弘ハ綾ニ攻入リ**出櫓**ニ砦ヲ構ヘ伊東義祐軍ハ八代村小田原ニ砦ヲ作リ相対峙セシガ地面ヤ、狭キ為櫓ヲ作リ之ニ依リテ攻立テシカバ遂ニ伊東氏サ、ヘ兼ネテ都於郡城ヘ籠城セシト云フ、**出櫓**ノ名之ニ依ルト云フ」（『旧綾郷土史』。『綾誌』も同様の記述）。

(3)スミ床は①「住み良い所」の意か（松元捨雄氏説）。綾の方言で「住む所を**スミトコ**」という（『綾史』）。②炭はスミ（隅）の転で「台地の隅（奥）にある墳丘」の意か。「トコは墳丘の意として使われることもある」（『古代地名語源辞典』）。③床は一段高い所で「奥の台地」の意か。**峯スミ床**は「**スミ床**の神聖な区域」の意であろう。「みね（峰）のミは神のものにつける接頭語。ネは大地にくいいる山の意。原義は神聖な山を意味する」（『岩波古語辞典補訂版』）。**萩ノ窪**の語意は南俣**73萩ノ窪**参照。

※三毛入野命御遺迹＝みけいりのみことごいせき

「三毛入野命御遺迹　大字入野ニ在リ伝説ニ依レバ入野ハ往古神武天皇ノ皇兄三毛入野命御東征前霧島山ト天磐戸ニ往来シ給ヒシ時ノ行在所ニシテ今畦圃ノ北隅**出櫓**ト称スル小丘ガ其ノ御遺迹ナリト云フ…小丘ノ中央ニ天ノ（ママ）塚（王ノ塚の誤写か）ト称スル陵墓アリ、隆然トシテ円形ヲナシ高サ三米周囲十一米半アリ多クノ陪塚其ノ近傍ニ点散ス」（『旧綾郷土史』。『綾史』も同様の記述）。

※鐙川＝あぶみがわ・**鼓川**＝つつみがわ

(1)**鐙川**と**鼓川**は同じ川の別称か部分的な呼称であろう。**鐙川**は**300桑水流**と**179八町**との境、及び**八町**と**180八町下**との境を東流する小川で森永川（本庄川支流）に注ぐ。「かつては**桑水流**の川幅の広い所で五～六メートルもあり、鰻などもよくとって遊んだ」という（松元捨雄氏談）。(2)「入野**宮原**の中央の高原地帯を**スミ床**といい、…眼下に**鐙川**清く流れる一望快濶の地である」（『綾史』）。「今畦圃ノ北隅**出櫓**ト称スル小丘ガアリ…眼下ニ**鼓川**清ク流レ…一望快濶絶勝ノ地タリ」（『旧綾郷土史』）。(3)**鐙川**は①「狭い急崖のある川」の意であろう。（例：延岡市北川町鐙、急崖地の通行困難な所、アブミ（足踏み）で崖地をいう地名であろう。『日本地名事典』）。**鼓川**は「水音が鼓を打つように聞こえる川」の意であろう（例：鹿児島県鹿児島市鼓川町、瀬の音が遠くで鼓を打っているようだということで、鼓川と名前が付けられたと伝えられている。青屋昌興『南九州の地名』）。

304津々野＝つづの・**305二又**＝ふたまた

(1)**津々野**は**スミ床**北側の耕地山林地で人家僅か。**二又**は**津々野**西側の耕地崖地。町道**西新別府**・**後平**線と主要地方道都農綾線の交差点が二股地形になっている。(2)「綾にある別府という地名は、**宮原**に**別府**

原、**別府向**（**新別府**）、**津々野**などである」（『綾史』）。別符による開墾地があるか。　(3)①津々はツヅ（続）の転で、**津々野**は「長く続いた原野」の意か（例：大阪府富田林市廿山、十が二つ続いた字形から廿をつづと訓む。山の連なっているさま。『難読姓氏・地名大事典』）。②津々はツツ（包）の転で「崖地・山地に囲まれた原野」の意か。北東側の国富町との境は崖地が続く（例：同前廿山、ツツヤマ［包山］の意と思われ、丘に囲まれた山地を包山と称したのであろう。『日本地名大事典 下』）。③津々はツツ（蛇）の転で「蛇の多い原野」の意か。『折口信夫全集2』（「水の女」）に「『つゝ』といふ語は蛇（＝雷）を意味する古語である」とある。**二又**の又は叉（股＝分岐）の当て字で、道が二つに分れた所の意（例：京都府京田辺市三山木二又、道路の分岐点を意味する地名。『京都地名語源辞典』）。

306柳迫＝やなぎさこ・307年神＝としがみ（「**年神**」は土地台帳による）

(1)**柳迫**は**二又**西側の山林地。**年神**は**柳迫**の東側北側の耕地山林地。森永川に年之神橋（主要地方道都農綾線）が架かっている。　(2)**柳迫**は①「柳のある谷間」の意か。②「岩崖の発達した谷間」の意か。当地には崖地がある（例：福島県河沼郡柳津町、ヤ（イハ＝岩の転）ナギ（崖）ツ（場所を示す接尾語）の転で、「岩崖の発達した所」のことか。『市町村名語源辞典 改訂版』）。③「岩崖の発達した湿地の谷間」の意か（例：岐阜県羽島郡柳津町、ヤ［湿地］ナギ［崖］ツ［接尾語］の転で、「川沿いの湿地」のことか。同前）。「かつて国富町市ノ野地区では稲の豊作を祈り、村の守り神として村人のとおる**年之神橋**の辺りに祀っていたが、今は少し離れた林のなかにある。年の神は正月に迎える」（『大淀川・小丸川流域　川と橋の名前いわれ事典』、未刊）。

308後平＝うしとびら・309善八松＝ぜんぱまつ・310長迫＝ながさこ・311湯ノ谷＝ゆのたに

(1)**後平**は**柳迫**西側の山林地。町道**北麓**・市野々線が通る（市野々は国富町森永の地名）。**後平用水溜池**（長迫池（いけ）。明治8年完成。『綾史』）がある。**善ハ松**は後平西南側の山林地。**長迫**は善ハ松東北側の山林地。**湯ノ谷**は**長迫**北側の山林地。(2)『日向地誌』に「**長迫池**　萱ケ迫池（170ページ参照）ノ東二町許ニアリ縦三十五間横二十間周囲一町五十間堤高八尺…」とある。(3)「うしと」は「後ろ」の訛り。「薩隅方言はラ行音が弱いため、シの下でハシタ（柱）、ウシト（後）のごとくタ行となるのが特色である」（『全国方言辞典』）。（例：都城市では後ん山（うしとんやま）・後んあい（うしとんあい）（にある）地蔵さんという。瀬戸山計佐儀『都城盆地物語』）。**後平**は「集落の後ろの傾斜地」の意であろう。**善ハ松**は人名と松の木にちなむ地名であろうが、由来等不明。**長迫**は「行き詰まりの長い谷間」の意であろう。**湯ノ谷**の語意は**164湯ノ谷**・**316黒岩**参照。

312 久木ヶ尾＝くぎがお

(1)湯ノ谷北側の山林地。東部に久木ヶ尾池がある（『綾誌』）。久木ヶ尾谷川（同前）が東流して森永川（本庄川支流）の源流近くで合流する。(2)「昭和二十八年（一九五三）九月の第一次国有林の払下げは国有林の**立山**、**久木ヶ尾**と町有林**中尾**の一部と交換するというものであった」（同前）。(3)久木はクキ（岫）の転で、**久木ヶ尾**は「洞穴のある山裾・集落」の意か（例：宮崎市芳士釘坪（ほうじくぎつぼ）、くきつぼ（岫坪）の転化であろう。岫には山のほら穴、峰、山の頂などの意味がある。山の集落とか、山にほら穴がある集落とかの意味だろうか。『宮崎市の小字地名考』）。②「燃料採取地の山裾・集落」の意か。**114久木ノ丸**参照。③**久木**はク（崩）キ（処）の転で「崩落崖地のある山裾」の意か。④九鬼王伝説にちなむ地名か。

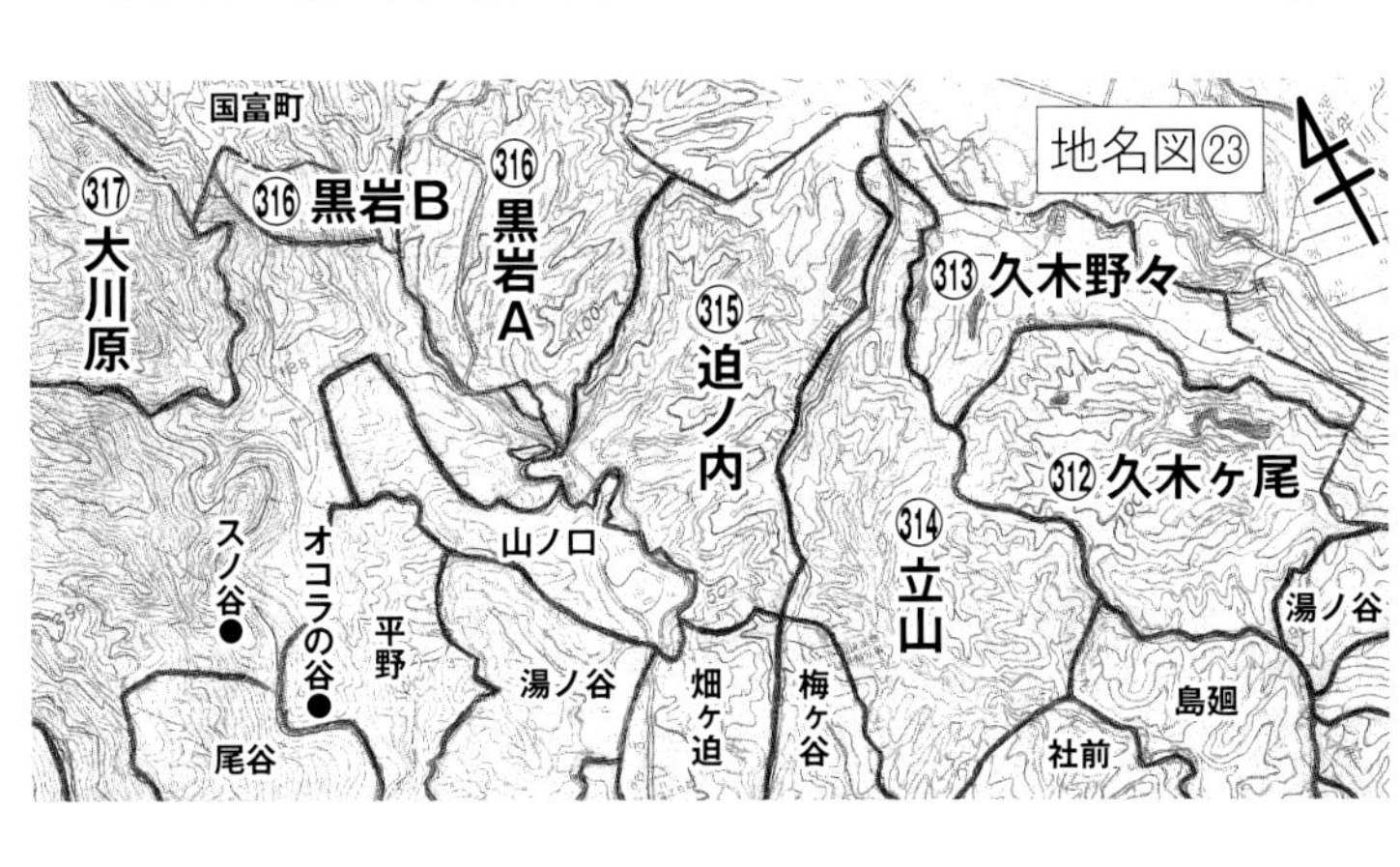

※九鬼王伝説（松元捨雄「三毛入野命の鬼退治」『公民館亜椰』平成3年12月号より要約引用）

「ある日、三毛入野命（神武天皇の兄君）が**スミ床**（住み良い所）の北側を流れる鼓川で釣りをしておられると、水面に上流の淵の上に住む童女の化身の美女の姿が写り、この池に九鬼王（クキオウ）という悪魔（大蛇の化身）が現れて私に無理難題をいい、大変困っています。九鬼王を退治して欲しいと懇願された尊（ミコト）は早速刀によって切り裂かれたが、不思議や、切れ切れの屍が一夜にしてもとの体に返り、また様々の禍いをなした。困りはてた尊は天の神に伺いを立てられ、お告げのとおり、頭部と手足をそれぞれ百尋はなして埋め、頭を埋めた所に宮を建てたところ、九鬼王の怨霊は鎮まり、童女の化身はやがて何佐羅姫となり尊の妃になられたという。**スミ床九鬼王**（**久木ケ尾**）の地名は今に字（アザ）として残り、今日も使っている。**久木尾の淵**は現在もウッソウとした木が茂り、今にも大蛇が現われそうな淋しい池で、灌漑用の池に使われている。」

313 久木野々＝くぎのの（行政区名。第七章の**行政区**参照）。

(1)**久木ヶ尾**の東北側北側の細長い耕地で人家僅か。町道**小田爪・久木野々**線沿いに**久木野々**公民館がある。中央部に**久木野々池**（熊五郎池）がある（『綾誌』）。(2)「元禄綾郷略図」に「**久木野**」、『日向地誌』に「字地　**釘ノ野**　宮ノ原ノ北一里許ニアリ人家三戸」とある。「本庄村須志田生れの青年富永熊五郎は明治四十二年（一九〇九）、**久木野**の開田に着手した。其の頃は茫々たる草原で非常な瘦地であったが、相当の工費を投じ一家の者も非常な困苦と窮乏に耐へ遂に十町余に及ぶ開田と開畑を完成した。一家は新開地に移転し逐次建物も完備して堂々たる豪農となった。余財を近隣に及ぼし地域社会への奉仕も怠らず多くの人に敬慕され幸福な晩年を送った」（『綾史』要約引用）。「**久木野々池**（**熊五郎池**）は大正元年十一月に着工、田地の灌水に苦心し昭和八年に開田、美田と化した」（『綾誌』）。(3)①**久木野々**は久木の野で、「燃料採取の山林原野」の意か。北俣114**久木ノ丸**参照。②久木はクキ（岫・洞）の転で「洞穴のある原野」の意か（例：『和名抄』長門国厚狭郡久喜郷など、洞穴のある崖地、山中に穴のある所をいう。『日本地名事典』）。③「高地の原野」の意か。④久木はク（崩）キ（処）で「崩落崖地のある原野」の意か。なお、野野には「広い平地」の意がある。

314 立山＝たちやま

(1)**久木野々**と**久木ケ尾**の西側の山林地。**迫ノ内**との境に第2小田爪橋（平成10年綾町道路網図）があり、町道**小田爪**・**久木野々**線が通る。立山谷川（綾北川支流）の源流があり東流南流する。(2)「旧藩時代入野村内には**立山**、**久木が尾**、**湯の谷**、**迫内**、**黒岩**、**大川原**、**椎屋**、**百が倉**、**小屋が谷**等に山林があり、山見廻り役を置き其の下に下役があった」（『綾史』）。「昭和二十八年九月の第一次国有林の払下げは国有林の**立山**、**久木ヶ尾**と町有林**中尾**の一部と交換するというものであった」（『綾誌』）。

(3)**立山**は「立入りを禁じた山林地」の意であろう。「狩りを行った御立山は御止（留）山ともいい、藩の直轄林で、一般領民の立入りは固く禁じられていた。藩の公的用材を調達したり、狩猟場や水源涵養林として保護された」（甲斐素純「鷹匠と狩倉―豊後岡藩の鷹狩り」『地名を歩く 別冊歴史読本81』）。「留山は江戸時代、住民に藩有林の伐採や狩猟などを禁止した山。住民の伐採などが許された山地は明き山・明け山」という（『大日本古記録下』）。「御林　江戸時代の領主管理下にあった保護林。公称として幕府の直轄林に使用されるのに対し、藩の直轄林は御立山（御建山）・御留山・御山などと称され、御林の呼称を避ける場合が多い」（『宮崎県の地名』）。「御山は江戸時代、幕府・諸藩の直轄する山林をいう」（『日本国語大辞典③』）。なお当地や周辺の山地は、五〇メートルほどの谷川から標高一六〇メートルほどの山林地で特に目立った山はないので、「切り立った高い山」の意ではあるまい（例・静岡県磐田郡龍山村は、天竜川中下流の山谷に立地し、タツヤマ（竜山）はタチヤマ（立山）の意で、切り立った山地をいう。『日本地名事典』）。第七章の**立山**参照。

315 迫ノ内＝さこのうち

⑴立山西北側に隣接する山林地で人家僅か。中央部を黒岩小谷川（湯ノ谷川支流）がほぼ西南に流れ、第五湯ノ谷橋の左岸で湯ノ谷川（綾南川支流）に合流する。⑵「藩政の頃（天保13年［一八四二］）、当時有名な盗賊芝之助が樋の元の溝（23ページ参照）で捕えられ、小田爪(おだつめ)の奥にて処刑された」（『綾誌』）。「迫内に仕置場があり」（『綾史』）、「小田爪の仕置場・迫(さこ)の内刑場(うちけいば)といった」（『綾のむかし話 第二集』）。「竹笹になる米粒のような実を取りに、綾の尾立、迫の内あたりに出かけて行ったと伝承されている」（『綾誌』）。⑶迫ノ内は当地の地形から「狭い行き詰った谷間の内側」の意であろう（例・・児湯郡木城町(ちょう)大字高城字迫(さこ)の内(うち)、通称地蔵の谷と云われる気持ちの悪い場所である。東側は川南町の西の別府古墳群で迫になっている。西側は木城町の「湯迫」である。両迫の内にあり「迫の内」と付いているようだ。木城史友会編『木城の地名』史誌第8号）。

316 黒岩A・B＝くろいわ

⑴迫ノ内西北側に隣接する山林地。湯ノ谷川に、第六湯ノ谷橋（黒岩橋）・第七湯ノ谷橋（湯屋橋）が架かっている（一般県道綾法ケ岳線）。第七湯ノ谷橋の南側で黒岩谷川（湯ノ谷川支流）が合流する。同橋のすぐ北側の綾法ケ岳線沿いに湯の谷資源活用クリーンセンター（平成6年3月開設、以前は昭和59年［一九八四］11月開設の湯ノ谷ヘルスセンター。平成27年6月廃止）があった。向かい側にはごみ処理場がある。⑵江戸時代から湯治場があった。「入野村久木野門(ママ)なる湯之尾迫(サコ)に湧き出つる薬り水は世に聞こえ高き薬師如来の鎮り坐す、真金山法華岳寺より午（南）の方十町ばかり坂道を下る所にあり…冷泉の水をなめ試みるに黄金の気あり…野山の奥なれはた、湯之尾迫てふ名のみ傳はる…」（『自凝舎(ジギョウシャ) 後醍院真柱先生伝(ゴダインミハシラセンセイデン)』昭和4年［一九二九］11月刊）。「小田爪の山ん神講の時には湯の谷（冷泉の出る場所）の冷泉を汲んで運ぶのが大変で

あった」（『綾誌』）。「**小田爪**から**湯屋**（黒岩字）迄馬車道があった。おそらく大正四年（一九一五）以降の改修である。昭和二十九年（一九五四）に**畑ヶ迫**に木橋を架設、昭和三十三年に**黒岩**より国有林地内に二、四〇〇米林道を開設した」（『綾誌』）。木橋は現在の第七湯ノ谷橋である。かつては湯屋とも言っていた（住民談）。

湯の谷資源活用ヘルスセンターの看板

(3)黒岩は①「黒い岩石のある所」の意であろう（例：延岡市北川町の黒岩峠（508メートル）、粘板岩の岩が黒く見えるので黒岩の地名が生じたとみられる。『日本山岳ルーツ大辞典』）。②「古い岩石」の意か。「クロには古い意もあり、古い意味の地名が多い。黒田、黒川、黒瀬など」（丹羽基二『地名』）。**湯之尾迫**は①「湯（冷泉）の湧き出る山裾の迫（行き詰まりの谷間）」の意であろう（例：那珂郡鏡洲村湯ノ谷冷泉、其質硫黄疝疾及ヒ諸瘡ニ宜シ其傍翁嫗住居ス俗客来ルアレハ標シ供ス。『日向地誌』）。②「最後の湯・奥の湯」の意か（例・鹿児島県伊佐市菱刈川南の湯之尾、霧島山麓の温泉で湯之尾より北には大きな温泉街がないので、温泉のある最後（尾）ということで、湯之尾の地名が付いたと伝えられる。『菱刈町郷土誌改訂版』）。

317 大川原＝おおかわら

(1)黒岩から離れた北西側の山林地。「綾町所在の国有林は**中尾**、**大川原**、**北浦**の三国有林に分かれておりそれぞれ**竹野**、綾担当区によって管理されている」（『綾史』）。**(2)**「嘉永元年（一八四八）日州御手山は関外四ヵ郷の鹿倉（11ページ参照）に拡大され、白炭山床勘場が綾**大河原**にも設置された」（『宮崎県の地名』）。御手山は「旧藩時代、島津氏の保護を受けた山」をいう（『鹿児島方言大辞典上』）。「鹿倉山に作業場を設けて事業を起こした山林を御手山といった」（上野登『再生・照葉樹林回廊―森と人の共生の時代を先どる―』）。

(3)大川原は①「大きい川原」の意か（例・・長野県下伊那郡大鹿村字大河原、山谷の中の広い河原に由来する。『日本地名大事典上』）。②「川原になった所」の意か（例・・同前大鹿村大河原、大河原は「河原になった所」のこと。『市町村名語源辞典改訂版』）。③大はアウ（合う）の転で「川の合流地」の意か（例・・京都府相楽郡南山城村大河原、役場のある本郷の辺は木津川湾曲部のデルタ地帯で、川と川とが合う出合いの地である。大河原はアヒカハラ（合河原）の転で、人と人とが出合い、川と川とが出合う所の意。吉田金彦『京都滋賀　古代地名を歩くⅡ』）。

(二) 山林地 [地名図⑫・町有林図・地名図⑧]

318 椎屋＝しいや（地名図⑫）

(1)158平瀬の北東側、及び157爰野の東側で、広い山林原野。椎屋谷を椎屋谷川が南流し椎屋橋の下流で綾北川（本庄川支流）に合流する。　(2)「元禄綾郷略図」に「**椎屋**」、『日向地誌』に「飛地　本村（入野村）の北字**椎屋**　田三段二畝十五歩切換畑三段二十七歩宅地七畝二十七歩山林十三町一段六畝十五歩原野十八町六段二畝藪六畝十歩」、「字地**椎屋**　釘ノ野ノ西北股村ノ内ニ飛フ綾北川ノ東岸ニアリ人家三戸」とある。「大正五年（一九一六）に**椎屋**に牧場を開設した」（『綾誌』）。「**椎屋原**牧場は大正八年創設、広さ七十町歩、放牧料一頭につき一ケ月一円五十銭であった」（『旧綾郷土史・郷土地理資料』）。「昔、竹野の川向いに**椎屋**の牧場という馬や牛の放牧場がありました。…牧場は傾斜地で畑はありませんでした」（『綾のむかし話①』）。「昭和三十六年（一九六一）八月**椎屋**に仮設の遊覧場を設け川開きをした」（『綾誌』）。

(3)当地の地形から、**椎屋**は「断崖上の原野」の意であろう（例・・㋐東臼杵郡椎葉村大字下福良上椎葉・下椎葉、椎は断崖や険しい地形の上にある平地の意、「しいば」とは「地形の険しい所の上」という意味である。『県史資料編　民俗2』。例・・㋑宮崎市高岡町大字内山小椎屋、険しい場所の上にある小平地。『宮崎市の小字地名考』）。

319百ヶ倉＝ひゃくがくら・320小屋ヶ谷＝こやがたに（左の「町有林地図」、「照葉樹林（町有林）の保護復元に伴う基礎調査図2　平成21年3月綾町」より引用）

(1)「照葉樹林（町有林）の保護復元に伴う基礎調査」によると、現在の**百ヶ倉**町有林は照葉大吊橋を頂点に南北に長い林地にまたがり、**千尋自然公園**がある（左に地図）。**79小屋ヶ谷**は**陣ノ尾**北側ノ広い山林地。現在の**小屋ヶ谷**町有林は**百ヶ倉**町有林の一キロメートル南側の東西に長い山林地。**広沢**ダム湖最北部北西側にも**小屋ヶ谷**がある。浦之名川の支流（川名不明）に照葉樹林1号橋（地番は**小屋ヶ谷**）が架かり、町道**照葉樹林線**が通る。(2)**照葉大吊橋**周辺の土地は、「昭和五十八年綾町が県有林及び国有林に隣接する綾南川に照葉大吊橋を架設することにしたため、川中キャンプ場として町に貸与していた箇所及び24・25林班の県有林31・39ヘクタールと、大字南俣字**大口**の綾町有林15・55ヘクタールが交換された」（『宮崎県林業史』）。『日向地誌』に「飛地　**小屋ヶ谷**　田二段一歩　山林四十九町一段七畝十歩　原野十九町一段三畝十歩芝地六町九段一畝二十歩」、「森林　**小屋ヶ谷**雑樹林　本村ノ西南股村ノ内ニ飛フ広四十九町余雑樹蓊鬱タリ官有ニ属ス中ニ少シク民有雑ル」、「原野　本村ノ西南股村ノ内**小屋ヶ谷**ニ広十九町余ノ原野アリ官有ニ属ス」とある。『諸県県有林』（宮崎県中部農林振興局）に「明治三十五年（一九〇二）に諸県官有林（皇室御料林）の民有下げ戻し申請がなされ、明治三十八年四月に**小屋ヶ谷**・**小椎尾**等の九十九町歩の払い下げ契約がなされ、諸県県有林の一部となった」、「昭和三十年頃、**板谷**のスギ模範林の一部の伐採にかかわった場所は、綾南川のつり橋近くの現在は二十一（ママ）世紀の森と

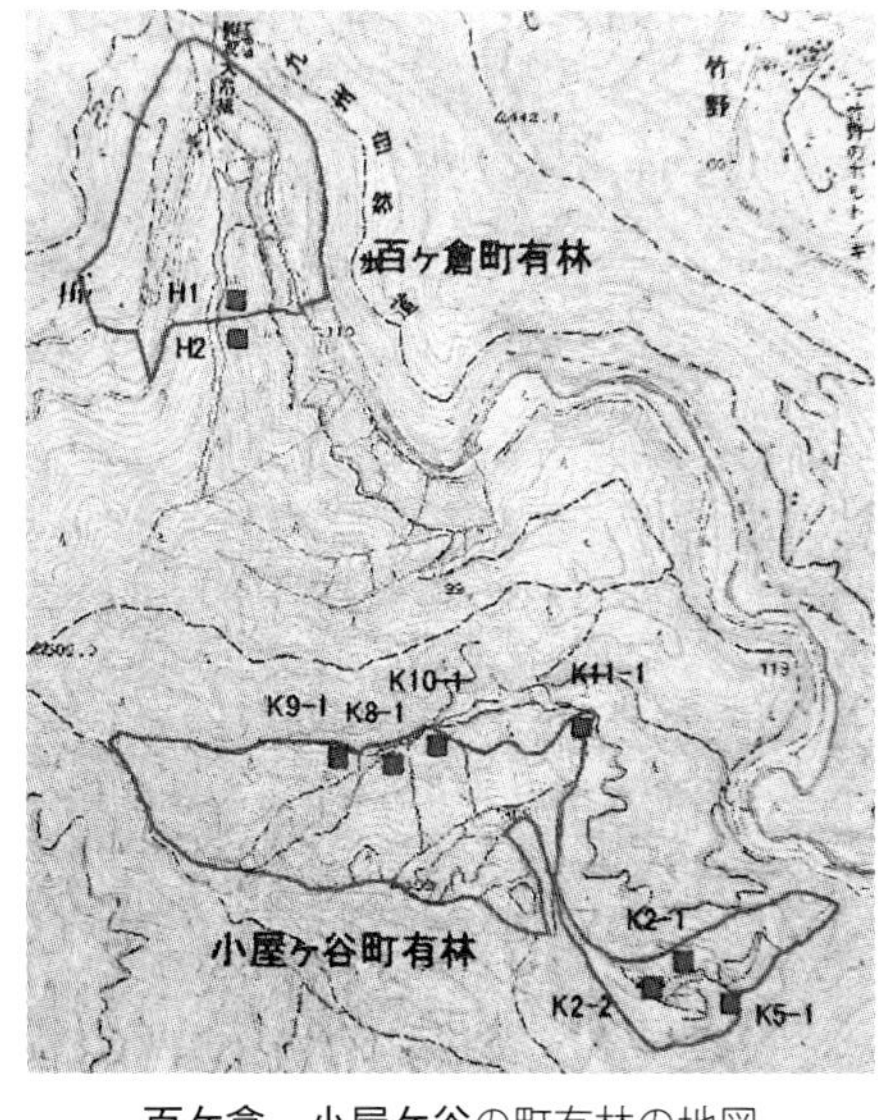

百ケ倉・小屋ケ谷の町有林の地図

して、スギとカヤの複層林となっている所です」、「諸県県有林赤木事務所主任交替引継書1（大正十年一月）」に「警備番人小屋 **小屋ヶ谷**一棟 **小椎尾**一棟」とある。(3)倉はクラ（剗＝崖・崩壊）の転で、**百ヶ倉**は「崖地・崩壊地の多い所」の意であろう。**小屋ヶ谷**は①「小屋（作業小屋・造林小屋・泊り小屋）のある谷間」の意であろう（例：東臼杵郡椎葉村不土野尾前上の**小屋が谷**、昔焼畑を行って作業用の小屋を作っていたので、この名があるという。吉川満『九州の沢と源流 改訂版』）。②小屋はコヤ（小野・荒野）の転で「小さな野の谷間」「荒れ野の谷間」の意か。**板谷**の語意は**板ヶ谷**130ページ参照。

321 小椎尾＝こじお（地名図⑧）

(1)「綾町地籍図字図」によると、83**釜牟田**Aの西側で、北側西側南側はすべて山林地。(2)「元禄綾郷略図」に「**小椎尾** 此所高岡支配」とある。前項の**小屋ヶ谷**(2)に引用の通り、**小椎尾**は「明治三十八年四月に諸県県有林の一部となり」、「警備番人小屋一棟があった。」（『諸県県有林』）。(3)①**小椎尾**は「狭まって行く小さい谷間」の意か。「シオはシボムの意で、狭まって行く谷地」の意（『民俗地名語彙事典上』）。（例：栃木県塩谷（しおや）郡、シホはシボの転で次第に狭くなる地形。塩谷は「奥にゆくほど狭くなった山間の湿地」の意。『市町村名語源辞典改訂版』）。②「小さな曲がりたわんだ谷間」の意か。「内陸にある塩の字の地名は…谷などの曲りたわんだ地形にいうことが多い」（『香川県地名大辞典』月報28号）。

※比定地不明の地名（古文書A・B）

A『宮崎県史　史料編　近世5』にある地名

①「日向国諸県郡綾名寄目録」（延宝六年［一六七八］）の紙屋入野村之内竹脇門に、「**下々屋敷** 八間七間弐畦廿歩…」、「**下屋敷** 十間廿間 六畦廿歩…」（1083ページ）、「**葛頭** 中田十六間三十三間 壱反八畦十八歩…」、

「**外平**　中田　十七間卅二間　壱反八畦四歩…」、「**長尾崎**　下々田　十四間廿間　九畦十歩…」、「**友田**　下田　廿三間三十間　二反三畦…」、「**向畠**　中畠　十壱間十七間　九畦廿七歩…」、「**葭ヶ迫**　山畠　十間廿五間　八畦拾歩…」、「**山下**　山畑　三間四間　拾二歩…」、「**外畠**　下々田　五間十六間　弐畦廿歩…」、「**同所**　下々田　七間八間　壱畦廿六歩…」、「**宮田**　山畑　六間八間　壱畦十八歩…」、「**奥ケ迫**　山畑　六間廿六間　五畦六歩…」、「**西乃原**　山畑　九間十五間　四畦十五歩…」、「**道下**　山畑　四間五間　廿歩…」とある（1085〜6ページ）。②紙屋入野村之内新仕明持留に、「**前川**　山畑　四間十五間　弐畦…」、「**同所**　山畠　五間十六間　弐畦廿歩…」（1087ページ）とある。

B『宮崎市高岡町古文書史料集㊃長野家ふすま文書』（高岡町研究紀要第5号、平成二十年三月）にある地名

○「入野村之内　字**糀ケ谷**　一小杉六拾四本。右者今般兵乱（明治十年西南戦争）ニ付、本年七月廿八日兵火ニ罹、私共所有之居宅并隠居家・馬屋悉皆焼亡…何卒特別之御憐助ヲ以奉願候通御許容被成下度、奉伏願候也　第九拾五大区二小区入野村百五十二番地居住　明治十年十一月廿一日　平民中村平左衛門（印）」（69ページ）。「入野村字**上坂**　一杉壱本　三尺弐寸廻程　但倒木。入野村字**中谷**　一同壱本　三尺五寸廻程　但同断…過般兵乱ニ付板橋惣而相失シ、別而不通用村方一同差込候仕合御座候、就而者昨九年風雨ニ付倒木本行通御座候間、右上畑両所橋木用として軽代金申受被仰付被下度、伏而奉願上候也　第九拾五大区二小区　入野村五十番地　明治十年十二月廿日　惣代人　上村善兵衛」とある（69〜70ページ）。

※比定地分類不明の地名（南俣・北俣・入野のいずれに所在するか不明の地名A）

A『綾郷土史』にある地名――**躵山**　しのびやま　古文書「熊の送り状」（文化四年［一八〇七］）に、「右者爰元**躵山**（しのびやま）ニ而取得候、熊壱丸……綾郷士年寄　四本万右ヱ門」、「右者**躵山**ニ而取得候ニ付…綾郷士年寄四本万右ヱ門」（『綾史』511・512ページ）。狩猟用語か。

第四章　綾川の川筋地名散策

『綾郷土誌』に「綾川上流地域の名称　綾南川・綾北川の地名図」がある（左に中央部分図）。綾南川（本庄川）・綾北川（本庄川支流）とも川筋の奥地まで細かく地名が付けられているのに驚く。「狩猟者・漁撈者には特定の場所を表す細かな地名が生活に欠かせない」（綾町猟友会会長小西俊一氏談。綾南川の川筋地名などについていろいろ教えてもらった）。

アイヌが付けたのではないかと想像したくなる。「アイヌはどんな小さな流れにも名をつけた」という（更科源蔵『アイヌの民俗』）。聞き取り地名などを加え「綾川の川筋地名」を本章に記載する。

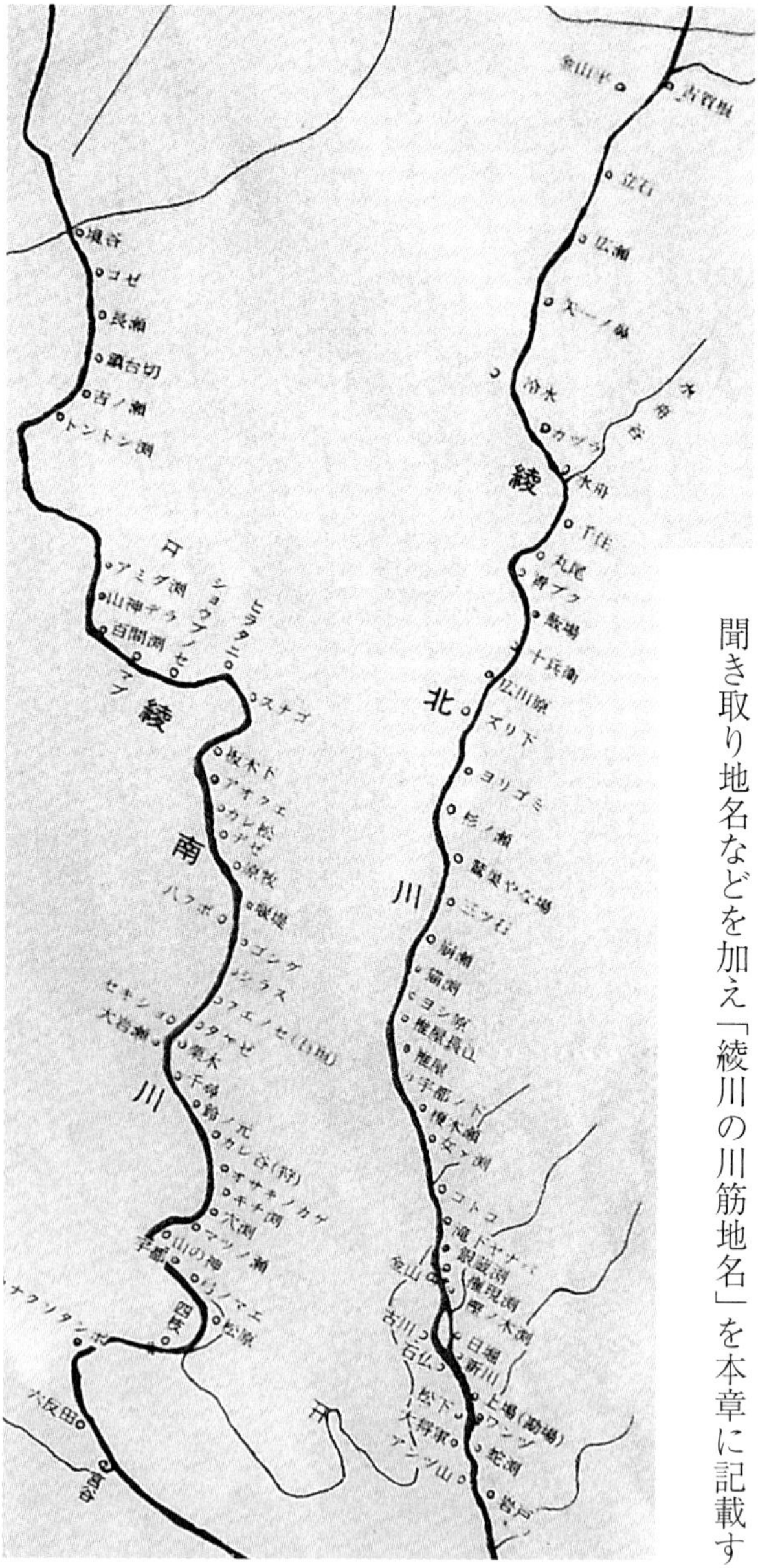

綾川上流地域の名称
［綾南川・綾北川の地名図］（『綾郷土誌』）

Ⅰ　綾南川の川筋地名

綾南川の川筋地名は南俣57宮田のカナクソタンポから流域に沿って下流から上流へと遡っている。

(一) カナクソタンポから大岩瀬へ

［川筋地名図①②］

○カナクソタンポ＝かなくそたんぽ・
○ニゴリタンポ＝にごりたんぽ

(1)**カナクソタンポ**は57宮田の南東部、**宮田谷**にある潮神社の下辺りの俗称。**宮田**参照。**ニゴリタンポ**は綾南川の左岸、南俣53**松原**にあった池であるが消滅した。(2)「昔**四枝**の向こうに**松原**というところがあって、畑や水田や**ニゴリタンポ**という池もあって、おじいさんとおばあさんは、崖の上の一本道を歩いて毎日仕事に行っていました。今は道がこわれて通れなくなっているけど…」（継松敏夫編『綾のむかし話第一集』）。(3)カナクソは金屎・金滓・鉄滓、タンポは水溜まりの意（綾町文化財調査委員会編『綾方言集』）で、**カナクソタンポ**は「鉄錆びの浮く水溜まり」の意であろう（例：岡山県英田郡美作町大字上相字金屎、カナクソは鉱滓か、鉄を鍛えるときに落ちる残渣で、鍛冶屋のあった所か。小川豊『災害予知と防災の知恵』）。タンポはタノホリ（田の堀）の約か。**ニゴリタンポ**は「濁った水溜まり」の意。

○弓ノマエ＝ゆみのまえ・○弓竹山＝きゅうちくざん

(1)弓ノマエ・弓竹山は綾南川右岸の入野204松原の対岸（左岸）辺りの俗称。消滅地名。(2)「慶長年中（一五九六～一六一五）長池義貴が南俣松原に居住し、辺地番守護となって此の地一帯を所有していた。所有地の川辺に約一町位の弓竹山があり年々鹿児島の弓師が弓竹を買い求めていた。天保十四年（一八四三）の大洪水の時其の大半は決壊した」（『綾史』『綾誌』）。『三国名勝図会第四巻』（一八四三年）に「竹木類　苦竹　当邑松原といへる地の竹、甚佳品なり、弓を製するによし」とある。(3)弓ノマエは「弓竹山の前方」の意。弓竹山は「弓に適した竹林の山地」の意であろう。

○ユンノフチ＝ゆんのふち

(1)入野210水久保の綾南川のきれいな淀みの俗称。(2)「ユンノフチ　絶好の飛び込みポイント。水底から水が湧いている。水深があり小学生にはちょっと怖い」（上畑自治公民館・日本自然保護協会ふれあい調査委員会編「上畑ふれあいマップ」）。「かつての遊び場。発電所の近く、ユンノフチの下の吊り橋から川に飛び込んで遊んだ」（てるはの森の会編『上畑 語り部 聞き書き集』）。「上畑地区地図」に「入野ふち」もある（同前）。(3)ユンノフチは「綾南川が弓状に曲がっている淵」の意という（小西俊一氏談）。

○宇都平＝うとのひら・○山の神＝やまのかみ

(1)宇都平は56宇都内の俗称。比定地不確定。山の神は56宇都内の俗称で、国定公園の石標がある所辺りという（小西俊一氏談）。(2)文化十一年（一八一四）の「田畑開墾の古文書」に「宇都平　大山野弐反程畠開…」とある（『綾史』）。第七章の土地の種目参照。(3)宇都平は①「宇都の小平地」、または②「宇都の開墾地」の意であろう。南俣56宇都参照。山の神は「山の神の祠がある所」の意。

○マツノ瀬＝まつのせ・○穴淵＝あなぶち・○キチ淵＝きちぶち

(1)マツノ瀬は山の神のやや上流の俗称。穴淵はマツノ瀬のやや上流の俗称。「穴淵は幅約七〇センチ、高さ約五メートル、奥行き約二メートルの小洞窟があり、魚の隠れ家であった」（宇都貞男氏談。宇都氏には綾南川の川筋地名などについて十数回教えてもらった）。**キチ淵**は**穴淵**上流の小さな淵の俗称。「川を渡ると梯子段があって山の中へ上がるようになっていた」（同前）。

(3)**マツノ瀬**は「松の大木付近か松林付近の瀬」の意であろう。**穴淵**は「小洞窟のある淵」の意という（同前）。**キチ淵**は「キチという人が引きこまれた淵」の意という（同前）が、委細不明。

○オサキノカゲ＝おさきのかげ

(1)比定地不確定。**キチ淵**の上流右岸、入野320小屋ケ谷東部先端の崖地辺りの俗称か。(3)①オサキは尾崎、カゲは日陰の所で、**オサキノカゲ**は「尾根の突端の日陰地」の意か（例：東臼杵郡椎葉村（そん）大字大河内字尾崎（おざき）、山の尾根の先端の意。小川豊『あぶない地名』）。②カゲは欠げで「尾根の突端の崖地」の意か。

○カレ谷＝かれだに

川筋地名図②

(1)**オサキノカゲ**の上流の谷の俗称。狩谷（かりたに）川（綾南川支流）に架かる狩谷橋（主要地方道宮崎須木線）の親柱に「**狩谷**」の銘板がある（下に写真）。**カレ谷**は宇都貞男氏も坂本眞一氏も**カリ谷**という（坂元眞一氏は綾町猟友会前会長。川筋地名などについていろいろ教えてもらった）。(3)①**カリ谷**は「狩りをする谷間」の意か。「よく狩猟にいく」という（小西俊一氏談）。②カリは駆りの転で「急流の谷川」の意か（例・愛知県刈谷（かりや）市、駆り立てる・谷川で、急流の谷川か。『あぶない地名』）。**カレ谷**は「水涸れのする谷間」の意か（例・山形県東田川郡立川町狩川（たてかわまちかりかわ）、カレカハ（枯川）の意で、水枯れを生ずる川をいう。『日本地名事典』）。

狩谷橋親柱の銘板「狩谷」

○鈴ノ元＝すずのもと

(1)狩谷上流の深い淵の俗称。「上流で水難事故があるとこの淵に流れ着く」という（宇都貞男氏談）。(3)①鈴はスズ（清水）の転で、**鈴ノ元**は「清水の湧き出る所」の意か（例・長崎県大村市鈴田、鈴は湧水の意味で、湧水が多く水田が広がったことによるという。『長崎県地名大辞典』）。②鈴はスズ（篠）の転で「笹竹の群生地」の意か（例・三重県鈴鹿市、スズ（篠）カ（処）で、細竹のある所の意。竹内俊雄『歴史地名の研究』）。

○千尋＝せんぴろ

(1)**鈴ノ元**辺りの俗称。南流する千尋谷川（綾南川支流）に千尋谷橋（せんぴろたにはし）（主要地方道宮崎須木線）が架かっている。橋から三〇㍍ほどの山中に高さ一〇㍍ほどの**千尋の滝**がある（次ページに案内板の写真）。(2)「明治三十七、八年（一九〇四、五）日露戦争の頃、綾内の荷馬車四十台を総動員し木材を搬出することになった。馬車道の特に危険な場所は千尋の坂で、馬車を五、六台も下の川に落としている。今千尋にある山神様も其の時建てたものである」（『綾史』）。主要地方道宮崎須木線から遊歩道が設けられている。「千尋河原へ下りて川遊びができる。ハルニレの高木が川辺に並んでいる」（綾の森を世界遺産にする会編『綾の照葉樹林ガイド』）。ハルニレはニレの別称。ニレ科の落葉高木で山地に生える。早春に黄緑色の小花を枝に付ける。

⑶千尋は①「長い坂道」、または②「長く広い川原」の意であろう。一尋は約一・八メートル。

案内板の「千尋の滝」と山の神の小鳥居

○タケゼ＝たけぜ・○クエノセ（石垣）**＝くえのせ**（いしがき）

⑴タケゼは千尋上流の小さな瀬、**クエノセ**は**タケゼ**上流の瀬の俗称。「長さ百メートル位の石垣が道路脇にあったが、今はコンクリートで整備され見えなくなった。いつも岩が崩れる所」という（宇都貞男氏談）。

⑶タケゼは竹の瀬、または滝の瀬の転で、①「竹の群生地付近の瀬」、または②「滝付近の瀬」の意であろう。**クエノセ**の語意は北俣**154**崩瀬参照。

○シラス＝しらす・○ヤスダ淵＝やすだぶち（聞き取り地名）**・○ゴンダ＝ごんだ**

⑴シラスは**クエノセ**上流の俗称で、「シラスが出る所」という（宇都貞男氏談）。**ヤスダ淵**は**シラス**上流の俗称で、「ここしか対岸に渡れない。よく鮎がかかった所」という（同前）。**ゴンダ**は**シラス**上流の俗称。

(3)シラスの語意は南俣72白砂参照。**ヤスダ淵**は人名ヤスダに関わる淵名か。由来語意不明。**ゴンダ**は①「低湿地」の意か。「ゴンダ（権田・五駄・五田）は低湿地」の意（鏡味『地名の語源』）。②ゴウ（川）ダ（田）で「川沿いの田地」の意か。

○栗木＝くりぎ・○セキショ＝せきしょ

(1)「川筋地名全図」とは異なり、**栗木**は次項**堰堤**下流の俗称。**セキショ**は**栗木**（の淵）のやや上流の俗称。(2)「昔むかしのこと。ある日しけがおさまって**四枝**（よつえ）におりゃったぢいさんが**上畑**の上の**栗木の下の淵**にしゅみけ（もぐり）に行って見やっておどろいた。今、発電所の堰堤があるところ附近らしい。川の淵から**栗木**の山まで木は全部倒れ、荒れ放題になって見るよす（様子）はなかったげな。村人は「あん淵にゃ竜が住んじょったつじゃが。そん竜がおおしけの日に、**栗木**（くりぎ）にのぼって行ったつじゃろ…そんとき山を荒したっじゃ！」、「ぢいさんがもぐりゃった時に川底にあったという大きな材木は竜じゃったじゃろ…と話していたげな」（『綾のむかし話①』）。「**栗木**の淵は川の流れが三角になっている所で、**栗木のまわり淵**ともいう。今も水遊びなどができる」という（宇都貞男氏談）。

(3)**栗木**は①「栗の木の群生地」の意であろう。栗の木はブナ科の落葉高木で、茶色のいがに包まれた実は黄色く甘い。材は堅く家具・家の土台・舟の艪・枕木などに用いられる。②クリ（刳り）キ（処）で「浸食地・崩壊地」の意か（例：愛媛県東宇和郡野村町栗木（ちょうくりのき）、地すべり地帯で肱川左岸の地。クリ（刳り）地名は浸食地名が多い。小川豊『災害予知と防災の知恵』）。**栗木の（下の）淵**は「**栗木**群生地の下の淵」、または「浸食地・崩落地の下の淵」の意であろう。**セキショ**は堰所で「堰のある所」の意であろう。

○堰堤＝えんてい・○コトロ＝ことぐち（聞き取り地名）

(1)**堰堤**は**ゴンダ**上流の俗称。右岸に食事処がある。宮崎県高岡土木事務所の「橋梁位置図」に「**八久保堰堤**（66・8メートル）」とあり、右岸の無名の谷川に第二南俣橋（主要地方道宮崎須木線）がある。**コトロ**は「**堰堤**左岸辺りの俗称で淀みがある」という（宇都貞男氏談）。(2)**堰堤**は「南発電所の工事に伴って作られた南発電所取水堰（しゅすいぜき）（南取水ダム）で、工事は大正二年（一九一三）六月に始まり、四年二月竣工、三月発電開始、出力四五〇キロワット。本庄・高岡・綾の電灯取付数一五二四灯」（『綾史』）。「**上畑**の奥に**八窪**という所がある。九電の堰堤（えんてい）があり周囲の山は広葉樹林が生い茂り昼なお暗い所である」（『綾誌』）。(3)**堰堤**は「水流を止めるダム」の意。**コトロ**は「トンネルの取水口」の意という（宇都貞男氏談）。「水源地より**水窪**に至る距離は千六百七十間で、内六十間は開渠であるが残部千六百十間はトンネル工事であった」（『綾史』）。一間は約一・八メートル。

南発電所取水堰、対岸（綾南川左岸）に取水口がある

○八クボ＝はちくぼ・○砥石山＝といしやま

(1)**八クボ**は**堰堤**周辺の俗称。**砥石山**は**八クボ**山中の俗称。(2)『日向地誌』に「砥石山　綾南川ノ南岸川面ヲ距ル一町許（ママ）**八窪**の山中ニアリ其色青黒其質堅緻鋒刀ヲ磨スルニ宜シ往年信濃国ノ石工来リ採テ一硯ヲ製セシカ其品位赤馬関ノ石ニ下ラスト云フ」とある。(3)**八クボ**は鉢窪の転で「鉢状の窪地」の意（例：西都市―児湯郡木城町の鉢ノ窪峠842メートル、山尾根鞍部が鉢状に窪んでいることによるという。『日本山岳地名ルーツ大辞典』）。②「八つの窪地」の意か。**砥石山**の語意は北俣**砥石山**参照。

○大岩瀬＝おおいわせ

(1)「川筋地名全図」と異なり、「堰堤の上流で、川の中の大岩が流れを二分し瀬になっている」という（宇都貞男氏談）。(3)大岩瀬は「大きな岩のある瀬」の意であろう。

(二) 原牧から境谷へ〔川筋地名図③④〕

○原牧＝はらまき・○ハラマキ＝はらまき

(1)大岩瀬上流の俗称。(2)原牧では「トロッコ道を作る時、ロープを下げ旗を立てて測量した」という（宇都貞男氏談）。トロッコ道は九州自然歩道になったが、今は通行できない。「伐採作業は命綱を腹に巻き付けていないと下りられないほど急峻な場所でも行われたようで、照葉大吊橋周辺には腹巻という地名がついたという」（池田隆徳『神話と歴史で綴る みやざき巨樹紀行102』）。(3)原牧は「腹に巻く」の意。「上から吊るしたロープを腹に巻きつけて岩を削ったことに由来する」（坂本眞一氏談）。ハラマキ210ジペー参照。

○デゼ＝でぜ・○カレ松＝かれまつ・○アオクエ＝あおくえ

(1)デゼは原牧のやや上流の俗称。カレ松はデゼ上流の俗称。アオクエはカレ松上流の俗称。「トドロ（209ジペー参照）が二つあり、鮎が上るのは大変であった」という（同前）。(3)デゼは出瀬で「谷川の出口にあ

川筋地名図③

る瀬」の意という（宇都貞男氏談）。**カレ松**は「枯れた松の大木がある（あった）所」の意であろう。**アオクエ**は①大崩の転で「大きな崩落地」の意か（例：奈良県生駒市金剛山水超峠西方の大字青崩（あおぐえ）、大崩で大を青に改めたのであろう。池田末則『古代地名紀行』）。②「青い地肌の崩落地」の意か（例㋐：長野県下伊那郡南信濃村（むら）青崩（あおくずれ）峠、鹿塩ミロナイトといわれる青色で崩れ易い地質なので、この地名があると見られる。松崎岩夫『長野県の地名 その由来』。例㋑：同前青崩（あおくずれ）峠はその名のとおり一帯に青色粘土質の岩石が露出し、とくに長野県側で大きく崩落している。飯田辰彦『峠の村へ 山里の履歴書』）。

○板木下＝いたぎしも・○板木＝いたぎ

⑴**板木下**はアオクエ上流辺りの俗称。「県営林署の事務所があった」という（宇都貞男氏談）。比定地不確定。**板木**は**照葉大吊橋**の南側辺りから西側の広い山林地の俗称。上流の「予防治山事業」の銘板に**板木**地区とある（下に写真）。⑵「明治三十八年（一九〇五）**板木**に伐木事務所（約29坪）を建設、昭和九年（一九三四）に間伐材利用のため簡易製材所を**板木**に設置した」（宮崎県『宮崎県林業史』）。「昭和三十三年当時、三十一林班（りんぱん）の**板木**には当時三十名からの人夫が宿泊し、その周辺に五棟の掘立小屋を建てた。柱と屋根、壁と床だけの宿舎である」（宮崎県中部農林振興局『諸県県有林』）。「旧林班界図（昭和42年まで使用）」が残っている（下に写真、同前）。

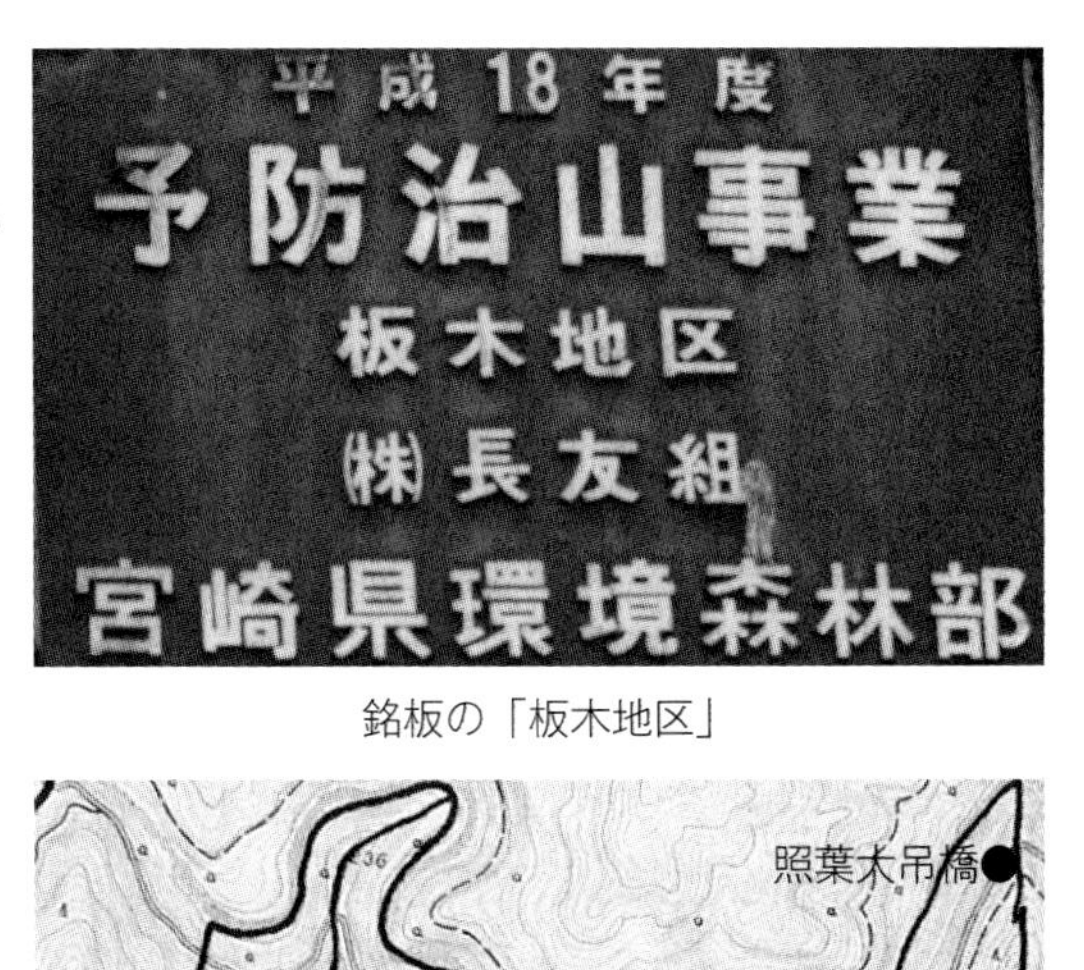

銘板の「板木地区」

かつての林班界図（昭和30年代）

(3)板木下は「板木の下方」の意。板木は①イタ(傷)キ(処)で「崩落・崖のある所」の意か(例㋐:和歌山県西牟婁郡上富田町生野川板木、風化した崩れやすい地の意味がある。桑原康宏「水害と地名 紀伊半島を襲った明治と平成の大水害」。谷川健一編『地名は警告する 日本の災害と地名』。例㋑:徳島県三好市池田町イタノ、イタは傷・損傷の意で、痛んだ土地、疲弊した土地の意か。『あぶない地名』)。②「板状の木材」の意か(例:広島県双三郡三和町板木、板材の木の生産地に由来すると思われる。『日本地名大事典上』)。

※綾の照葉大吊橋=あやのてるはおおつりばし

綾南川に架かる大吊橋で綾町観光名所の一つ(昭和59年[一九七四]3月竣工。橋長250メートル、高さ142メートル、費用1億2000万円。平成23年10月に架け替え。費用3億2000万円)。日本最大規模(2000ヘクタール)の照葉樹林と綾南川渓谷の広大な景観や急峻な崖地を眺望することができる。大吊橋を渡ると左岸上流に約二キロメートル・四十分の遊歩道がある。下りの坂道で森林浴を楽しみ、谷底のかじか吊橋(昭和59年3月竣工。橋長75メートル)では渓谷の深さや渓流の美しさなどを眺めることができる。「途中谷を渡る所に石積みの橋脚があるのはトロッコ軌道の名残である。ヒュウガミツバツツジ(イワツツジ)の群落が二か所あり、三月にピンクの花を付ける」(綾の森を世界遺産にする会編『綾の照葉樹林ガイド』)。かじか吊橋を渡ると照葉樹林の上り坂となる。遊歩道の出口に国定公園を示す石碑(元町長郷田實の碑文)がある。

○コゼ①=こぜ・○スナゴ=すなご

(1)コゼ①は照葉大吊橋下流の「古い瀬の名前」(『綾の照葉樹林ガイド』)。スナゴは「照葉大吊橋左岸真下辺り」の俗称で(坂本眞一氏談)、「白砂がある」という(宇都貞男氏談)。

(3)コゼは小瀬・古瀬で①「小さい瀬」、②「古い瀬」の意であろう。③「谷間の川瀬」の意か(例:奈良県御所市古瀬・巨勢、コは川の意、セは迫・瀬の義で「谷間の川瀬」。池田末則編『奈良の地名由来辞典』）。**スナゴ**は①スナ（砂）ゴ（処）で「砂地の所」の意か（例・愛知県海部郡大治町砂子、急傾斜地崩壊のあった山の砂地の土地。『あぶない地名』）。②スナ（砂）ゴ（川）で「川底に砂の多い川」の意か（『日本国語大辞典⑦』）。

○ヒラタニ＝ひらたに・○ショウブノセ＝しょうぶのせ・○マブノセ＝まぶのせ

(1)ともに**照葉大吊橋**のやや上流辺りの俗称。**(2)**「元禄綾郷略図」に「**ヒラ谷**」とある。「右岸山中の谷間の水源辺りの下方に**マブノセ**がある」（宇都貞男氏談）。

(3)ヒラ谷は当地の地形から①「崖地のある谷間」の意か（例・徳島県那賀郡上那賀町平谷、那賀川右岸の急傾斜地。『あぶない地名』）。②「谷間の小平地」の意か（例・同前平谷、地形にちなみ谷間の平地と考えられる。『徳島県地名大辞典』）。**ショウブノセ**は菖蒲の瀬で「菖蒲の群生地付近の瀬」の意であろう（宇都貞男氏談）。

マブは①「崖地の突端」の意か。「マブ（間府）は崖の突端・断崖」の意（徳川宗賢氏ら五氏共著『椎葉のことばと文化』）。（例・沖縄県糸満市摩文仁、マブニは「崖の辺り」の意。南島地名研究センター編著『地名を歩く』）。

②「崖地の谷間の辺り」の意か。第七章の**マブ**参照。**マブノセ**は「マブ下の瀬」の意であろう。

○テゼ＝てぜ・○百間渕＝ひゃくけんぶち

(1)テゼは**マブノセ**上流の「古い瀬の名前」（『綾の照葉樹林ガイド』）。**百間渕**は**マブノセ**上流の俗称。

(3)①テはタエ（絶＝崩壊地形・浸食地形）の転で、**テゼ**は「崩落地・崖地付近の瀬」の意か。②**デゼ**と同義か。192ページ参照。**百間渕**は「百間もあるような長い淵」の意であろう（宇都貞男氏談）。

○川中＝かわなか

(1)川中自然公園（元キャンプ場、昭和50年開村。『綾誌』）や北部の上流域一帯辺りの広い山林地の俗称。主要地方道宮崎須木線から分かれて町道川中線を北進し、第1川中橋（谷川）・川中橋（川中吊橋＝水神橋。綾南川）を渡ると、西側一帯の小平地に後藤家の住居跡・製材所跡・炭焼きがま跡・田んぼや畑の跡などがある。さらに川中吊橋から北進し第3川中橋（別称さえの谷橋、川中谷川＝綾南川支流）を渡り、四百メートルほど上りつめた正面の金峯山西光寺（養老元年［七一七］開基。綾光寺第三世丹翁和尚再建。俗称川中嶽西光寺。『三国名勝図会④』）の跡に川中神社（創建等不詳、猟師の尊信篤い。『綾史』。廃仏毀釈に際し俄かに鳥居を建て本尊阿弥陀如来像を護り、以来神社となる。『宮崎県大観』）と阿弥陀堂（西光寺跡の遺物。『綾史』）がある。平成十九年国土緑化推進機構から照葉樹林（約1万ヘクタール）を活用した森林セラピー基地に認定された。川中自然公園や周辺の地で、「癒やしのコース」が三つ設けてある。(2)「昔より川中に行く順路として…南上畑より尾根伝いに大口通りがあった」（『綾史』）、「川中自然公園はかつては後藤さんの親せきの田んぼだった」、「昭和七～八年の頃、川中の製材所には七～八人が働いていた。…製材所へは上流からのトロッコ道の引き込み線で木を運び込んだ。…製材所の周りに小学校（家庭教育所）があり、製材所はもともと学校の運動場だった。全校生徒はたしか三〇～四〇人いた」、「川中神社の社務所まわりの梅は、昭和四十五年頃に八〇アール植えたもので、以前は原野だった。梅の花が咲く頃（毎年2月22日前後）には梅まつりがおこなわれる。平成二十四年に二十五年ぶりに復活した」、「川中吊橋のすぐ上

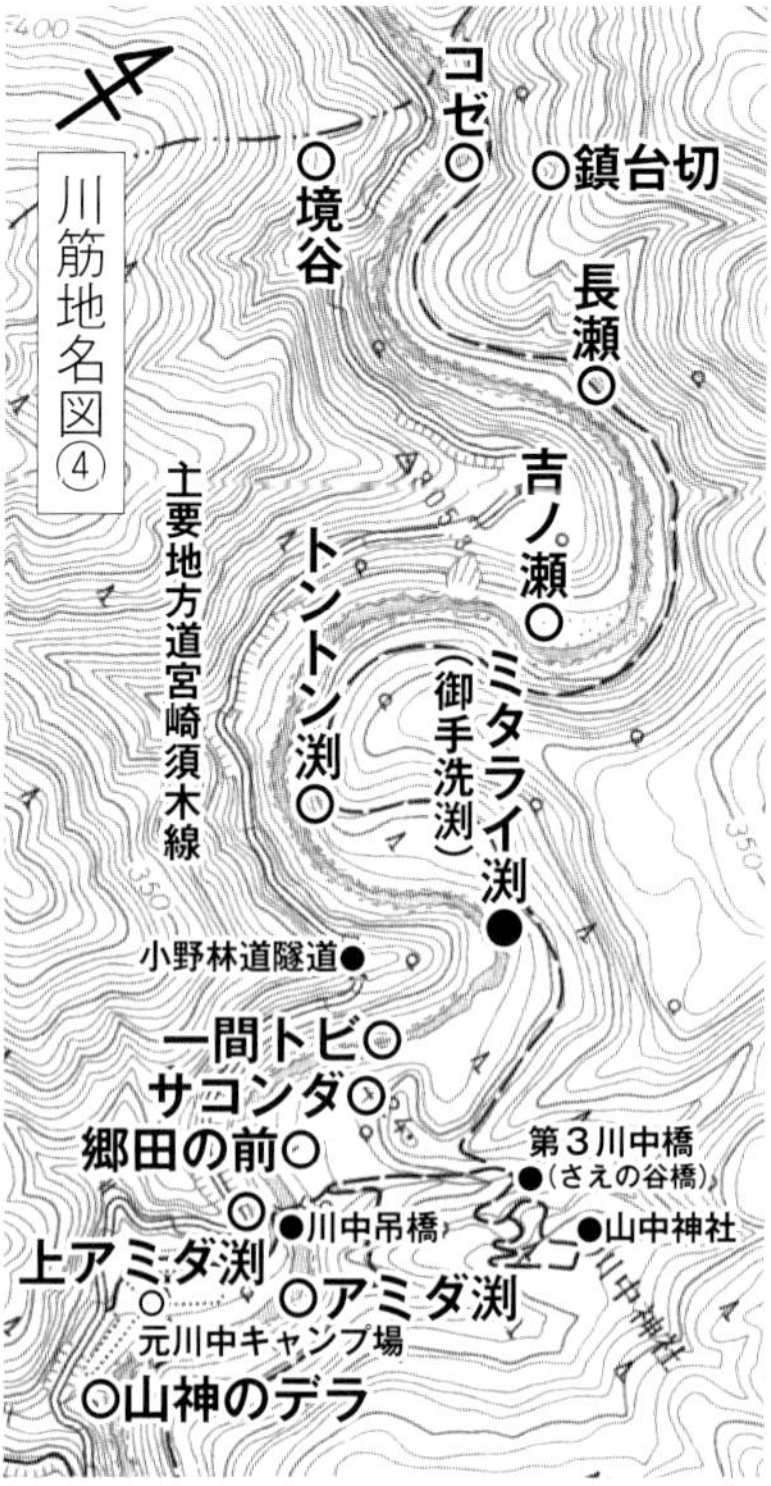

川筋地名図④

流に一本橋（30センチ幅の板）と野猿（ヤエン）があった。下流にも一本橋があった」、「トロッコ道は昭和43年全線廃止された」（てるはの森の会・ふれあい調査委員会『照葉の森が育む山のくらし』二〇一六年）。野猿は「針金を伝わって物を運ぶ装置」のこと（『全国方言事典』）。「昭和三十七年頃綾南の川中地域に五～六名の製炭者が入山していた」（宮崎県中部農林振興局『諸県県有林』）。(3)**川中**は「綾南川の中流域」の意であろう（例・鳥取県八頭（やず）郡用瀬町（もちがせちょう）川中（かわなか）、千代川（せんだい）中流域右岸、洗足山西南麓の智頭街頭に沿って位置する。『鳥取県地名大辞典』）。

○山神のデラ＝やまんかみのでら

(1)パンフレット「綾」（綾町産業観光課、平成25年）によると、川中自然公園の入口辺りの俗称。「かつて人が住んでいた」という（宇都貞男氏談）。(2)「明治三十八年、**山の神平**に**板木**の伐木事務所（28・5坪）の分所（12坪）を建設した」（宮崎県『宮崎県林業史』）。
(3)でらは「平地」の意（『綾方言集』）。**山神のデラ**は「山神を祀る山間の小平地」の意であろう。

○アミダ渕＝あみだぶち・○上アミダ渕＝かみあみだぶち（聞き取り地名）

(1)**アミダ渕**は川中自然公園上流の深い淵の俗称。緑のトンネルの町道**川中**線を北進すると、木の間から見えるエメラルドグリーンの川面が美しい。**上アミダ渕**は川中吊橋上流の小さな淵の俗称（宇都貞男氏談）。
(2)「山の神の化身で県指定文化財の阿弥陀仏は廃仏毀釈のとき、下の照葉樹林からわきでる淵に隠され、今この淵は**あみだ渕**とよんでいる」（金子務・山口裕文編著『照葉樹林文化論の現代的展開』）。次々ページの**ミタライ渕**参照。阿弥陀仏の避難については他の説がある。「当時ノ寺番平田武兵衛ト云フ者窃ニ**神ノ嶽**トイフ所ノ石室ニ隠シ置ケリ明治七年二月堂宇修繕ノ功ヲ全フシ旧来ノ如ク安置ス」とある（『旧綾郷土史・神社編』）。「慶応三年の廃仏の時仏像は**上の嶽**の岩窟の中にひ難されたので助かったと云う」（『綾史』）。

(3)**アミダ渕**は①「阿弥陀仏を隠した淵」の意か。②「川中の阿弥陀様がこの淵で水浴びをしていたことにちなむ」という（宇都貞男氏談）。阿弥陀は梵語（古代インドの文語）の音訳で無量の意。西方浄土から来迎する。**上アミダ渕**は「上流の阿弥陀淵」の意。**神ノ嶽・上の嶽**は「上・奥の山岳地」の意であろう。

※カッパ伝説（『綾郷土誌』より要約引用）

「昔**綾南川**の上流に容貌麗しい女河童が棲んでいた。日頃から人間社会に憧れ、或る晩美貌の姫君に化けて里の青年と結婚した。不思議なことにこの花嫁、足袋を脱いだことがない。半年経った頃、風呂に入っている時に正体を見られたが、赤ん坊を産むまでは側においてくれるよう哀願し、やがて五体完全な赤ん坊を産み父親も大変喜んだ。その後間もなくして下の川に洗濯にいったまま、二度と帰らなかった。父親は悲しみの中にも子供を育てたが、近所の子供達から「アカギレッ子」とからかわれた。或る晩夢にカッパの母親が現れ『私は今直ぐ下の**アミダ渕**に来ています。ワラ草履を造って川中様にお供えしてからその草履を子供にはかしてください。必ず癒るでしょう』と言って消えた。さすがに父親も子供のことを忘れずにいてくれた母親の愛情に感激し、早速川中様に供えた草履を子供にはかせるとアカギレは見る見るよくなった。それから皮膚病の神様として川中様に草履を奉るようになった」

○サコンダ＝さこんだ・○郷田の前＝ごうだのまえ（聞き取り地名）

(1)『綾の照葉樹林ガイド』に「古い地名**サコンダ**」とある。「川中吊橋のやや上流、綾南川左岸沿いの小平地の俗称で、宅地跡や田地跡があり、昭和六十年頃までは人が住んでいた」という（宇都貞男氏談）。**郷田の前**は**サコンダ**辺りの俗称（同前）。

(3)**サコンダ**は迫ん田で「迫にある田地」の意。南俣**迫田**46ジペー参照。**郷田の前**は①「川沿いの田地の前方」の意か。「合田・郷田はゴウ（川）・タ（処）で、川沿いの地を示す地名か」（『地名用語語源辞典』）。②「平坦地の水田の前方」の意か。「ゴータ（郷田・河田）は平坦な場所の水田」の意（鏡味『地名の語源』）。（例：岡山県小田郡で、平坦なところの田を郷田という。日本民俗学研究所編著『改訂綜合日本民俗語彙②』）。

○一間トビ＝いっけんとび・○トントン渕＝とんとんぶち（ともに聞き取り地名）

⑴**一間トビ**は**上アミダ渕**の上流という（宇都貞男氏談）。やや上流に小野林道隧道（主要地方道宮崎須木線）がある。パンフレット「綾」によると、**トントン渕**は**ミタライ渕**のやや下流辺りの淵の俗称。

⑶**一間トビ**は川幅が狭く、「一間ほどの飛んで渡れる所」の意であろう（同前）。低い滝があり、「水がトントンと音をたてて落ちる淵」の意という（同前）。

○ミタライ渕＝みたらいぶち

⑴**トントン渕**上流の淵の俗称。『照葉の森が育む山のくらし』に「**御手洗淵**・金試掘坑」とある。

⑵「**川中神社**は**川中**の**下みたらい渕**（註：**アミダ渕**の誤植。綾町照葉樹林文化推進専門監・植物生態学、河野耕三氏談）の上瀬を渡り約六〇〇米突の坂を上って境内に達した」（『綾史』）。「川中吊橋のすぐ下流に一本橋があった」、「廃仏毀釈を免れるため、**阿弥陀淵**に仏様を何者かが投げ込んで隠した。その後、仏様はクズガメにのって**御手洗淵**にのぼってきた。これを発見した人が**奥の院**の岩窟に隠したと言われている」（『照葉の森が育む山のくらし』）。「**奥の院**は**みたらい渕**北側の山中の洞窟である」という（河野耕三氏談）。

⑶**みたらい渕**は「手や口を清める淵」の意であろう。岩間に湧水がある（宇都貞男氏談）。（例：広島県豊田郡豊町御手洗（まちみたらい）、「ミタラシ（御手洗）」の意で、神社の前に手洗い場のあった所をいう。『日本地名事典』）。**奥の院**は「本社・本堂より奥の、山上や岩窟などに神や仏を祭ってある堂」の意（『日本語大辞典』）。

○吉ノ瀬＝よしのせ・○長瀬＝ながせ・○コゼ②＝こぜ・○鎮台切＝ちんだいぎり

(1)**吉ノ瀬**はミタライ渕上流の瀬の俗称。「瀬が中洲で二股になり葦が生えていた」という（宇都貞男氏談）。**長瀬**は**吉ノ瀬**上流の瀬の俗称。**コゼ**②は**長瀬**上流の瀬の俗称であろう。**鎮台切**は**吉ノ瀬**上流の俗称。

(2)「西南戦争（明治10年〔一八七七〕）の頃、兵隊の首を切った所」という（同前）。

(3)**吉**ノ**瀬**という（同前）。吉はアシ（葦＝悪し）の転で「葦の群生地付近の瀬」の意であろう。**長瀬**は「長い瀬」の意、**コゼ**は小瀬、または古瀬で①「小さい瀬」、または②「古い瀬」の意であろう。**鎮台切**は「兵隊の首を切った所」の意であろう。「チンダイ　明治初年の鎮台兵の名を一般に用いて兵隊のことを言う。軍人。兵隊」（『鹿児島方言大辞典 下』）。

○境谷＝さかいたに・○賀多＝がた・○轆轤木＝ろくろぎ（上の二つは地名図に記載なし）

(1)**境谷**は綾町の最西北部、小林市須木との境にある渓谷の俗称。**賀多**・**轆轤木**は南俣西部の南裏雑樹林内の俗称であるが、比定地不明。

(2)「元禄綾郷略図」に「**堺谷**」とある。『日向地誌』に「須木村　東ハ南股村北股村ト**境谷**ヲ以テ界シ…」、「南裏雑樹林　本村（南股村）ノ西ニ当リ南は**獅子額山**ヨリ北**地蔵木山**ニ連ナリ字**大口境ケ谷賀多轆轤木**ニ亘リ東西凡二里南北凡一里半…」とある。**獅子額山**・**地蔵木山**は南俣**南浦**参照。「須木村と綾との境をなす谷を**境谷**という。両村の水を集水し、源は獅子額山である。「昭和四十二年集中豪雨が襲い…**境谷**に面した民家（山下三兄弟）は鉄砲水の襲撃を受けたが、人も牛も漸く裏山に避難ができかろうじて災害を免れた」という（『綾誌』）。

(3)**境谷**は綾町と須木との「境の谷」の意。**賀多**は①「石地・石原」の意か。『西臼杵方言考』（原田欣三著）に「がた（名）石地」、『全国方言辞典』に「がた　石地。石原。大分・宮崎県椎葉」とある。『椎葉のことばと文化』(徳川宗賢等五氏の共著)に「ガタ(潟)石。岩」、「ガタワラ(潟原)石原」とある。②「雑草がはえる沼沢地」の意か。「ガタは潟、いわゆる河川ぞいの浅い沼で、水がひいて干潟となり、砂洲となって、雑草がはえる沼沢地に変わったものと考えることができる」(本間信治『江戸東京の残したい地名』)。③「川岸の水に浸かりやすい所」の意か(ガタ　熊本県球磨郡五木地方で、川岸の水にひたりやすい所をいう『改訂 綜合日本民俗語彙②』)。**轆轤木**は①「ロクロの木の生育地」「轆轤師の細工所・居住地」などの意であろう。轆轤村・轆轤山・木地山なども同様の地名である。「ろくろ木(六郎木・六呂木・六郎木谷・轆轤木谷・六呂木谷・六呂木峠)は轆轤・轆轤師に関連した用材とその生育地である」、「轆轤を使う所、轆轤を使う人たちの住んでいる土地といった呼び名が地名となったものである」(橋本鉄男『木地屋の民俗』)。轆轤は回転式の木工具。「轆轤(轆轤ガンナや轆轤ギリ)を使って細工していた場所のあったところをロクロ(轆轤・六呂・六郎・六路)、ロクロギ(六呂木・六郎木)、ロクロシ(六呂師)、ロクロダニ(六呂谷)などという。…主として山中の、ロクロノキというエゴノキの多く生えている地方にある」(『地名語源辞典』)。「エゴノキは材を傘のロクロに使用するのでロクロギと呼ばれる。エゴノキ科の落葉小高木で山地や野原に多く自生する。果皮がのどを刺激してえごいための呼称であろう」(『改訂増補牧野新日本植物図鑑』)。「エゴノ木は割れにくいので、和傘の骨に利用された」(秋元治「私の山河」宮崎日日新聞2020・4・19)。

○切下谷＝きりさげたに(地名図に記載なし)

⑴境谷の西側、小林市須木に切下谷がある。「三ッ石林道を下ってきた所辺り」という(小西俊一氏談)。

⑶「人の首を切って下げた谷間」と聞いたことがある」という(同前)。

Ⅱ　綾北川の川筋地名

綾北川（本庄川支流）の川筋地名はアンヅ山から上流へと遡っている。

㈠　アンヅ山から猫渕へ　〔川筋地名図⑤⑥〕

○アンヅ山＝あんづやま

⑴北俣119**堂木**一帯の俗称であるが消滅地名。　⑵「昔は**堂の木**一帯はこんもりとした山で、**安藤山**といい寂しい所であった。安藤氏一族が初めて綾に居住した時、居を構えた所でその名がついたという」、「安藤氏は大隅方面から綾に移住した第一陣の五人衆（大始良・伊知地・海江田・前田・安藤）の一人であった」、「入野の**尾堂**側に**懐え面**（次ページに写真）といって地層の現れた所の前方に**安藤山**と呼ばれる**大山野**（大きな森・荒地）があった。…不毛の地とみなされた**溝下―見掛地**と呼ばれた所であった」（『綾誌』）。「懐え」は壊えの誤字か誤植。　⑶**安藤山**は「安藤氏が居住した山林地」の意。**壊え面**は「崖地の地層の表面」の意であろう。170**岩戸、土地の種目**参照。

○地渕＝ちぶち・○蛇渕＝じゃぶち

⑴**地渕**は**安藤山**対岸の淵の俗称。**岩戸渕**ともいう。北俣170**岩戸**参照。**蛇渕**は**地渕**のやや上流辺りの淵

対岸の崖地が「壊え面」、草地の河川敷手前の堤防辺りが「安藤山」

の俗称。(2)「鮎簗下待あば関の古文書」に「…**大将軍流・地渕・瀬之口**…」、「**地渕**　壱番待あば関壱ケ所以下三番関まで」とある（『綾史』）。(3)**地渕**は「地層の現れた所の淵」の意であろう。上の写真、及び**アンヅ山**の引用文参照。蛇は崖の意で、**蛇渕**は「崖地のある渕」の意であろう。「蛇抜・蛇喰は崖くずれ地」の意（鏡味『地名の語源』）。「新蛇(じゃ)抜(ぬけ)山・蛇ダシ谷・蛇崩丘等、蛇のつく山や谷、蛇喰などの地名には崖地が多い」（松尾俊郎『日本の地名』）。（例：宮崎市田野町蛇ケ谷(じゃたに)、蛇喰谷(じゃばみだに)、崩落した谷のことをいう。岩満重信編著『宮崎市の小字地名考』）。②「大蛇の棲むような深い淵」の意か（例：岡山県勝田郡奈義町蛇淵の滝、滝壺は深く、昔大蛇が棲んでいたので蛇淵と命名されたという。『岡山県地名大辞典』）。

○大将軍＝びしょぐん

(1)119堂木北側河川敷辺りの俗称であるが消滅地名。(2)「元禄綾郷略図」（一六九九年）に「**大将軍**」とある。「大将軍社　北俣**梅薮**部落の北、現存の河川築堤の外に小祠があったという。流水に浸害されて社地もわからない。…元禄年中（一六八八～一七〇四年）、五穀豊穣祈願の為南北に一社ずつ建立されたのであろう。今にそのあとを**大将軍川原**(びしょぐんごら)という」（『綾史』）。「大将軍(でしょぐん)ともいう」（岡元洋氏談。川筋地名などについていろいろ教えてもらった）。南俣の大将軍社は22古川の一般県道高岡綾線の西側に今も鎮座する。文化十一年（一八一四）の「鮎簗下待あば関の古文書」に「大将軍流　壱番待あば関壱ケ所以下二番関まで」とある

（『綾史』）。天保十一年（一八四〇）八月初めの大洪水の時、「大将軍下　竪川防流八間」とある（同前）。

(3)**大将軍**は「大将軍の祠のある所」の意。大将軍は陰陽道で暦の吉凶を司る八将神の一つ。この神の方角は三年塞がるとして万事に忌み嫌われた。**大将軍川原**は「大将軍社のあった川原」の意であろう。

○ワンヅ＝わんづ

(1)**蛇渕**のやや上流の淵の俗称。現在も湯ノ谷川（綾北川支流）の河口付近は細長い入江（湾）で、川洲に囲まれている。(3)ワンヅは湾洲で、①「湾の中洲」、または②「湾曲した中洲」の意であろう（例：鹿児島県大口市木ノ氏の湾洲・下湾洲は、水田をシラス台地が半円形にとり囲んでいる。小川亥三郎『南日本の地名』）。③「湾曲した崖地」の意か（例：都城市月野原台地の端の崖が半円形に輪をなして集落を囲んでいる。同前）。

○上場・勘場＝かんば

(1)小田爪橋（綾北川、一般県道田代八重綾線）北詰の上流、昔の船着き場の俗称という（岡元洋氏談）。
(2)「小田爪橋の下流、昔渡し場のあった所に**勘場**の地名が残って居り、山産物の取引の場所であったと地元の人びとは言伝えている」（『綾誌』）。「小田爪橋の上の方に、米・農産物・木材を運ぶ船着き場があった」（てるはの森の会編『杢道 語り部 聞き書き集』）。
(3)勘場は「山産物の取引の場所・集荷場・勘定所」の意であろう（例：国富町大字三名字宮下の勘場、上方（京阪地方）との交易の船着場で賑わった勘定場。三名・八代方面の農産物や木材はこの地に集積され、川輸送された。川番所等があり、その「勘定場」という意味であろう。国富町教育委員会『国富町の地区名』）。

○石仏＝せきぶつ・○新川＝しんかわ・○古川＝ふるかわ・○日堀＝にっぽり

(1)**石仏**は地名ではなく、明治二十六年（一八九三）の水難事故の石碑のことか。読みは「セキブツ」であろう（岡元洋氏談）。水難事故に関しては、99ページの**※北川水難記念碑**、及び北俣⑱**八町下**参照。**古川**は「川筋地名全図」とは逆で、「昔の綾北川は**小田爪**を流れていた。**古川**が北側で、**新川**が南側であった」という（岡元洋氏談）。**日堀**は**古川**上流の俗称で、「にっぽり」という（同前）。(3)**新川**は「新しい流路」、**古川**は「古い（旧・元の）流路」の意。**日堀**は新堀の転で「新たに掘った溝・水路」の意であろう。「かつて**小田爪**から**尾堂**まで溝・水路を掘って灌漑用水にした」という（同前）。

○樫ノ木渕＝かしのきぶち

(1)権現橋（綾北川、町道尾谷線）右岸の淵の俗称。椎屋橋（綾北川）東詰の一般県道田代八重綾線脇の歌碑に、「綾讃歌」（中村安熊作詞、明治末期）の一番が刻まれている。「清き流れの綾川に　産する鮎は名も高く　水は五穀を潤して　土質は米にかないたり」、「所在地＝北川**樫の木渕**上　建立＝昭和三十九年五月」（『綾誌』。歌詞は四番まである）。(2)「かつて綾北の奥山に大きな樫の木がぎょうさんあり、炭を焼いていた」（『綾のむかし話②』）。(3)**樫ノ木渕**は「樫の木の群生する淵」の意。樫の木はブナ科の常緑高木、材は堅く鍬・鎌などの器具の柄や枕木・家の土台などの用材。

○権現渕＝ごんげんぶち・○銀蔵渕＝ぎんぞうぶち

樫ノ木渕の上にある「綾讃歌」の石碑

⑴権現渕は樫ノ木渕の上流、綾北川左岸の淵の俗称。銀蔵渕は権現渕上流の俗称。 ⑶権現渕は今熊野三柱神社（114ページ参照）を権現様と呼ぶのにちなむ淵であろう。権現は仏や菩薩が衆生救済のため権りに神の姿となって現れること。銀蔵渕の由来不明。人名か。「淵には全部名前が付いていた。かしのき淵、権現淵、ねこ淵、滝田淵」（『杢道 語り部 聞き書き集』）とあるが、「滝田淵は銀蔵淵の誤りであろう」（岡元洋氏談）。

○滝下ヤナバ＝たきしたやなば

⑴銀蔵渕上流の俗称。滝田の梁場ともいう。 ⑵「綾川は古くから鮎の名産地で、藩政時代には薩摩から役人がきて滝田に梁をかけ、鮎を殿様に献上した。今でも滝田の梁場という地名がある」（『綾誌』）。「北俣には梁がもう一か所あった。発電所下の滝田の瀬というところに」（『杢道 語り部 聞き書き集』）。 ⑶滝下ヤナバは「滝の下にある梁場」、滝田の梁場は「滝田（滝付近の田地）にある梁場」の意か。

○荒平の谷＝あらひらのたに

⑴入野318椎屋の最東南部、荒平谷川が綾北川に合流する。その川筋の谷間の俗称。 ⑵「綾郷には金鉱の跡が幾つもある。北俣の楪の谷や荒平の谷に金山跡がある」という（松元捨雄氏談）。

(3)**荒平の谷**は「険しい崖のある谷間」の意か（例・熊本県荒尾市、アラ（嶮しい地形）ヲ（高くなった所）で、「急傾斜の山」のことであろう。『市町村名語源辞典改訂版』）。②「新開地のある谷間」「荒地を開いた谷間」の意か（例・熊本県水俣市荒平村、地名は新たに開いた、もしくは荒地を開いた村の意かとも思える。『熊本県地名大辞典』）。

○金山＝きんざん・○コトコ＝ことこ

(1)金山は金鉱山跡の俗称。比定地不明。「川筋地名全図」では**樫ノ木渕**西側山中辺りか。あるいは前項(2)引用文の**荒平の谷**か。**152**中尾・**楪の谷**参照。**コトコ**は**銀蔵渕**上流の左岸の俗称。(3)**金山**は「金を掘った鉱山」の意。**コトコ**は小床で「小さな台平地」の意か。

○女ヶ渕＝おんながふち

(1)**椎屋橋**上流の**浦田**隧道水門辺りの淵名。(2)「昭和十三年（一九三八）、**浦田**井堰の代りに自然流入方式を計画し、上流の**女渕**に水門を設け、**浦田**まで隧道を掘って水を通した。竣工昭和十四年六月」（『綾誌』）。「昔里の若い女性がこの辺りに住む若い男性の所に通って来るようになり、それが里人に知れて何時しか女ヶ渕というようになった」という（松元捨雄氏談）。(3)**女ヶ渕**は「女が通ってきた淵」の意であろう。

○榎木瀬＝えのきぜ・○宇都ノ下＝うとのしも

(1)**榎木瀬**は**女ヶ渕**上流の瀬の俗称。**宇都ノ下**は**榎木瀬**上流の俗称。
(3)**榎木瀬**は「大木の榎木付近の瀬」の意であろう。**宇都ノ下**は「宇都の下方」の意。南俣**56**宇都参照。

○椎屋長江＝しいやながえ・○猫渕＝ねこぶち

⑴椎屋長江は159椎屋下の綾北発電所上流の瀬の淵の俗称。猫渕は157爰野の東部、綾北隧道下辺りの淵の俗称という（岡元洋氏談）。⑶椎屋長江は「椎屋の長い淵」＝「椎屋の穏やかな深い流れが続いている所」の意であろう。長江は「長い淵」の意（原田欣三『西臼杵方言考』）。猫渕は①「木の根が広がる所の淵」の意か（例㋐：延岡市北川町猫谷、根っ子谷で、木の根が生え広がっているような谷、猫は当て字。丹羽基二『地名苗字読み解き事典』）。例㋑：小林市須木大字奈佐木猫坂、木の根っこが急坂の階段の役目をしたのが由来だと思う。吉元正義『小林の地名考』）。②猫はネキ（根際）の転で「渕のそばの土地」の意か（例：福島県伊達郡猫川、猫はネキ（根際）の転化、猫川はネキカハ（根際川）の転化で、川のそばの意。阿武隈川に近い土地をいう。『日本地名事典』）。

㈡ 三ツ石から境谷へ［川筋地名図⑦⑧⑨］

〇三ツ石＝みついし

⑴比定地不確定。154崩瀬の北部辺りか、150鷲巣の東部辺りか。

⑶三ツ石は①「三つの大きな岩のある所」の意か（例：北海道松前町や愛知県東栄町などの三ッ石は、①川に三つの石があった。②山の峰が三つ石に並んでいた。③御石で神石のこと。神霊の宿る石で信仰の対象になる。『地名苗字読み解き事典』）。②「石材の多い所」の意か（例：岡山県備前市三石、ミツイシ（満石）の意で、石材の多い土地をいうものとみられる。『日本地名事典』）。

〇鷲巣やな場＝わしのすやなば・〇杉ノ瀬＝すぎのせ・〇ヨリゴミ＝よりごみ

川筋地名図⑦

(1)**鷲巣やな場**は**154崩瀬**の上流、かつて鷲巣キャンプ場辺りの梁場。**杉ノ瀬**は**149狩果**の旧綾北発電所（大正10年［一九二一］7月～昭和34年［一九五九］3月、出力1600キロワット。『綾史』）辺りの瀬の俗称。**ヨリゴミ**は**杉ノ瀬**上流の俗称。(3)**鷲巣やな場**は「鷲巣にある梁場」の意。**杉ノ瀬**は「杉の大木・杉林近くの瀬」の意であろう。**ヨリゴミ**は寄り塵で「淀みにゴミがたまる（寄る）所」の意という（川畑克己氏談、綾北川の川筋地名などについていろいろ教えてもらった）。

○ズリ下＝ずりした・○広川原＝ひろごら・○十兵衛＝じゅうべえ・○トドロ＝とどろ

(1)**ズリ下**は**ヨリゴミ**の上流、**広川原**は**ズリ下**の上流の俗称。**十兵衛**は**広川原**上流の俗称。「淵がある」という（川畑克己氏談）。**トドロ**は**十兵衛**上流の俗称で「段差があり魚がなかなか上れない所」という（同前）。(3)**ズリ**は摺で、**ズリ下**は「地すべり地の下方」の意か（例：群馬県利根郡片品村摺淵（かたしなむらするぶち）、地すべり地。小川豊『あぶない地名』）。**広川原**は「広い川原」の意。**十兵衛**は人名であろうが、由来語意不明。**トドロ**は「轟き（とどろき）」の語尾脱落で、「水音が轟く所」の意であろう（例：都城市高野町ゴロガトドロ、奇岩の滝で水が轟くように流れ落ちる。西岳地区元気づくり委員会『西岳風土記』）。ゴロガトドロのゴロは「大きな石のごろごろしている所」（『地名用語語源辞典』）の意であろう。

川筋地名図⑧

○飯場＝めしば（聞き取り地名）・○青ブク＝あおぶく

(1)**飯場**は**トドロ**上流の俗称。青ブクは飯場の上流、第二北俣橋（無名の谷川、一般県道田代八重綾線）辺りの俗称。(3)飯場は「一息いれて飯を食べる所」の意という（川畑克己氏談）。青ブクはアワ（泡）フク（吹）で「泡がたつ所」の意という（同前）。

○丸尾＝まるお・○千住＝せんじゅう

(1)丸尾は青ブクの上流、第一北俣橋（無名の谷川）辺りの俗称。千住は丸尾上流の俗称。(3)丸尾は①「丸い尾根（の末端）」の意か。②丸はマルグ（崩壊・浸食地形）の転で、「崩崖・地すべりのある尾根（の末端）」の意か。千住は①「セ・ノ（助詞）・ス（州）」（『日本地名事典』）の転で、「瀬のある中洲」の意か。②千住はセンジュ（千手）の転で「千手観音を祀った所」の意か（例：東京都足立区・荒川区、千住観音を祭った堂のあった所をいう。『日本地名大事典下』。足立区千住二丁目には千手観音像を祀った浄土宗勝専寺の千手観音像がある）。③浄土宗の「専修」に由来した地名（同前）もあり得るか。専修は「専ら修める」の意。

○水舟＝みずふね

(1)水舟谷川が綾北川へ合流する所の俗称。吊橋があるという（池袋初美氏夫妻談、綾北川の川筋地名などについていろいろ教えてもらった）。(3)①水舟は「水辺に舟のような形の岩がある所」の意という（川畑克己氏談）。②「舟着場」の意か（例：山梨県西八代郡下部町水船(まちみずふね)、舟着場だった。『山梨県地名大辞典』）。なお、水船には「飲水などを湛えて置く大きな箱や桶」、「飲水を運ぶ船・生魚をいけておく水槽」の意がある。

○ハラマキ＝はらまき（腹巻のイチイガシ図、『綾の照葉樹林ガイド』。次ページ下に図）

(1)水舟上流辺りの俗称。一般県道田代八重綾線沿いに巨木腹巻のイチイガシがある（樹高38メートル、幹周り6・3メートル、樹齢500年。『綾の照葉樹林ガイド』。次ページ下に図）。(2)「昭和二十一年一月、米軍三十四名が綾町に一週間滞在し、青年学校を宿舎として町内外を調査した」。大森岳登山の際、トロリーで行き、「ハラマキの難所ではさすがの米兵達も驚き顔色を変え、奇声を発していた」（『綾誌』）。

(3)ハラマキは「トロッコ軌道が断崖絶壁に腹巻を巻いたように見えたことによる」という（松元捨雄氏談）。「腹巻は命綱を腹に巻き付けていないと下りられないほど急峻な場所に付けられた俗称のようで、綾南川に架かる**照葉大吊橋**周辺も同様に呼ばれた」（池田隆徳『みやざき巨樹の道　歴史とロマンを訪ねる②県南の巻』）。**原牧**192ジペー参照。

○カヅラ＝かづら

(1)**水舟**上流の俗称。**影淵**ともいう（川畑克己氏談）。(3)**カヅラ**はカヅ（被）ラ（処）で「樹木の被さった所」の意か。②「蔓の茂った所」の意か（例：奈良県北葛木郡葛城）。カツラは葛蔓の転訛とも考えられる。池田末則『古代地名紀行』）。③カヅ（崖）ラ（処）で「崖地のある所」の意か（例：香川県仲多度郡多度津町葛原、カヅは崖地・傾斜地の地名。傾斜のある原の意であろう。

川筋地名図⑨

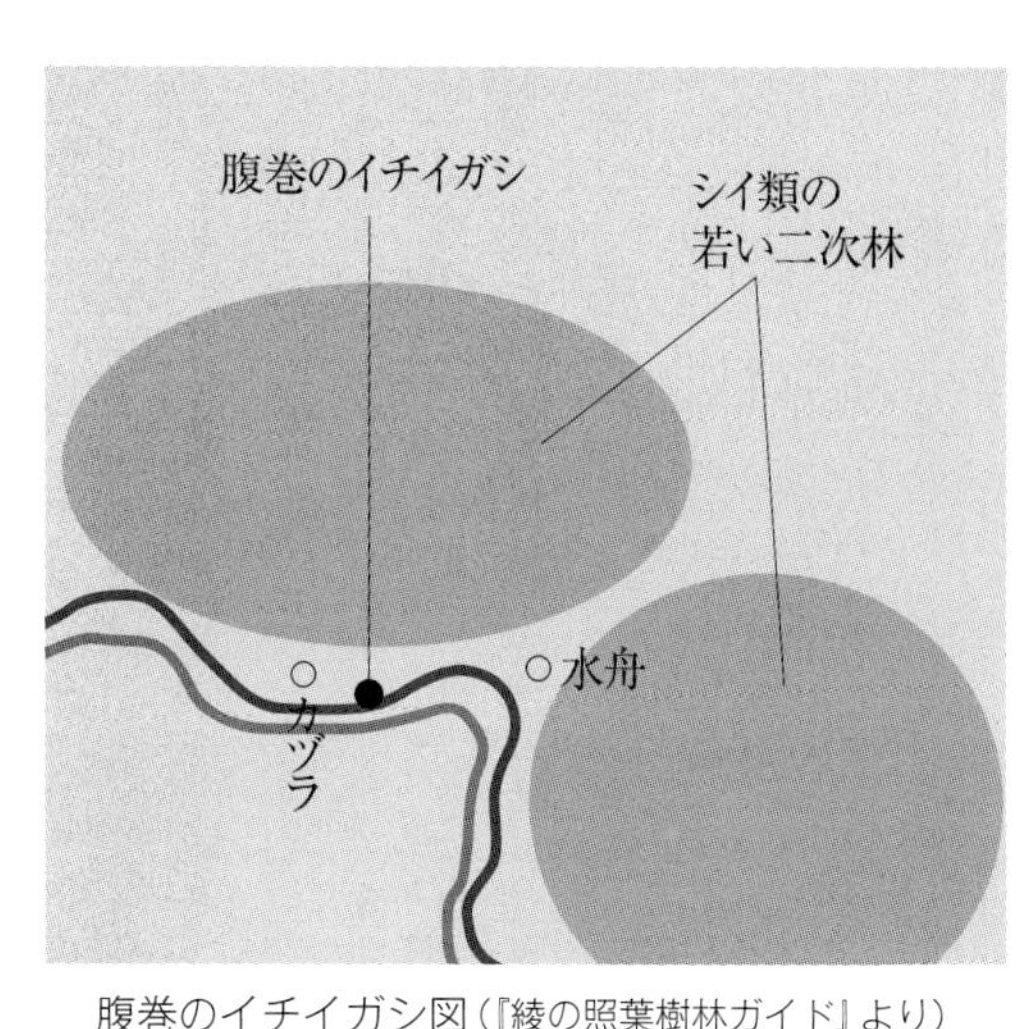

腹巻のイチイガシ図（『綾の照葉樹林ガイド』より）

『古代地名語源辞典』）。**影淵**は①「樹木の影の淵」の意か。②影はカケ（欠）の転で「崖地付近の淵」の意か。

○冷水＝ひやみ

(1)冷水洞門（通り抜けの洞穴。平成16年12月開設）の右岸辺りの俗称。(3)**冷水**は「冷たい水が湧き出ている所」の意であろう。今も冷水が湧き出ているという（池袋初美氏談）。（例：鹿児島市冷水町（ひやみずちょう）、夏にも氷のように冷たい水が湧き出ていた。現在は市の冷水水源地となっている。青屋昌興『南九州の地名』）。

○矢一ノ鼻＝やいちのはな・○広瀬＝ひろせ

(1)**矢一ノ鼻**は**冷水**の上流の俗称。「山が突き出て綾北川が直角に流れを変えている」という（川畑克己氏談）。**広瀬**は矢一ノ鼻の上流の俗称。(3)**矢一ノ鼻**は「矢一の先端・突端」の意であろうが、矢一の由来不明。人名か。**広瀬**は「広い瀬」の意という（同前）。

○立石＝たていし・○紫立橋＝したてはし

(1)**立石**は**広瀬**の上流、立石橋（竣工等不明）辺りの俗称。**紫立橋**は**立石橋**の上流一キロメートルほどの所に架かる橋（川畑克己氏談）。(3)**立石**は「切り立った石」の意という（同前）。（例：大分県別府市立石・速見郡山香町（やまがまち）立石、いずれも大きな石が立ち聳えるところからきている。『大分県地名人辞典』）。**紫立**は①シタ（下）テ（手）の転で、単に「下方」の意か。②シタ（垂）テ（処）の転で「崖地・傾斜地の所」の意か（例：京都府舞鶴市岡田地区志高、シタ（垂）カ（処）で、崖地・傾斜地を意味する地名であろう。『古代地名語源辞典』）。

○金山平＝きんざんでら・○楪の谷＝ゆづりはのたに

⑴**金山平**は古賀根橋ダム（昭和34年3月完成。『綾誌』）下流の西側、**楪の谷**の山中にある鉱山跡。「**楪の谷**は古賀根橋より千米下流の所という」（松元捨雄「綾の金山について」「公民館亜椰」平成2年4月号）。⑵『鹿児島県史第二巻』（鹿児島県、昭和15年）に金山の試掘免許に関して「綾浦**中尾**筋大森　元文二年（一七三七）十月―元文四年正月　延享二年四月―寛延元年（一七四五〜四八）三月」、「綾　**楪谷**（初め試掘あり後中断）明和三年十二月（藩庫出費、産金少く中止、其の後自分稼）」とある。『日向地誌』に「**金山**　本村ノ西隅竹野（タケノ）ノ人家ヲ距ル三里許　**楪**（ユズリハ）**谷**ノ山中ニアリ明和中（明和六年［一七六九］）鹿児島藩主島津氏（二十五代島津重豪）坑物ヲ発見シ官費ヲ以テ掘リシカトモ功成ラスシテ頓カテ廃セシ処明治十一年戊寅（一八七八）高岡町田圓平助ト云者再ヒ着手セリ然トモ賃金給セサルヲ以テ未タ大ニ其業ヲ興ス能ハス其質ハ佳ナリト云フ」とある。「…明治の中頃、津江某という人が**楪の谷**に採掘を初めて根気よく事業を続けて採算もとれ、綾の金山有望と世の脚光を浴びた。しかし金鉱石を水洗中何者かによって殺され、鉱脈が不明となり、閉山に至った…抗道の入口から数十米上流の一段高い所に津江老人の墓があり、墓前には今も供物果物や花を見る。」（同前「公民館亜椰」平成2年4月号）。『綾郷土誌』に「綾の鮎は太さも姿も評価が高く、金色を帯びており特に乾し鮎の色が綺麗ということで名声を博していた。北川上流に金鉱山があったためとも言われている。その鉱山は**竹野**の奥**ユヅリハの谷**の山中にあった」とある。「町内には昔金を掘った跡が北川筋に四か所、南川筋に二か所ある」（同前「公民館亜椰」）とあるが、比定地不明。

⑶**金山平**は「金鉱山のある小平地」の意であろう。金山は「①タタラ製鉄所跡と、②金山（キンザン）跡があり、…タタラ製鉄所跡についてはカナヤマと読む場合が多い」（『南九州の地名』）。**楪の谷**は①「楪の群生する谷間」の意か。ユヅリハ（楪）はトウダイグサ科の常緑高木。正月の供え物や飾り物に用いる。新葉が生長してから古葉が落ちるので「後を譲る」の意。②楪はユスリ（揺すり）ハ（端）、またはユズリ（譲）ハ（端）で（『地名用語語源辞典』）、「崩壊地の端にある谷間」の意か（例・西都市譲葉、一九八二年八

月山崩れ。古語ユスリ（揺すり）はゆさゆさと揺さ振りをかけるの意。地すべり地が多い。『あぶない地名』）。

○古賀根＝こがね

(1)**古賀根**は古賀根橋ダム（右岸は中尾、左岸は北浦の地番）辺りの俗称。小林南須木と綾町との境界に北浦橋が架かっている。**北浦橋**は「古賀根橋ダムに架かるトラス橋（桁組の橋）」（森永恭徳『登山マップ2 九州南部編』）である（竣工不明。次ページに写真）。右岸にトンネルの入口が見える。トラス橋は三角形を基本構造とした骨組みの橋をいう。(2)「古賀根橋（竣工不明）の近くに吊り橋があった」（てるはの森の会編『綾の森と暮らす』）。古賀根橋はダム工事の際撤去されたのであろう。『曽見谷から綾北川まで搬出された木材は古賀根橋の駐車場に集められた」（石井正敏「写真で見る綾北川支流曽見川のトロッコ軌道の歴史」、第2回照葉樹林フォーラム資料、二〇〇八年六月）。(3)**古賀根**は①金山にちなみ「黄金（おうごん）」の意か。②コガ（崩壊）ネ（根）で、「崖の下」の意か（例：東京都小金井市、コガ（崩壊地形）ネ（縁）イ（川または湧泉）で、段丘下の崩れやすい所で川や泉のある所か。『市町村名語源辞典改訂版』）。**北浦**の語意は(153)**北浦**参照。

古賀根橋近くにあった吊り橋

○曽見（谷）＝そうみ・○境谷＝さかいたに

(1)**曽見**は綾北川の支流曽見川沿いの俗称。小林市須木と綾町との境界を曽見川が蛇行南流し、古賀根橋ダムに合流する。曽見林道は約十キロメートル（渡部智倶人『マイカーで行く九州100山峰』、昭和61年）。**境谷**は綾町の最西北部の渓谷の俗

須木との境に架かる北浦橋、右端の黒い部分はトンネル
（『年輪 ―― 写真で見る一世紀 ――』（熊本営林局、昭和62年）より）

称。　(2)「明治三十七年（一九〇四）日露戦争が起こり、軍用材搬出のため**杢道**から綾北川沿いの山の中腹に**中尾林道**（大森岳林道）がつくられ、**爰野**、**竹野**を経て**そう見**まで馬車道がつくられていた」（『綾誌』）。「町道は**杢道**より**惣見**に達する道で、当時は主として荷馬車で木材を運搬した」（『綾史』）。「村道（大正期）は北は**杢道**を経て**北浦字惣見**に達していた」（『旧綾郷土史・郷土地理資料』）。「一九五〇年代、町内からのトロッコのルートは二つあり、**竹野**方面は綾北事業所（田代八重）と茶臼事業所（**北浦、曽見**）に通じ、多古羅方面は綾南事業所（多古羅）と**川中**事業所に通じていた」（『綾の森と暮らす』）。「昭和二十年代から三十年代にかけて、日本パルプ・九州木材・津村商店といった企業が曽見川沿いで伐採を行っていた。昭和三十年代の初期、曽見川沿いに約九キロメートルのトロッコ軌道が敷設された。**曽見谷**には山師と家族が多く住んでいて、年に一回山の神の祭も開かれた」（前ページの石井正敏氏の資料）。「**曽見**の作業所は綾北川から**曽見谷**を二キロメートルほど遡った所にあった」という（河野耕三氏談）。　(3) **曽見・惣見**の語意は南俣**惣見**参照。**境谷**の引用文や語意は綾南川の川筋地名**境谷**200ページ参照。

平成27年（2015）7月 綾の照葉大吊橋から上流側を撮る。左上にかじか吊橋

第二編　綾町の地名考察

第五章　大字名・村名の由来

綾町の大字名の南俣・北俣・入野は地形語であろう。相当古くから使われていたに違いないが、古文書で確証があるのは中世以後である。本章では大字名・村名の由来について考察する。

Ⅰ　入野の発生と語意

1　入野は古代からの地形語

入野は古代からの地形語である。「『万葉集』の納野（いりの）（一二七二）・入野（一二七七）・伊利野（三四〇三）はすべて地名であるが、表記や歌意から地形名イリノの存在を認めることができる」（『時代別国語大辞典上代編』）。納野（いりの）と入野は「京都市西京区大原野上羽町（うえばちょう）の入野神社辺りに比定され」、「入野は本来、山間に奥深く入り込んだ平地をいう地形語・普通名詞である」（『萬葉集②③』の頭注、小学館版）。伊利野は群馬県多野郡吉井町（まち）大字多胡（現在入野はその一部）の地で、「山間に入り込んだような平地をいう」（同前③）。

2　地名「入野」の発生と語意

大字入野の飛地に(238)**田中**がある（数字は小字名番号）。人びとが綾盆地の水田地帯に定住するようになってからの地名・集落名である。第七章の**田中**参照。綾盆地により多くの人びとが定住するようになると、低平地から見て盆地周辺の「山間・谷間に入り込んだ原野」を「イリノ」と呼ぶようになったのであろう。現に大字入野の広域区名である、**宮原区**・**上畑区**・**古屋区**・**昭和区**（**崎の田区**）・**久木野々区**や、語尾に

「野・原」の付く柿ケ野・二反野・梅ケ野・鷲ケ野・竹野・爰野・平野、星原・上原・吉原・薄原・広沢原・吉井原・野首原・尾原などの小字名も盆地周辺の台地や奥地に位置している（例外＝入野の野中や北俣の灰原・塚原・牧原は盆地内の平地）。（入野は宮原に逗留された三毛入野尊に由来するという伝承がある。松元捨雄氏談）。

なお野と原を区別する場合は、古くは野のほうが里から遠く雑木などがあって耕地に開きにくい所で、原のほうが里に近く耕地に開きやすい所を指していた。

Ⅱ　南俣・北俣の発生と語意

1　下流から見た「川の俣」

南俣最初の地名の❶小坂元は綾南川（本庄川）右岸沿いに、二番目の❷元町は左岸沿いにある。また北俣の181川原元は綾北川（本庄川支流）の右岸沿いに、180八町下は左岸沿いにある。このように川岸の左右は上流から見て区別する。しかし川や谷の左右は下流から見て区別する。例えば北海道瀬棚郡今金町（いまかねちょう）や札幌市西区福井の左股川、厚田郡厚田村（むら）や檜山郡上ノ国町（ちょう）の右股川、和歌山県田辺市の左会津川と右会津川（秋津町で合流）、岐阜県吉城郡上宝村（むら）の蒲田川右俣谷と蒲田川左俣谷（新穂高温泉で合流）、何れも下流から見て左右を区別する川・谷である。東隣の国富町八代の北俣川（三名川と合流）、西隣の小林市須木の浦之名川支流の桑俣谷（川）、綾南川支流の東俣谷（川）と西俣谷（川）、綾北川支流の南俣谷（川）は、何れも下流から見て「分岐の川・谷」であろう。なお、落合・出合などは上流から見ての呼称である。

2　ペテウコピと古代人の方向感覚

下流から見ての「川の俣」という自然地形の捉え方はアイヌの考え方や地名の語意に極似している。

「我々が川の合流する所を落合と名づけているのに対して、アイヌは「ペテウコピpet-e-ukopi、川の別れて行く所」と名づけている」、「川をさかのぼってサケ、マスをとったりクマやシカをとったりしていたころから、そういう生活に即して川はさかのぼって山へ行くものと云う考え方が自然に生まれて来たのである」（知里真志保『地名アイヌ語小辞典』）。「ペテウコピとは、Petペト（川の）eエ（先端が）ukoウコ（そろって）hopiホピ（を捨て去る）iイ（所）の意。下流から上ってきた川の先が分かれて互いに離れる場所をいう」（北道邦彦『アイヌ語地名で旅する北海道』）。また「古代人も居住地をかまえるときにはやはり河口のほうから船などで上れるところを考えたと思う。もともと海人族だった。古代人の方向感覚は下流から上流へという向きだったようである」（谷川健一編『地名と風土』）。

3　河川名に由来する地名

河川の名称は貫流する地域の地名をとって命名されているのが大半である。しかし河川名がそのまま市区町村名になっている地名も多く、また河川名の「川」が省略された地名も少なくない。

「播磨国風土記」餝磨郡の射目前の頭注に「姫路市手野附近の古名。夢前川の名に由来する地」、また宍禾郡安師の里は「安師川に因りて名と為す」とある（『風土記』岩波版）。吉田茂樹氏は「肥前風土記の佐嘉郡の名のもとになったのは、風土記にみえる「佐嘉川（逆流する逆川）」であると筆者は確信している」、「万葉集の多摩の横山は多摩川の横の山を意味するので、河川名から「たま」の地名が生じたと考えられる」などと述べている（『図解雑学　日本の地名』）。武光誠氏は「多くの集落の住民が利用する川にまつわる地名を居住地につけた」と述べている（『地名の由来を知る事典』）。「串間市大納地区には中河内川と大納川の二本があり、中河内川の流域を中河内と呼んでいる」（巣山芳秋『ここにもたつき　わが大納』）。『日本地図地名事典』には「川名由来」の地名が十五、『市町村名語源辞典改訂版』には「河川名に因む・

よる」という市区町村名が三十五、『日本地名大百科』には「川名による・ちなむ」「河川名に由来する」という地名が四十二、記載されている。例を挙げる。「北海道石狩市、地名はアイヌ語イシカラベツ（非常に屈曲する川）に由来」、「茨城県多賀郡十王町、町名は中央部を貫流する十王川の名に由来」（『日本地図地名事典』）。「岩手県北上市、河川名に因む。北上川の名は下流付近から見て、北から流れてくる川に命名したのかもしれない」、「富山県黒部市、河川名に因む。クラ（崖）ヘ（接尾語）の転で「崖の発達した川」のこと」（『市町村名語源辞典改訂版』）。「東京都墨田区曳舟、区の中央部を流れる曳舟川に由来した地区名」、「兵庫県飾磨郡夢前町、町名は南北を貫流する夢前川による」（『日本地名大百科』）。

新潟県北蒲原郡黒川村南俣、石川県小松市西俣、福井県今立郡池田町東俣、山梨県南巨摩郡富沢町福士南又、三重県飯南郡飯南町上仁柿の南俣、奈良県吉野郡野迫川村の北股・十津川村杉瀬の南股、上の七例にはそれぞれ同名の川があり、地名は「川」の略称ではなかろうか。

4　南俣・北俣の発生と語意（仮説）

「綾」という文字の使用は中世以降と推定されている（238ページ参照）。「綾」が付く以前の綾南川・綾北川は何と呼ばれていたのであろうか。大昔には単に「カワ」「コノ（近称）カワ」「アノ（遠称）カワ」と言った頃があったであろう。下流から見て二つの水流（川）の分岐に注目した人々は「ミナ（水）マタ」と言ったかもしれない。東西南北の方向感覚が強くなり、特に綾盆地内の南と北が強く意識されるようになると、二つのカワ（川）に着目して「ミナミ（ノ）カワ」「キタ（ノ）カワ」と言ったことであろう。さらに二つのカワの合流・分岐の「マタ（俣）」に着目して「マタガワ」「南の俣川」「北の俣川」とも口称するようになったのではないか。そして東隣の国富町の「北俣川（三名川支流）」と同じように、綾郷でも「北俣川」「南俣川」と口称する時期があったのではないか。『高岡名勝志』（一八二四年）の「綾郷之内八代南俣村同郷八代北俣村」（誤記誤字があったか）という記述はそのように想像力を刺激してくれるのである。

その後、人口・集落の増加や外部との交流などが頻繁になり綾郷の分割地名が必要になった時、東西は分け難く南北の川に着目したのであろう。そして南の俣川・北の俣川の「川」を省略して、盆地の「南の俣川沿いの地域」を「南俣」、盆地の「北の俣川沿いの地域」を「北俣」と呼ぶようになったのではないか。岩手県胆沢郡衣川村大字上衣川の北股・南股、秋田県本荘市の南ノ股・北ノ股、鹿児島県曾於郡財部町の南俣・北俣にはそれぞれ同名の川があり、「川」が略称された地名ではなかろうか。

5 南俣・北俣の語意語源

①南俣。長野県長野市稲葉南俣村、「村名は古川（裾花川）と風間用水に挟まれた水脈の意の転訛であろう」（『長野県の地名』）。同前大字稲葉南俣は「南俣神社の所が少し高くなって左右に分かれるので、この宮を『水ナ又ノ宮』と称した」（『長野県地名大辞典』）。「熊本県水俣市、川の流れが二股になって合流する所をミノマタ（水股）という」（『日本地名事典』）。岐阜県賀茂郡白川町河岐は「地名の由来は白川の飛騨川に合流する処、即ち両川の分岐点に当るが故」という（『岐阜県地名大辞典』）。「みなまた（水脈・水流・派）は水（み）＋な（古い連体助詞）＋股（また）で、水流の分岐点である」（『古語大辞典』）。

②北又。和歌山県伊都郡九度山町北又は「黒河・久保井川二川の合流の所にあり、北又は川俣の北にある義なり」（『和歌山県の地名』）である。北又は下流から見ての呼称であろう。

③綾郷の北俣・南俣。北又同様に推測すると、「綾北川と綾南川の合流地にあり、北俣は川俣の北、南俣は川俣の南にある義なり」である。カワマタ（川俣・川股・川又）は「川の分岐点・合流点」の意であり（『地名用語語源辞典』）、マタガワ（俣川・股川・又川）も同義であろう。第七章の**マタ**参照。

6 「俣＝谷」説（小川亥三郎『南日本の地名』より引用）

「奄美大島や沖縄では谷をマタという。両方のフトモモを山とすれば、その間の空間すなわちマタが谷である。名瀬市の腰俣（こしまた）（谷間の集落）の古老に聞いたら、マタというのは谷の意味だという。本土でも俣を谷の意味に解釈するとよく当てはまる場合が多い。根占町の主要部は雄川（おがわ）流域の河谷である。現に根占には南谷（みなみだん）という地名が残っている。大根占を北俣といったのは北谷の意味であったろう。大隅、日向には北俣・南俣という地名が多い。噌唹郡財部町大字北俣・南俣、南俣の方ははっきりわからないが、北俣の方は中央地帯を川が流れ、谷という地名が散見される。宮崎県東諸県郡綾町北俣・南俣、北俣は綾北川の河谷地帯。南俣は綾南川の河谷地帯。東諸県郡国富町八代北俣・八代南俣、南北二つの川があって、それぞれの河谷地帯である。」

確かに綾南川と綾北川の流域の大半は、綾盆地の西部からすぐ山地渓谷となり、V字河谷が小林市須木との境谷まで十数キロメートルも延々と続いているが、果たして「山地の河谷」に着目した地名であろうか。

反論①　前掲1～5のように、綾町の南俣・北俣は綾盆地の川俣・俣川（合流・分岐）に着目した地名であろう。県内の類例を挙げれば、綾南川支流の東俣谷川と西俣谷川、綾北川支流の南俣谷川、小林市須木の浦之名川支流の桑俣谷川、宮崎市清武町大字船引の二俣谷川、日南市大字下方（しもかた）の雁俣谷（川）、日向市東郷町大字八重原迫野内の細亦谷川、以上何れの「俣谷川」「亦谷川」も「マタ（俣・亦）」と「タニ（谷）」を区別して使っており、「俣・亦」は「合流・分岐」の意であろう。

反論②　鹿児島県噌唹郡財部町の南俣・北俣について『三国名勝図会④』に次のような記述がある。

「日光神社の正祭　二月十三日　此日北俣、南俣二所の農夫、鉤（カギ）木引の勝負あり。…十一村の内六箇村を併せて土俗に北俣といひ、五箇村を併せて南俣といふ。此諸村を二つに分けて、南俣、北俣と呼ぶことは、木の杈（マタ）の鉤木引より出たりとぞ」。この「俣」は木の杈（マタ）の「分岐」の意である。第七章の**マタ**参照。

反論③　徳島県の例。「美馬郡一宇村川又、那賀郡上那賀町川俣、海部郡牟岐町川又・麻植郡美郷村川俣等は、いずれも川が二又に分流しているすぐ下流にある」（萩沢明雄『徳島の地名と民俗』）。

反論④　日本製漢字（国字）の「俣」は、『古事記』に道俣・河俣・二俣など二十例ほどある（股・跨は見当らない）。「道俣（ちまた）の神　名義は分かれ道に立つ神。道俣は道の股（また）。俣は記独自の文字」である（『古事記』新潮版）。なお、『日本書紀』には股・跨が二例ずつあるが、俣は見当らない。

Ⅲ　村名から大字名へ

1　入野村

地形語の入野は、奈良・平安の時代から使われていたかもしれないが、確かなことはわからない。入野村の使用が確実なのは、十四世紀初頭の徳治元年（一三〇六）である。

『高岡名勝志』（一八二四年）に「諸縣郡高岡郷**入野村**之内　**上畠**　軍護大明神…奉造立貴森大権現正躰徳治元丙午九月廿九日」、「**入野村**　貴森権現之棟　上棟日向国諸縣郡内**入野名**貴森三所権現　御殿一宇徳治元丙午九月廿九日」、『綾郷土史』に「平原権現　徳治元年丙午九月二十九日　入野村宮原…」とある。十四世紀の初頭に入野村・入野名があったということは、あるいは十三世紀以前から、村名・荘園名として使われていたのであろう。

江戸時代の入野村の変遷について『宮崎県の地名』に次のような記述がある。

「**入野村**　江戸時代前期には紙屋外城のうちであったが、同外城が廃されると高岡外城に入れられたという（『三州御治世要覧』十八世紀後半成立）。紙屋外城は明暦四年（一六五八）の新立、延宝九年（一六八一）の廃止。同六年の諸県郡綾名寄目録では紙屋**入野村**とみえている…寛文四年（一六六四）の諸県郡村高辻帳では入野村とあり…」。第七章の**外城**参照。

紙屋**入野村**が高岡郷**入野村**に復したのは、貞享元年（一六八四）である。「野尻・紙屋一節相分り、只今又一所ニ相成候、貞享元年」とある（「島津家列朝制度巻之五十五」『藩法集8鹿児島県下』）。

2　南俣村・北俣村

入野村が十四世紀初頭の徳治元年（一三〇六）以前から使われていたということは、南俣村・北俣村もまた十四世紀初頭以前から使われていたことの傍証となるが、確証できるのは『高岡名勝志』である。

「慶長五年（一六〇〇）高岡外城御取建之節穆佐之内高浜村倉岡之内花見村綾之内**入野村**紙屋之内**上畑村**野尻之内浦之名村高岡江被召付候…尤**上畑**之儀当分者**入野村**之内ニ而御座候　高岡十二ケ村　内山郷之内浦之名村　同郷内山村　飯田郷五町村　同郷飯田村　同郷**入野村**　同郷花見村　穆佐院之内高浜村　八代郷之内田尻村　同郷向高村　同郷深年村　綾郷之内八代南俣村　同郷八代北俣村　右之通往古ヨリ之古帳ニ郷分ケ相見得申候」とある。「綾郷之内八代南俣村　同郷八代北俣村」については疑問があるとしても（誤記誤写か）、「綾郷」に「南俣村」・「北俣村」があったことを裏付ける確かな証拠であろう。

近世の北俣村と北方村、南俣村と南方村について『宮崎県の地名』に次のような記述がある。「北俣村　近世初期には綾北方村もしくは北方村とよばれた。…寛文四年（一六六四）の諸県郡村高辻帳では北方村とあり…。天保郷帳や幕府へ提出の資料類では北方の村名が幕末まで使用された。日向國覚書（一六九八年）も北方村…。しかし鹿児島藩領内では北俣村もしくは綾北俣村とよばれた。「三州御治世要覧」には北俣村…旧高旧領取調帳でも北俣村であった」。「南俣村　寛文四年（一六六四）の諸県郡村高辻帳には南方村とあり…。天保郷帳など幕府へ提出される郷帳類・資料類では南方村と記される。日向国覚書（一六九八年）でも南方村。一方「三州御治世要覧」（十八世紀後半成立）には南俣村とあり…鹿児島藩領内では南俣の村名が用いられた。旧高旧領取調帳でも南俣村であった」。

3 明治期以後の村名・大字名

明治六年（一八七三）の地租改正条例によって土地制度・税制度の改革が行われ、この時綾郷は南俣村と北俣村の二つになった。その後明治十五年（一八八二）六月三十日、南俣村と北俣村とが合併して綾村となり、明治十七年（一八八四）九月三十日には入野村を合併して綾村となった。

明治二十二年（一八八九）四月に市町村制が施行され綾村が誕生した。「新村名撰定の事由　綾村ノ名ヲ付スルハ、該地方ヲ綾郷ト唱フルヲ以テナリ（『郡行政』明治二十二年）」（『宮崎県史 資料編 近現代3』）。

また、「町村合併標準其他ニ関スル訓令（明治二十一年六月十三日　内務省訓令第三五二号）」の第六条に「旧各町村ノ名称ハ大字トシテ存スルコトヲ得」とあり、これに基づいて旧村名は「大字」名とされ、「字」名のほかに「大字」名が誕生した（佐藤甚次郎『公図読図の基礎知識』）。

宮崎県では「宮崎県令第十七号」により、行政区画名として大字名・小字名が正式に使用されるようになった。大字名は町村内の大きな区画をさし、旧来の字・小村（集落）・耕地名などが小字名となった。この時以来、綾村の大字名は南俣・北俣・入野の三つになり、今日に至っている。

宮崎県令第十七号：「町村制施行ニ付キ本県郡町村区域名称并町村役場位置左ノ通改定シ、明治二十二年五月一日ヨリ施行ス、但現在町村名（区域ニ変更ナキ町村ヲ除ク）ハ大字トシ之ヲ存シ、飛地ハ各所在町村へ編入ス　明治二十二年三月二十九日　宮崎県知事　岩山敬義」（『宮崎県史 資料編 近現代3』）。

昭和七年（一九三二）十月一日に町制が施行され「綾町」が誕生した。昭和五十七年（一九八二）十月に町制施行五〇周年記念式典、平成二十四年（二〇一二）十月に八〇周年記念式典が行われ、その後も着実な発展を続けている（五〇周年以後のことは、第六章Ⅳの5の綾町のイメージ参照）。

第六章　亜椰・綾の由来

奈良時代に「阿（亜）陀能奈珂椰（耶）」という地名があり、後に「亜椰」に二文字化され、中世の頃に「綾」が使われたという。「阿（亜）陀能奈珂椰（耶）」「亜椰」などの由来について考察する。

Ⅰ　『綾郷土史・誌』等の引用

1　『綾郷土史』『綾郷土誌』「古記録写本」の引用

①『綾郷土史』の引用。「奈良時代の頃に、地名を亜陀能奈珂椰といったという伝説があるから、地名の起源は古いのである」、「漸次国境、五郡が定められたという時代以前に、綾の地名を亜陀能奈珂椰とよんだのではなかろうか。…阿陀能奈珂椰と称えられたのは、余程の上代にさかのぼるのであろうか。延喜式の頃には頭の一語と終わりの一語とに簡略されて亜椰となり駅名にも用いられている」。

②『綾郷土誌』の引用。「「あや」の地名は「倭名類聚抄」（九三四年頃）にはみあたらず、また諸県郡の郷名の中にもない。…われわれの祖先がまだ文字のない言葉の時代から、語り伝えて古記録に残した阿陀能奈珂椰は、古い時代の「あや」の地名であった。…頭の一語と終りの一語をとって「阿（亜）椰」としたと思われる。延喜式（九二七年）には亜椰駅とある」。

③『古記録写本・綾郷土史』の引用。「太古日向国（日向・大隅・薩摩）ヲ一ニ「婀娜国」ト云ヒ今ノ綾ハ其ノ後「亜耶」ト称シ其名残ニシテ…」、「皇孫ハ上古霧島山ト天磐戸トノ間ヲ往来スルニ當リ中枢ノ地下穂北附近ノ地ヲ経テ我郷土綾（亜耶）トノ間ヲ屢々往来セシモノナリ」、「綾光寺跡　寺名ニ綾字ヲ冠

シタルハ綾ノ地名最初ハ阿陀能奈珂耶ト云ヘリシカバ、其本末ノ文字ヲ取リテ綾(ママ)ト号シ往昔綾殿居城タリシニ因ミテナリト言傳フ」。皇孫は神武天皇の兄・三毛入命。

2 「古記録」「旧記」と「郷土史料の古記録」「古記録写本」について

①引用文中の「古記録」は『綾郷土史』に三か所、『綾郷土誌』に六か所あり、「旧記」は『綾郷土史』に九か所、『綾郷土誌』に二か所ある。編集の際には資料があったはずであるが、残念ながら「古記録」も「旧記」も現存せず内容等不明である。「旧記」は『綾郷土誌』の参考文献「旧記雑録」か。

②『綾郷土史』(31ページ)の「郷土史料の古記録」は昭和六年綾小学校発行の『郷土読本』のことであるという(松元捨雄氏談)。平成十六年八月に綾小学校で探してもらったが、残念ながら保管されていない。

③『綾郷土史』(40ページ)の「古記録写本」は松元捨雄氏所有の「ガリ版刷り冊子」のことである(「綾郷土史・郷土地理資料・綴方教授細目・神社」の四部より成る。昭和五年六月。略称『旧綾郷土史』。町図書館にコピーを寄贈)。1の③に一部引用した。前項②『綾郷土史』の『郷土読本』の原資料という(松元捨雄氏談)。『綾郷土誌』の参考文献に「綾郷土資料　綾小学校」とあるのがそれであろう。

Ⅱ 「阿(亜)陀能奈珂椰」と二文字化

1 「アダノナカヤ」の呼称は何時頃からか

①『綾郷土史』の引用文に「アダノナカヤ」は「漸次国境、五郡が定まる時代以前に、まだ文字のないことばの時代から呼んだのではなかろうか」とある。日向国からの薩摩国の分国は大宝二年(七〇二)、大隅国の分国は和銅六年(七一三)であり、「ほぼ現在の日向国の国境が定まったのは和銅六年の頃といわれ

る」（石川恒太郎『郷土史事典宮崎』）。「アダノナカヤ」の呼称は「八世紀の初期頃」と推定する。

②「アダノナカヤ」の呼称が「余程上代・だいぶ上代」に遡ったとしても「七世紀末」であろう。

2 「アダノナカヤ」の漢字化は何時頃か

①全国的な戸籍として地方から政府に提出が確実なものに、天智九年（六七〇）の庚午年籍（こうごねんじゃく）（戸籍・人口・地名・道路・橋梁などを記載）や持統四年（六九〇）の庚寅年籍（こういんねんじゃく）がある。古代の「アダノナカヤ」でも戸籍に漢字が使われていたとすれば、七世紀末には漢字の「阿（亜）陀能奈珂椰（耶）」があったかもしれない。

②「日向のような辺境地帯では、そんなに古くから漢字が使用されたはずはない。国府ができてのち恐らく中央官僚がもたらしたに違いない」（西都市史編纂委員会『西都の歴史』）。とすれば、日向国庁設置の「八世紀後半」（宮崎日日新聞2018・3・9）の頃に「阿（亜）陀能奈珂椰（耶）」があったかもしれない。

3 「阿（亜）陀能奈珂椰（耶）」の二文字化は何時頃か

①古代の官道に亜椰駅を含む十六駅が置かれたのが八世紀の初期（『三股町史改訂版』年表七一二年・『門川町史』年表七一三年）であるならば、「阿（亜）陀能奈珂椰（耶）」の二文字化は「八世紀の初期」であろう。

②九州諸国の風土記や「日向国風土記」の編述が「天平四年八月以後、十一年末以前（七三二～七三九年以前）」（『風土記』小学館版）であったとすれば、「亜椰」への二文字化は「八世紀七三〇年代以前」であろう。「日向国風土記（逸文）」には二文字地名の児湯（こゆ）・丹裳（にも）の小野（をの）・臼杵（うすき）・知鋪（ちほ）・吐濃（つの）などが記されている。

③「奈良時代の天平勝宝年間ごろ（七四九～七五六年）、日向国分寺が建立され」（日高正晴『古代日向の国』）、「諸国に国分寺及国分尼寺が建立された時代には、中央との要路である綾（ママ）にも駅が設けられたのであろう。」（『綾史』）。そうだとすれば、「亜椰」への二文字化は「遅くとも八世紀中期以前」であろう。

4 「アダノナカヤ」の最初は「亜陀能奈珂耶」か

中国から伝来した漢字には呉音・漢音・唐音などの区別がある。「呉音は五・六世紀の南方シナ字音で、八世紀以前から渡来した。漢音は七・八世紀の北方シナ字音で、八世紀ごろ渡来し、政府は「正音」と称して奨励した」（『國史大辭典第三巻』）。「阿（亜）陀能奈珂椰（耶）」の呉音と漢音を調べてみる。

亜の呉音はアで漢音はエ、**陀**の呉音はダで漢音はタ、**能**の呉音はノ・ノウで漢音はドウ、**奈**の呉音はナで漢音はダ、**阿**・**珂**・**椰**・**耶**は呉音・漢音とも同じで、ア・カ・ヤ、である。従って、「阿（亜）陀能奈珂椰（耶）」は呉音では「アダノナカヤ」であるが、漢音では「アタドウダカヤ」となる。また、「**椰**」と「**耶**」の用例を『古事記』（七一二年）・『日本書紀』（七二〇年）・『万葉集』（七五九年頃）・『風土記』（七三〇年代）で調べてみると、「**椰**」は少なく「**耶**」が圧倒的に多い（次ページのⅢの1の用例・類語参照）。

従って、最初は「**亜陀能奈珂耶**」で、漢音も混用されるようになった九・十世紀頃から「**阿**陀能奈珂**椰**」とも表記されたのではないか（延暦11年［七九二］漢音を正音とする勅令）。あるいは「**阿**陀能奈珂**椰**」は儒教の普及により漢音が頻繁に使われるようになった江戸時代からかもしれない。

5 「アヤ」の最初は「亜耶」か

『綾郷土史』に「**亜耶**駅」「**亜椰**」「**亜椰駅**」、『綾郷土誌』に「**阿（亜）椰**」「**亜椰**駅」、「古記録写本・綾郷土史」に「**亜耶**」「郷土綾（**亜耶**）」とある。また『薩隅日地理纂考』（明治四年成稿）に「延喜驛傳式ニ亞（ア）**耶**（ヤ）…今ハ亞耶ヲ綾ト書ケリ」、『日向地誌』村・小字地名索引』に「綾町［**亜耶**］［**亜椰**］」・「綾郷［**亜椰**］［**亜耶**］」、吉田東伍『増補大日本地名辞書第四巻』（一九〇一年）に「延喜式の駅路は…**亜耶**、**野尻**…」とある。さらに『野尻町史』に「**亜耶駅**」、『日本地図地名事典』に「あや綾「延喜式」**亜耶**（あや）**駅**の地」、

『みやざきの姓氏』（石川恒太郎、二〇一六年）に「綾は古くは「**亜耶**」または「**亜椰**」と書き…「延喜式」の駅名の一つに「**亜耶駅**」として出ている」とある。

以上の「**亜耶**」と「**亜椰**」の用例や前項の『古事記』・『日本書紀』・『万葉集』・『風土記』の「**椰**」と「**耶**」の用例から、二文字化された「アヤ」の最初は「**亜耶**」と表記されたのではいか、と推定する。

Ⅲ　「アダ（タ）ノナカヤ」の語意

1　「阿（亜）陀能奈珂椰（耶）」の用例・類語

漢字の「阿（亜）陀能奈珂椰（耶）」は万葉仮名のような一字一音の借音語である。一字一音の「阿（亜）陀能奈珂椰（耶）」の用例・類語を『古事記』・『日本書紀』・『万葉集』・『風土記』・『続日本紀』（七九九年）で調べてみた（能・耶は除く。何れも岩波版による）。

①『古事記』＝阿・陀・能・奈は多いが、椰は少なく、耶は一例のみで、亜・珂・阿陀・奈珂は見当たらない。ナカは訓読みの中が多く、音仮名の那加・那迦・那賀が少しずつある。

②『日本書紀』＝阿・陀・能・奈・耶は多いが、椰はあまり多くなく、阿陀・奈珂・珂は見当たらない。ナカは訓読みの中が多く、那伽が二例ある。亜は一例のみである（「其の光彩しきこと、日に亜げり」）。

③『万葉集』＝阿・陀・能・奈・耶は多いが、亜・椰・阿陀・奈珂は見当たらない。珂は一例のみである。ナカは訓読みの中が多く、那賀・那珂が一例ずつ、奈迦が二例、奈可・奈加が数例ずつある。

④『風土記』＝阿・陀・能・奈は多いが、亜・椰・阿陀・奈珂は見当たらない。珂・耶は数例ずつある。ナカは訓読みの中が多く、那珂が二例、那賀が数例ある。全体的に訓読みの漢字が多い。

⑤『続日本紀』＝阿・能・奈は多いが、陀・珂・耶は少なく、椰・阿陀・奈珂はない。之も多用されて

いる。ナカは訓読みの中が多く、奈加・奈賀・那賀が数例ある。全体的に訓読みの漢字が遥かに多い。

以上の用例から、亜陀・阿陀・奈珂は二文字語で、能・椰・耶は一文字語ではなかろうか。

2　ノ・ナ・カ・ヤ・ナカ・ナカヤの語意

「アダ（タ）ノナカヤ」の後半、「ノ・ナ・カ・ヤ」「ナカ」「ナカヤ」の語意について推定する（以下『古事記』・『日本書紀』・『万葉集』・『風土記』・『続日本紀』を「記」「紀」「万」「風」「続紀」と略記する）。

①**ノ**は**能・之・乃**の用例が多い。地名に付いた**能・乃**では「記」に「意富斗**能**地神・大斗**乃**辨神」、「紀」に「大戸**之**道尊・大苫邊尊」とある。神名では「記」に「和豆良比**能**宇斯**能**神・飽咋**之**宇斯**能**神」とある。

②「古くはナだけで中の意」（『岩波古語辞典補訂版』）とある。古語の**ナ**には土地の意味もある（『地名用語語源辞典』）。従って**ナカヤ**には「ナ・カ・ヤ」「ナ・カヤ」「ナカ・ヤ」の三つがあり得るが、「ナカ・ヤ」を取りたい。五書にはナカの訓読みが大半で、カヤの用例が見当たらないからである。

③**ナカ**（奈珂）の用例は見当たらないが、「記」に**那迦・那加・那賀**、「万」に**那珂・奈加・奈迦・奈可**、「続紀」に**奈加・奈賀・那賀**がある。**奈珂**は以上の用例と同義でナカ（中）の意、すなわち「内側・中間・中央・中心・途中・最中」などの意味であろう。『和名抄』（九三四年頃）に「讃岐國那珂奈加、日向國那珂中」とある。「常陸国那珂郡、阿波国那賀郡は「中」の意。国の中心部や河川の間の地を指す例が多い」（『古代地名語源辞典』）。**ナカ**（**奈珂**）は「山や川に囲まれた間の地＝盆地」を指していたのであろう。

④**ヤ**（**椰**）は「記・万・風・続紀」には見当たらず、「紀」に数例ある。**ヤ**（**耶**）は「記」には一例のみで（此の国を相作らむ耶）、「風・続紀」には数例、「紀・万」には多数の用例がある。**椰**も**耶**も疑問の助詞「か」がほとんどである。また、**ヤ**には**夜**も多用されている。例えば「紀」には「木花之開**耶**姫」、「記」

には「木花之佐久**夜**毘賣」とある。**ヤ**（**夜**）は「感動の助詞であろう」（岩波版131ジペー）。**ヤ**（**耶**）も同義であろう。しかし、地名の語尾に疑問・感動の助詞が用いられたとは考えられない。**ヤ**はヤチ（谷地）・ヤツ（萢）の略で、「低湿地」の意味（『地名用語語源辞典』）であろう。ヤチには湿地・沢の意、ヤツには谷・谿谷の意がある（『全国方言辞典』）。なお、ヤ（野）は漢音である。**ア・ダ・ノ・ナ・カ**が借音で、最後の**ヤ**（**椰・耶**）のみ漢字の意味（野原・原野）ということはあり得ないと思う。中野（なかや）もあり得ないと思う。

⑤**カヤ**（**珂椰・珂耶**）の用例は五書には見当たらないが、**カヤ**には茅・萱などの意や、朝鮮の加耶・加羅の国の伝播地名説がある（『日本地名事典』）がどうであろうか。

⑥漢字のナカヤは中家・中屋・中谷の三つである。上の二つは自然地名ではなく、中谷が適当である。

3　アタ・アダの語意

薩摩半島一帯の古称である「アタ（吾田・阿多）」について、吉田茂樹氏は「アチ（彼方）の転化で、遠方の住人の意ではあるまいかと考える」と述べている（『日本地名事典』）。一般に地名は住人の共通認識から生まれるものが多い。吉田氏の「アチ（彼方）」の転化説は、自然の地形地名ではなく、また当地居住者の呼称・命名ではないであろうから、「アダ（タ）ノナカヤ」には該当しないのではないか。

仮説①＝アダ（低湿地）説

「アダ（阿陀）はウダ（宇陀）・ムダ（六田）と同義語で、河川の流域の低地を意味する地形語である。…アクツ→アダの地域である。奈良県五條市東方の阿陀は、こうした河辺の地域には同地名の分布することは容易に理解されるのである」（『奈良県史14　地名―地名伝承の研究』）。

綾盆地は綾南川・綾北川の流域の沖積低湿地であり、「アダ（タ）ノナカヤ」の「アダ」が「低湿地」を意味する地形語であっても不思議ではない。

仮説②＝アタ・アダ（急傾斜地）説

「アタ」には「急」の意、「アダ」には「落」の意がある。例えば、アタアミ＝南島徳之島で急雨・驟雨の意、アタキシ＝南島石垣島で急岸・断崖の意、アタダニ＝島根・愛媛・九州・南島でにわかに・急にの意、アダカス＝落とすの意、アダケル・アダレル＝落ちるの意、など（『全国方言辞典』）。また、「アタ・アダは「荒」とか「急」とか「落ちる」とかの意味をもつ語であり、他の多くの類例と同じく「崖、急斜面」を表現するための地名用語と思われる」（『古代地名語源辞典』）。

錦原台地の北側・東側・南西側は急な崖地が続いており、綾盆地周辺台地にも急傾斜地や崖地が多い。「アダ（タ）ノナカヤ」の「アタ・アダ」が「崖地・急斜地」の意味であったとしても不思議ではない。

仮説③＝アタ（豪族の勢力圏）説

「上古、田地は氏（部）族の共有であったが、有力者がアタ又はアガタ（吾田）と称へて之を専有するようになり、私産制度の端緒をひらいた。アガタが縣という字をあて、行政区域の意に転用せられたのに反し、アタは地名となって残存した。筑紫の日向の吾田（薩摩国阿多郡）、大和の阿陀（宇智郡阿太）等が其である」（松岡静雄『新編日本古語辞典』）。「アガタ（県）は古い時代の豪族の勢力圏をいう普通名詞であった。後に固有名詞に転じたのは「～の県」といわれた前の部分が略された形である。語源は古くから上(あが)田(た)説（高所の意）と吾田(あがた)説（豪族の勢力圏の意）とがある。いずれとも定めがたいが、タは田ではなく処(ト)の転であろう」（『古代地名語源辞典』）。「古墳時代の綾には**錦原**の**大工園**古墳、**宮原**の**四反田**古墳、王ノ塚古墳、**スミ床**の古墳（昭和八年県指定）など、小豪族が居住したと思われる跡が残っている」（『綾誌』）。

小豪族がアタ・アガタ（吾田）と称して土地を領有していたに違いない。「アダ（タ）ノナカヤ」の「アタ」が「豪族の勢力圏」の意であっても不思議ではない。

4　アダ（タ）・ノ・ナカ・ヤの語意（まとめ）と補説

仮説①のアダ（低湿地）説はヤ（椰・耶）の「低湿地」の意と重複するので可能性は少ないであろう。従って、「アダ（タ）・ノ・ナカ・ヤ」は仮説②の「急傾斜地・崖地に囲まれた中の低湿地」の意か、または仮説③の「豪族の勢力圏の中の低湿地」の意であろう。時代的に先後があるとすれば、地形語の「急傾斜地説」が先で、「勢力圏説」が後であろう。私見としては、時代が後の「アガタ（豪族の勢力圏→県）の中の低湿地」というほどの意味ではなかったかと推測する。

補説。①「古記録写本・綾郷土史」に「太古日向国（日向・大隅・薩摩）ヲ一ニ「婀娜国」ト云ヒ…」とある（232ページに引用）。そうだとすると、「アダノナカヤ」は「日向国ノナカヤ」となるが、「ナカヤ」が狭い当地を指していたとは考え難く、「日向国ノナカヤ」はもっと広い土地を指していたであろうと思う。②『新版まぼろしの邪馬臺國』（宮崎康平著、昭和55年）に「吾田の長屋（屋＝邪＝江）は、長い入江という意味で、どうやら長崎港のある入江を指しているものらしい」（372ページ）とある。「アタノナカヤ」が「長い入江」を意味していたとすれば、**割付**や**尾立**にいた縄文人の頃からの地名とも考えられる。今後の検討課題である。③「ナカヤ」が「長谷（ながや）」（長い渓谷）の転であれば、小川亥三郎氏の「俣＝谷」説と同じになる（223ページ参照）。これも今後の検討課題である。

Ⅳ　「アヤ」の由来と綾のイメージ

1　地名「アヤ」の由来

『古事記』（景行天皇の倭建命子孫の段）に「建貝兒王（たけかひこのみこ）は、讃岐の綾君・伊勢の別・登袁の別・麻佐の首・宮首の別等の祖」とある（岩波版）。『日本書紀』に「武卵王（たけかひこのみこ）は、讃岐綾君の始祖なり」（景行51年8月の条）、

「綾君、姓を賜ひて朝臣と日ふ」（天武13年［684］11月の条）とある（岩波版上・下）。また、『万葉集』（巻一～五）の歌の題詞に舒明天皇（629～41）が「讃岐国安益郡に幸しし時…」とある（岩波版）。「後に「阿野」とも書く。この地に「アヤヒト（漢人）」が入植して、漢織（綾織）を始めた所で、朝鮮にあった安羅（安耶）国の伝播とみられている」（『日本地名事典』）。「藤原宮跡出土の木簡には「綾郡」とあり、古代に行われた地名の二字化によって「阿野郡」となった」（『日本地名ルーツ辞典』）。「大化前代の渡来人・アヤ（漢）氏及びその部民のアヤベ（漢部）、アヤハトリベ（漢織部）などにちなむ地名か」（『地名用語語源辞典』）。なお、阿野は「広き肥沃な野」の意という（丹波基二『苗字と地名の由来事典』）。

綾氏は綾朝臣の後裔、讃岐国を支配した大豪族である。現在、香川県綾歌郡に綾川町がある（平成18年3月以前は綾歌町・綾上町・綾南町があった）。讃岐国の「アヤ」が地名「綾」の始まりかもしれない。

2　地名「アヤ」の語意語源

地名「アヤ」の語意語源説には、「①動詞アユ（零・落）、またアユク（揺）などから、崖などの「崩壊地形」を示す用語か。②アヤナス（綾）のアヤで、「（河・谷・稜線などの）交差した所か」。③「方言アヤ（「鯆」の意）から、「ひびわれたような地形。谷間など」か」がある（『地名用語語源辞典』）。「あや（阿野）は『和名抄』讃岐国の郡名。…漢部（織物に携った帰化人）の居住地という説が広く行われているが、古語のアヤはアエに通じて「落ちる、落とす」の意があり、「崖地」「急傾斜地」の称とも考えることもできる」、「アヤの場合は「落ちる」という意味のアエ・アヤ、または「揺り動かす」意のアユの転で、「崩崖・急傾斜地・自然堤防」などの地名ということになろう」（『古代地名語源辞典』）。

綾町の綾は「アユの転で、崩壊地形のことか」、讃岐国の阿野は「交差した地形のことか」とある（『市町村名語源辞典改訂版』）。わが綾町の「アヤ」は地形語であろうか。地形語であるとしても、①「崖地・急傾斜地・崩壊地」の意か、②「川・谷・稜線の交差地形」の意か、③「ひびわれたような地形・谷間」の意か。確かなことは分からず、いずれとも決め難い。

3　漢部・漢人・漢氏とのかかわり

『播磨国風土記』餝磨郡の条に、「漢部の里、漢部と称ふは、讃岐の国の漢人等、到来たりて此処に居りき。故漢部と号く」（岩波版）。「四、五世紀ごろに、わが国に渡来した楽浪・帯方郡の人たちのうち、中国系と称した人びとを一般に『漢人』とよんだ。彼らの多くは、大陸の知識・技術をもって大王に仕えていたが、五世紀後半に東漢氏が伴造に任命されると、東漢氏の下で、種々の専門職からなる漢部の直接の管理者となった」（大矢良哲「渡来地名の事典」『日本「歴史地名」総覧』）。「漢部は直接的には漢人の管理下にあり、甲斐・丹波・美濃・播磨・肥前・備中・伊勢などの各地域に分布している」（『古代地名語源辞典』）。

「香川県には、かつて阿野郡（今の綾歌郡綾川町、平成十八年三月に合併）があった。阿野は綾を二字化した地名である。…日向国（宮崎県）にも東諸県郡に綾村があって、綾氏がいるが、両者は関係があるのではないか、と思っている。この〈綾〉の意味は、古代の綾織（織り物の一種）から来ているらしい」（丹羽基二『日本の苗字読み解き事典』）。「五世紀末頃に渡ってきた漢氏は工芸や文筆などで朝廷に仕えた。『アヤ』のつく地名には、漢氏の居住地にちなんだものが多く、綾町（宮崎）、綾部市（京都）、綾瀬市（神奈川）、綾歌町（現丸亀市）などがある」（浅井建爾『日本の地名雑学事典』）。

「この綾町にもその昔、安耶（朝鮮半島南部の小国）王族系統の人々が移り住んだであろうことは、想像に難くない」（「公民館亜椰」平成六年十二月号、高柳昭二）。

古代のアヤの人々と漢氏や綾歌町の渡来人などとの関係があったとすれば、地名の「阿（亜）陀能奈珂椰（耶）」や「阿（亜）椰（耶）」にも綾織の美しいイメージが込められているのかもしれない。

4　地名「綾」の由来

「綾」の所見は和泉式部（九七七～一〇三六年頃の女流歌人）の伝説地名か。

「綾の名義 當邑の説に、地名を綾といふは、和泉式部、油菜花の發するを見て、綾を布たるが如しと、賞稱せられしより、名とすといへり」（『三国名勝図会第四巻』）。

「綾という字を使うようになったのは、いつの頃からか判明しないが、綾氏の系譜、綾光寺の命名、上井古文書などから推察して中世以降と思われる」（『綾誌』）。

「綾」という地名の使用が確実なのは十四世紀中頃である。「南北朝時代の正平元年（一三四六）、綾郷入野村**上畑**に僧垂水弁阿闍梨が居住していて長楽寺を創建した」（『綾史』）。

『日向記上』（落合兼朝著、旧飫肥藩近世初期までの歴史書）に「日向諸県郡内**綾上畑**ノ住僧垂水阿舎利六十六部ノ為ニ巡廻…或善智識説法有ヲ聴聞ス…貞和四年（一三四八）」とある（『日向郷土史料集第一巻』）。なお、六十六部とは自ら書写した法華経を全国六十六か所の霊場に納める行脚僧、廻国の修行者のことをいう。

5　綾町のイメージ

綾町は昭和六十年（一九八五）三月、「照葉樹林都市宣言」により、「自然とともに生きる」というビジョンを宣言した。二十一世紀初期の綾町は、「照葉樹林の郷」・「水の郷」（平成7年国土庁認定）・「自然生態系の町」・「工芸の町」・「スポーツ合宿の町」などのイメージが定着している。

平成十七年（二〇〇五）五月には、てるはの森の会・日本自然保護協会・九州森林管理局（国）・宮崎県・綾町の五団体による「綾川流域照葉樹林帯保護・復元計画（綾の照葉樹林プロジェクト）」の調印式が行われた。五十～百年後には六〇〇〇ヘクタール以上の世界に比類なき広大な回廊状の照葉樹林地帯が出現する。

平成二十年三月には、約二五〇〇㌶の綾の森のうち原生林に被われた一一六七㌶が日本の代表的原生林の保護を目的とする林野庁の「森林生態系保護地域」に指定された。全国で二十九カ所目、県内では平成二年（一九九〇）指定の祖母山・傾山・大崩山周辺に次いで二カ所目である。

平成十九年に国土緑化推進機構から森林セラピー基地の認定を受けた。二十一年十一月には川中自然公園（平成十四年以前は川中キャンプ場）内に約一㌔の癒しのコースが設定され、照葉樹林の森（約一万㌶）の活用が期待されている。また、長年にわたる森と共生するまちづくりが評価され、平成二十四年七月に綾町全域と周辺の小林市・西都市・国富町・西米良村の一部地域（総面積一万四五八〇㌶）が、国内五カ所目となるユネスコエコパーク（生物圏保存地域）へ登録された。綾ユネスコエコパークの最大の特徴は自然を厳重に保護する「核心地域（六八二㌶）」、教育・学術研究・レジャーに活用する「緩衝地域（八九八二㌶）」、人が生活する「移行地域（四九一六㌶）」の三つに分かれていることで、三つの機能がある。①生物多様性の保全（照葉樹林が育む豊かな自然環境と多様な生物の保護・保全）、②学術的研究支援（科学的な調査や研究、教育・研修の場の提供、人材育成）、③経済と社会の発展（国内外のモデルとなる自然環境と調和した持続可能な地域社会の発展）である。今後自然との共生モデルを世界に発信していくことが課題である（昭和五十五年に屋久島、志賀高原、白山、大台ケ原・大峰山の四地域が登録されている）。

今や「本もの」が求められる時代となった。故郷田實元町長は「本ものとは良心に問うて恥ずかしくないもの」と力説した。照葉樹の森を再生し活用して「自然との共生」という生き方を、この「綾」の地から日本全国に、さらに世界に向けて積極的に発信していきたいものである。

第七章　関連語意・資料

第一章～第六章に記載しなかったもので、綾町地名の理解に必要な語意の補足・類例・諸説や資料を本章にまとめて記載した。旧漢字や旧仮名遣いはできるだけ常用漢字や現代仮名遣いを用いた。辞典事典類は編著者を略し書名のみ文末に記し、引用ページを付けた。

○愛宕＝アタゴ　104ページ。語意に諸説①～⑫がある。

①「アタゴ（愛宕）とはオタケ（御岳）の転化で、雷雲の生ずる山の意」（『日本地名事典』38ページ）。②「愛宕　京都市街地東部にあった旧郡名。アタコ（与処）の意。鴨県主が土地を与えられ来住して開発した所」（『日本地名大事典上』36ページ）。③「アタゴはアフ（逢う）タゴ（屈折路＝山道が狭くて曲折し凸凹しているさま）で、〝剣阻な山（路）に出逢うところ〟の意」（吉田金彦『京都滋賀　古代地名を歩く』28ページ）。④「急（アタ）・処（コ）で、高く険しい処をいう」（池田善朗『筑前故地名ばなし』109ページ）。その他、⑤反対側・裏側の意（『定本柳田⑳・地名の研究』63ページ）。⑥アイヌ語のタイマツの意（『地名語源辞典』26ページ）。⑦レプチャ語の山頂の意（同前）、⑧アダコ（仇子）の意（『日本地名ルーツ辞典』557ページ）、⑨墓地の意（同前）、⑩高所の意（『地名用語語源辞典』16ページ）、⑪激流の意（同前）、⑫急崖の意（同前）、などがある。

○池田＝イケダ　87ページ。本文の語意①～③の他に類例・諸説④～⑪がある。

④「兵庫県神戸市長田区池田、地名の由来は、田畑の中に溜池が点在する風景による」（『兵庫県地名大辞典』147ページ）。⑤「田に溜池代りに水をためておいて田植のときこの田の水を使う方法は、池田という名で房総半島に知られている」（千葉徳爾『民俗と地域形成』310ページ。千葉県鴨川市池田辺りか）。⑥「鹿児島県指宿市南西

端の池田湖、この湖はかつて沸騰し火山活動を続けていたのであろう。そうした情態の池を当時の人は「生きている池」と感じ取り、いくた⇩いけたと訛って池田湖という湖名が生まれたのであろう」（吉田允義『地名のルーツ』227ページ）。その他、⑦生田（いくた）（立派な田地）（『日本地名ルーツ辞典』775ページ）、⑧イコタ（息田＝休耕田）（『日本地名大事典上』63ページ）、⑨土砂崩れ地（小川豊『あぶない地名』36ページ）、⑩湧水で灌漑される田（『地名用語語源辞典』34ページ）、⑪湖沼・池・水路・川などのある所（同前）、などがある。

○厳島＝イツクシマ　88ページ。語意①②。

①「厳島（いつくしま）は市杵島姫神の神名に由来するというより、本来、聖なる神を斎き祭った島で、イツキシマ（斎島）が原義であろう。」（『日本地名事典』79ページ）。斎くは神をあがめ祀るの意。②祭神の市木島姫命、「古代インド語に由来する。イチキは水路の眼、水路監視という意味の合成語で、イチキシマ姫という神名は、水路を監視する島に鎮座する女神の意」（川崎真治『古代稲作地名の起源』43ページ、昭和51年）。

○入野＝イリノ　218ページ。語意の補足。

「入野の語源は文字通りに「入り込んだ野」でもいいのだが、野や谷が山に入り込む、というだけでは正確には物足りない。自然地理解釈だけでなく、むしろ入り込んだのは人間である。それも只の人が来たのではなく、要人・名のある人が特別に入来したのをいうのであるから、乙訓郡の古代でいえば、古山陰道を北上してきた継体天皇（第二十六代、五〇七〜三一）があるのは無視できない。もともと入野は、歌垣に集まって来る民俗風習がある土地だったからでもある。」（『京都地名語源辞典』57・58ページ）。

○内屋敷城墟・案内板　50ページ。資料①②。

①『日向地誌』（北股村）。「内屋敷城墟　綾城墟ノ西南三町許錦原ノ南畦ニアリ南平田ニ臨ミ高サ十餘丈具平原ニ連ナル處三面環ラスニ壕隍ヲ以テス隍深サ一丈幅四間隍内ハ壁壘儼存ス亦高一丈餘其中平坦東西五十間今皆畦圃トナル」（1219ページ）。②内屋敷城現地案内板。「内屋敷城　元弘三年（一三三三）元弘

の乱で鎌倉幕府がほろび、その時の功により足利尊氏は、日向の国国富の庄を拝領した。足利尊氏は一族の細川美濃守義門（小四郎）を派遣し、その子義遠は収納使として日向に下向した。その後、南北朝の乱が起こり天授三年（一三七七）都城役で南朝方が大勝し、この時の功により、足利尊氏は国富の庄を二分して都於郡の伊東氏と延岡の土持氏に与えた。この時細川義門に諸県庄綾八十町と入野名十六町を与えたと思われる。この地は、綾の中央、**古城**の西方**錦原**台地に位置する要害の地で、ここに土塁、空濠を廻らす広大な屋敷を構えて一族の居館とした。」

○宇都・鵜戸＝ウト　56ページ。本文の語意①の他に諸説②〜⑦がある。

②「南部九州にある宇都、鵜戸という地名は、その原義は洞穴の意であるが、宇都は行き詰まりになった谷を意味し、鵜戸は原義通り洞穴の意味に用い、両者を使い分けている」（小川亥三郎『南日本の地名』256ページ）。③「宇都・宇土・宇戸・鵜戸などは土地が深くクボんでいる場所をいう。…クボは広く浅くくぼみ、ウトはせまく深く落ちこんでいる。…落ちこむのは必ずしも下ばかりでなく、ほら穴式に横にえぐられてもウトで、鵜戸神宮のある鵜戸もその例である。」（小野重朗『かごしま民俗散歩』232ページ）。その他、④「ウナト（海処）」（海浜に面した土地）（『日本地名事典』105ページ）、⑤「ウト（疎＝独立）」（吉田茂樹『図解雑学 日本の地名』226ページ）、⑥「浮土（島）」（『日本地名大百科』158ページ）。⑦「ウド（浪打際）」＝（山口貞夫『地形名彙㈠』128ページ）。

○行政区＝ギョウセイク　25ページ（**東西中坪**区・**南麓**区）・83ページ（**神下**区）・130ページ（**上畑**区）などの区名。資料。

薩摩藩時代の南俣村・北俣村はそれぞれ三つの方限（区域）に分かれていた（方限は数門で、門は数家部の農民で構成された）。南上方限＝四枝・中堂。南中方限＝揚・中川原・向川原・古城。南下方限＝郷鳴・元町・八日町。北上方限＝杢道・割付・竹野。北中方限＝麓・梅藪・新村・小田爪。北下方限＝神下・郷鳴・元町・八日町（郷鳴・元町・八日町は南俣村と北俣村に分かれていた）。明治期になっても方限制は続き、明治十七年（一八八四）九月入野村と合併後に方限制から数字区制（八区）となり、大正二年（一九一三）

九区、大正十三年十区となった。昭和十一年（一九三六）九月に地区名制に変わった時に十六区に増えた。上畑区・中堂区・揚町区・宮谷区・立町区・古屋区・崎ノ田区・神下区・東中坪区・西中坪区・宮原区・南麓区・北麓区・杢道区・竹野区・四枝区。昭和十五年一月崎ノ田区が紀元二千六百年を記念して昭和区に改称。昭和二十四年八月、麓区・宮原東区・宮原西区・割付区・尾立区・二反野区が設けられ、二十一区となった。二十六年四月に久木野々区、三十三年四月に倉輪区が設けられた（『綾誌』191～199ページ）。その後東宮原区と西宮原区が合併したが、時期不明。現在二十二の行政区がある。

○霧島講＝キリシマコウ　23ページ。資料。

「南九州地区で霧島連山が眺望できない地域では特別に霧島神社を勧請し、霧島講を結び遥拝する地域もあり、霧島神社が希に見られるのはその名残である」（園田隆『南九州路をさるく』121ページ）。

○高下＝コウゲ　84ページ。語意①②。

①「コウゲ（高下）　多くは短い草の生えた土地で、水田はもとより畠にも開き難い所。それゆえしばしば芝の字が宛てられている」（『改訂綜合日本民俗語彙②』536ページ）。②「中国地方では一般に高原の草生地の水の流に乏しい処をカウゲと謂って居るらしい」（『定本柳田⑳・地名の研究』121ページ）。

○コヤシ　64ページ。本文の語意①～③の他に諸説④～⑥がある。

④「コ（小）ヤス（沼地）の意」（鏡味『地名の語源』167ページ）。⑤コヤシノキの下略で、「コヤシノキの群生地」の意か。「コヤシノキはえごのき（斉墩果）のことで、えごのき科の落葉小高木」（『鹿児島方言大辞典上』678ページ）。⑥「施肥する畑」の意か。「阿波の祖谷山では畠をコヤシと謂ふ。多分コヤシ畑・コヤシ山等の略語で、此部分のみ特に施肥をする故の名であらう」（『分類農村語彙増補版下』128ページ）。

○崎と鼻＝サキとハナ　51ページ。語意の補足①～③。

①「サキ（崎）は海岸線で陸地の突き出した地形名である。ハナ（鼻）も突き出した地形名であるが、

サキと異なり、海岸線のみならず内陸部でも命名される。両者の地形上の一般的相異はハナの方が高度があり、しかもサキよりも突出部が短い。ハナは突出部を強調してつけた名といえる。それに較べ、サキは突出部のつけ根から突出部までの全域を含んだ名である」（稲垣尚友編『トカラの地名と民俗下』20ジペー）。②「サキにハナがつく例がたくさんあるのに対し、ハナにサキがつく例は少ない。ハナの方が時代が新しいためか。あるいはサキの方が地域的に指し示す範囲が広く、ハナの方はその一部を指し示すということも考えられる」（黒田祐一「自然地名の事典」『日本「歴史地名」総覧』76ジペー）。③「～崎鼻（さきはな）は～鼻崎（はなさき）の十倍以上あるから、鼻（はな）のほうがサキよりも後の時代に広まったと考えられる」（黒田祐一『地名で知る暮らし⑵』15ジペー）。

○衆力山＝シュウリョクザン 103ジペー。語意の補足①～③。

①「藩政時代（殿様の時代）吾が薩摩藩には衆力山と呼ばれる森林制度が布かれていた。それは藩の公有地に人民をして杉造林を行わしめ、其の収益は一部を藩庁の経費に充て自余は人民の需要に応じ、申訳程の売価を以て立木の賜払下げらるる建前で謂わば一種の部分林であった。持留山（私有山林）を持たない人達の建築材料は専ら之で賄はれた訳である。恐らく民衆の力で造成さるる山と云う意味から出たものであろう」（高岡を語る会・同町文化財委員会編『たかおか』6号28ジペー）。②「（鹿児島藩の）御物山（**衆力山**）は人別差杉（士民一統に課したスギの挿付（さしつき））によって植栽した林地である。寛永年間（一六二四～四三）から藩の規定により衆中（士分）一人に付き植木五本（後に戸別差杉としてスギ・マツ25本）を命じている」（宮崎県『宮崎県林業史』13ジペー）。③「鹿児島藩の集力山は毎年課役として一戸二十本あて挿植させて地元の村が公共の用に供するときは伐採を許し、藩で伐採または払い下げたときは半額を下し渡した。部分林は郷村の民が藩に願い出て私費をもって杉木をさし付けたもので、藩の許しを得て伐採するときは半額を納めた」（石川恒太郎『新・日向ものしり帳』235ジペー）

○宿神＝シュクジン 136ジペー。語意の補足①②。

①「江戸時代中頃まで、宿神三宝稲荷大明神は銀鏡神社に合祀されていた。宿神は星の神をいう。三宝稲荷は不浄を忌み嫌う三宝荒神を祀るもので、火の神、竈の神と尊称される。宿神、三宝荒神を敬う者には、開運、火防、家内安全、病平癒、安産、除虫、豊作とあらゆる望みを聞き届け、不敬の徒には激しくあたることもある」、「二十八星宿は黄道にそって天球を二十八にわけ、そこに現れる星座（星宿）を示した中国の天体思想である。」（濵砂武昭『銀鏡神楽―日向山地の生活誌』43・85ページ）。②「宿神は星宿神であり、米良山系の神楽には自然神・土地神の信仰として分布する」（西米良村教育委員会編『西米良神楽』63ページ）。

○条里制の坪＝ジョウリセイノツボ　28・31・44ページ。語意の補足①②。

①「京都府宇治市槇島町一ノ坪、古代条里制において一の坪に当る部分であることの意」（『京都地名語源辞典』41・42ページ）。②「長崎県諫早市川内町大坪、条里制の遺構といわれ、三六坪中の最北隅の三一坪の地割にあたり方形の坪割になっている」（山崎諭「郷土の地名考(二)」『地名学研究下巻（第十二号）』21ページ）

○立山＝タテヤマ　177ページ。本文の語意①②の他に諸説・類例③〜⑪がある。

③「館山　長崎県南松浦郡上五島町・奈良尾町などで共有の薪木山をいう。タテルは伐らずに成長させるという意らしい。長野県下伊奈郡で木を立てたまま買うからで、買い受けて薪に伐り出すこと」（『改訂綜合日本民俗語彙②』878ページ）。④「飫肥藩の立山　檜の柄に適するカシ、艦材に適するクスノキを立て置き、また将来有用な樹種を養成する山で、所属のいかんを問わず指定された」（宮崎県『宮崎県林業史』１０９０ページ）。⑤「タテヤマ（高知県中村市常六）　焼山をしない雑木山」（桂井和雄「山村の地形方言」『地名学研究上巻（第八号）』54ページ）。⑥日向市東郷町の立山（３５８メートル）、標高はないが住民にとっては堂々と立っている立派な山である」（『日本山岳ルーツ大辞典』１０１４ページ）。⑦「立山　屏風を立てたような峻嶮な山容をしていることを意味している」（徳久球雄編『山を読む事典』179ページ）。⑧「富山の立山、立ち山というのは、切り立った山というより、そびえ立った山で、周囲から目立って見える山ということだ」（吉田茂樹『図解雑学 日本の地名』108

ページ）。⑨「タチ・タテ・タツはいずれも台地・小丘陵などの平坦地、緩傾斜地を表わす地名用語。富山県の立山も「切り立った山」の意ではなく中腹の美女平など平坦地の多い山のこと」（『古代地名語源辞典』191ページ）。⑩「タツ（立）の原義は出現するで、立山は神聖な山の意」（『続・国語語源辞典』118ページ）。⑪「富山県東南部の立山、立は神が出現すること、立山は神の出現する山の意」（谷川健一編『地名と風土』187ページ）。

○田中＝タナカ 142・218ページ。語意の補足①〜④。

①「古代の農民は村から離れた仮小屋に寝泊まりして新田を開発した。村に居ることを表す「村居」に対し、村を離れた田地で過ごすことを「田居」と呼んだ。新田開発が進むと田居が地名化し、やがて田居が田の中（中央・中心）を表す「田中」にかわるようになった」（武光誠『地名の歴史 そんな秘密があったのか』118〜119ページ）。②「忙しい時には、たんぼに小屋をつくって泊まった。これが「田居」で、「田居」がおおくなると、「田居中」と呼ばれるようになり、後に略されて「田中」となった。田居の者が多くなって、小村が構成されると、田中の地名ができ、姓氏に転じた」（丹羽基二『姓氏・地名・家紋事典』25ページ）。③「田中は田畑のある所をいう」、「田居中には田畑の中央の意がある」（『日本地名事典』276・277ページ）。④田中は「たんぼ中」の略か（例：東京都東村山市廻田町四丁目付近のたんぼ中、数百平方メートル程度のたんぼ（水田）がいくつかあり、こう呼んだ。東村山郷土研究会『東村山の地名とそのいわれ』63・64ページ）。

○田畑成引＝タハタナリヒキ 38ページ。資料。

「田畑成引　是ハ古来ハ田請の場処なれども、当今ハ用水乗兼て、稲作ハ仕付がたく、年々畑作を仕付たる処、…此村々は田の年貢を納ること難儀に付、之を畑成に願出るときハ、田作は決して成難き地所かを篤と吟味の上、弥稲作成りがたきに決定せバ、畑成に申付、石盛を下げ遣す、仮令バ上田の石盛十二、上畑の盛ハ八ツにて四ツの差ひあり…」（『地方凡例録下』5・11ページ）。

○水流＝ツル 40・83・92・113ページ。本文の語意①の他に諸説②〜⑤がある。資料⑥。

②「ツル　九州で川の両岸の山が急に遠のいて稍々広い平地を成す所の名を云う。東国のトロと同じく静かな水を湛えている地である。そうした地形である上に川が必ず屈曲している様である」（山口貞夫「地形名彙(二)」124ページ）。③「結局ツルの地名は水路のある平地にある、ということに帰結される。…そこだけは稲を植えず耕作するときの田舟を通す水路を田ヅル道というが、この田ヅルのツルが水路である」（鏡味『地名の語源』19ページ）。④「川筋地名のツルは、河川の曲流部に洪水などで上流から打ち出す土砂が堆積してできた小平地や緩傾斜地を指す地形地名であろうと思われる」（高浜幸敏「ツル」『日本「歴史地名」総覧』80ページ）。⑤「小林市野尻町三ケ野山の小水流（コズイ）は洪水の意という。北山からの洪水によって多量の土砂が運ばれ辺りは見る間に荒らされた地帯。其処でコズイといったものと考えられる」（園田隆『南九州路をさるく』148ページ）。⑥資料＝水流（つる）地名は宮崎県に39、鹿児島県に20、計59ある（『新日本地名索引③』483ページ）。

○田畠（デンパタ）の等級　28・44・52・128・151ページなど。資料①②。

①田地はかつてその生産高によって、上・中・下・下下の四等級があった。「延喜式で公田の穫稲を上田（じょうでん）（五〇〇束）、中田（ちゅうでん）（四〇〇束）、下田（げでん）（三〇〇束）、下下田（げげでん）（一五〇束）としている」（阿部猛一編『荘園史用語辞典』76・78・124・156ページ）。「関東方年貢の取方は、田は米取、畑は永（エイ）取の定法にて、即ち反取なり、仮令ば上田壱反歩に付、取米七斗、中田は六斗、下田は五斗、下々田四斗など、大概此当りにて、村所により反取の高下あり」（『地方凡例録上』194ページ）。②畠地の等級は定かではないが、田地の約半分であろう。「畠墾田（畠を水田化した地種）が一町につき五石、畠が約二斗五石の直米であった。…また、水田と畠地との直米の比は約二対一である。これは平安時代後期の水田と畠地の賦課額（三斗と一斗五升）の比とほぼ同じである」（木村茂光『日本古代・中世畠作史の研究』314ページ）。

○外城＝トジョウ　32・89・225ページ。資料①②。

①「外城　鹿児島藩近世の地方行政区画で、天明四年（一七八四）四月郷と改称した。中世島津氏はそ

の本城に対し、領内各地に防衛拠点としての支城を設けて外城と呼んだ。城は慶長二十年（一六一五）幕府の一国一城令で全廃された」（『宮崎県地名大辞典』14ページ）。②「外城ハ、御居城を内城と云意ニて、諸所之城ハ皆外衛之城と申す儀ニて、外城と相唱候」（『藩法集8鹿児島藩上』177ページ。鹿児島藩の生活全般の法令統計集、文政（一八一八～三〇）初期の成立）。

○土地の種目＝トチノシュモク　28・53・56・122・128・186ページなど。語意・資料①～⑦。

①「薩摩藩の土地種目は、浮面の外に、門地・抱地・永作地・大山野仕明地・溝下見掛地などがある」（『地方史事典』608ページ）。②「薩摩藩の浮免は年貢地＝百姓作職地（門地）から浮かび出た土地の意で、郷士の自作自収する熟田畑である」（『日本歴史大辞典①』306ページ）。「綾郷では郷士が自作自収する土地で門高には編入されず、租米は九升二合で有利であった」（『綾誌』68ページ）。③門地は門に割り当てた、百姓の耕作する土地のこと。「門は名頭という百姓の長と名子という平百姓の数戸（家部）で構成される一種の生産共同体。一村の耕地を庄屋の指揮に従い、ほぼ同量ずつ配当されて耕作する農民の単位」（『宮崎県地名大辞典』12ページ）。綾郷には百四十以上の門名があった。④「一、持留之事、抱地と可昌旨被仰渡、一、持留は大山野等不差支場所自分開キいたし、出来、賦米迄いたし作得候を言、百姓ニは無之（以下⑤に続く）」（『藩法集8鹿児島藩下』861・862ページ）。なお、持留から抱地への名称変更は元明四年（1784）であった（『地方史事典』608ページ）。⑤「永作は自分開キいたし、常之高同前定代上納ニて、其地面永々作職致し候を永作と言、衆中・百姓共有之」（同前862ページ）。⑥綾郷では「永作は大山野・荒地等何人にも許可する開墾地で、永代作取を許された」（『綾誌』67ページ）。「大山野　藩有の原野で、地元民の希望により開墾を許し、出来高の一部を上納させた」（『宮崎県林業史』）。「大山野は原野・藪地、大きな森・荒地。北川が氾濫する度に小池が出来たり、流木・土埃などが寄せたりする不毛の地とみなされた溝下・見掛地と呼ばれた所だった」（『綾誌』67ページ）。「仕明は開墾して耕作地をつくること・開墾地・開田など」の意（『鹿児島県方言辞典上』739ページ）。⑦「溝

下・見掛地は、古荒地、山野不毛の地で、郷士に許し十年間無税、作り取り」であった（『綾誌』68ページ）。

○野町＝ノマチ　32ページ。資料・語意①〜③。

①「外城町之儀、岡町と唱え来候所も有之、不相応之唱候条、岡町と唱候所、向後は野町と相唱筈候間、此旨寄々致承知候様にと申渡置候、已上、正徳元（一七一一）年卯十月」（『藩法集8鹿児島藩上』345ページ）。外城252ページ参照。②「天正五年（一五七七）綾は薩摩の島津氏の支配下に入り、二代目地頭上井次郎左ヱ門秀秋の時（天正13年［一五八五］頃）、町として整然とした区画屋敷割を行い、**野町**が造成された」（松本捨雄「郷土史探訪・立町」『公民館亜椰』平成三年九月号）。③「野町とは今でいう商店街とは若干異なるが、武家への用達を主としながら商いをする商業地域をいう。野町は麓に隣接して作られていたので現在の地方の商店街はこの野町が発展したものが多い」（青屋昌興『南九州の地名』207ページ）。

○灰原＝ハイバラ　85ページ。本文の語意①②の他に諸説③〜⑪がある。

長野市信更町灰原に、③「火山灰土の高原地帯」、④「牧場を意味する埴原」の意がある（『長野県地名大辞典』891ページ）。⑤「徳島県美馬郡脇町拝原、這ひ原で平坦地の意」（小川豊『川を考える地名』95ページ）。⑥「日之影町灰ノ平・田野町灰ケ野・高千穂町這坂。ハイ（灰・這）はハエ（八重・生）のつまった音で、ハエは本来、山麓に近い方の平地で地形のゆるやかな所という意味である」（『宮崎県史資料編　民俗2』１１６1・62ページ）。⑦「静岡県榛原郡榛原町、ハイはハキ（吐き）の転で、吐き原のため湿地化している土地」（小川豊『災害と地名』52ページ）。⑧「邨岡良弼がいうようにハイはハキの転で、崖地を意味した地名と解釈するのが正解ではなかろうか。遠江国蓁原郡は牧の原台地を含み、一帯は崖地がよく発達している」（『古代地名語源辞典』246ページ）。⑨「灰原　焼け跡などの原っぱ」の意（『日本国語大辞典⑩』960ページ）。⑩「灰は埴・丹生の転で、「赤土状の原野」の意」（松崎岩夫『長野県の地名 その由来』192ページ）。⑪「長野県長野市信更町灰原、灰塚とは火葬にして死体を葬った塚という意味に解すれば、灰原も同じくそこが葬送の地であったように思う」（丹羽基二『地名の語源と謎』101ページ)。

○秦=ハタ 131ページ。語意の補足。

「神奈川県秦野(はだの)市、『和名抄』幡多野郷に由来し、従来から渡来人の秦(ハタ)をいう地名とみる説がある。五世紀頃渡来した新羅系渡来人をいうハタ(秦)があり、上代に機織(ハタオリ)の技術を伝授し、秦氏に属して各地で絹織物を産した地をいう「ハタ」がある」(『日本地名事典』367ページ)。

○馬場=ババ・バンバ 38・97・160・165・172ページ。語意・資料①～⑨。

①「馬場 乗馬の練習・馬術競技・競馬などを行う所」(『広辞苑』など)。②「村の広場」、③「村の中心地」(②③太田浩司「「馬場」・「番場」地名考」『日本歴史地名大系分類索引』「歴史地名通信50」28ページ)。④「神ノ馬ノ通行スル路」(『定本柳田㉗山島民譚集(二)』145ページ)。⑤「遥拝所・神を拝む所」(川崎真治『姓氏・地名の起源』20・97ページ)。⑥「山上の小平地(竜ケ馬場・祖母(ババ)平・猿ケ馬場)」(鏡味『地名の語源』147ページ)。⑦「東諸県郡国富町(くにとみちょう)大字木脇馬場(きわきばば)、ハマ↓ハバ↓ババと転訛し、崖・急傾斜地・崩壊地・浸食地形を表す」(小川豊『あぶない地名』180ページ)。⑧「京都市北区馬場町、かつての谷奥からの増水や土砂崩れの影響が考えられ、ババは浸食地形をあらわすハバ・ム(沮、さえぎるの意)の転訛で、水がたまってひかない湿地の意か」(『京都地名語源辞典』462ページ)、など。⑨「延岡市を中心に県北一円に分布するばんば踊りは「馬場踊り」の訛りといい、広場を「ばんば」ということによったとも伝えられている」(『宮崎県大百科事典』747ページ)。

○浜射場・破魔打=ハマイバ・ハマウチ 150ページ。語意の補足①～④。

①「ハマ(破魔)というのは、正月に弓矢を用いる子供の競技に使われている的をいい、藁の円座のようなもので、それを転がしながら射るのであった。各地にみられる浜射場という字名もこれにちなむものである」(桜井徳太郎編『民間信仰辞典』235ページ)。②「濱井場は境を中にしての競技であつた。ハマを飛ばして深く隣の村に投るのを勝としたのである」(『定本柳田⑳「地名の研究」』70ページ)。③「正月行事の破魔打ちは、

藁縄をまるめて作った輪を空中に投げ上げ、それを矢で打ち落とす年占の一種であった。その破魔打ち場に付いた地名がハマイバ・ハマヤバで、各地におびただしく分布している」（筒井功『東京の地名　地形と語源をたずねて』187ページ）。④「破魔打は正月に行う年占競技の一種で、円い輪の形をしたハマと称する物を空中に投げ上げて弓で射、または棒切れを投げて撃ち落とす方法や地上をハマをころがしてこれに棒切れを投げ、または杖で突き留めて倒す。…各地の地名に浜射場があるのはこの競技場をいったもので、もとは広く行われた遊びであることを示している」（『年中行事事典』658〜659ページ）。

○肥田木城案内板（現地・入野206下畑）129ページ。資料。

「肥田木氏は都於郡城主であった伊東氏につかえていたが、元亀三年（一五七二）五月飯野木崎原の戦いで島津氏に敗れ、綾北浦上中尾山中に隠遁し、肥後球磨勢の侵入を防いだ功績により島津藩より山道抑えを命じられ、三子を鶯巣、竹野、爰野に居を定めさせ、旧姓肥田木を各居所の地名をとって姓とした。三子の父肥田木正蓮の居城であったのが肥田木城である。城跡は東に面し、道路より三メートル位高く石垣を積み上げ、中央石段を二折したところに、当時251は桐の木造りの楼門があったという。南面と西面は濠で囲い、北面は南川の流水に添って数丈の絶壁を成す天然の要害である。城跡の面積は約五反、現在は一部山林のほか畑地となる。近年、この宅地の一隅より古代の器の破片が出土したが、散逸して残っていない。」

○平＝ヒラ・ピラ　62・63・67・114・116・117・132ページ。語意の補足①②。

①「鹿児島県日置郡金峰町大平（ちょうおおひら）（山の斜面）・川辺郡坊津町平崎（ぼうのつちょうひらさき）（海岸のけわしい斜面）・鹿屋市平原（ひらばる）（平地）・出水市下平野（しもひらの）（川沿いの平地）、下に原や野のある場合のヒラはヒラタイという意味、ヒラは元来形容詞であって必ず上にくる。これに反して斜面のヒラは名詞であるから、上にもくるが下にもくる。下にくる場合は、名詞であって必ず斜面のヒラである」（小川亥三郎『南日本の地名』237ページ）。②「朝鮮語で崖をピラ、アイヌ語でも崖をピラといい、沖縄で坂をピラという。…朝鮮語、アイヌ語、沖縄語のピラは日

本語のピラと同系であると考えてまちがいない。そしてピラの原意は崖であったと思われる」（同前236ページ）。

〇蛭田＝ヒルタ　95ページ。本文の語意①〜③の他に諸説④〜⑥がある。

④「三重県度会郡玉城町昼田、地内の田はよく乾燥して干ることから転訛してヒルダとなり、昼田の文字があてられるようになったという」（『三重県地名大辞典』92ページ）。⑤「静岡県浜松市蛭田、ヒル（低湿地）タ（田）の説はどうであろう。ヒルタ（簁田）で、米のモミ殻を篩う場所をいうのであろう」（『日本地名大事典下』193ページ）。⑥「栃木県那須郡湯津上村蛭田、広く平らな所に開けた地域という意味。蛭は借字」（『栃木県地名大辞典』774ページ）、など。

〇麓＝フモト　89ページ。資料①②。

①「麓（府本・府下）は南九州に特徴的にみられ、旧薩摩藩領に圧倒的に多く百か所以上を数える。薩摩藩では郷士に一定の耕地を支給して定住させた集落を麓と称したが、これは領内に計画的に配置された軍事的防衛拠点（外城）であった」（山野井功夫「城館を示す地名を探る」『地名の由来　別冊歴史読本24』161ページ）。

②「麓には衆中または郷士という半農半士の農兵を配置し、平時は農業をいとなみ、いったんことがあれば、武器をとって戦場に向かった」（県高等学校社会科研究会歴史部会『宮崎県の歴史散歩』155ページ）。

〇兵隊山＝ヘイタイヤマ　68ページ。資料。

「綾町二反野地区にこんもりとした桜の丘がある。樹齢約三十年、淡黄色が美しいソメイヨシノ二百五十本ほどが頂上へ通じる小道のある南側斜面を中心に彩っている。兵隊山の名は終戦間際、一帯で食糧確保のために活動した農兵隊に由来。桜の下には今もサツマイモなどを植えた帯状の溝がいくつも連なる。戦後になって県内外から約七十世帯が開拓入植。荒れ放題となった山に住民が集える公園を造ろうと桜を植えた。住民は父母が第二の故郷と定めて植えた桜を大切に守り、毎年病気予防と草払いを欠かさない。夕日を浴びた桜は一段と輝きを放っていた」（宮崎日日新聞、平成20年4月4日）。

○別府＝ベップ・ペップ　101・165・169ページ。語意の諸説①〜⑧。

①「別符は国司の別符によりて四至（東西南北）を定め、券を立て、、新に開発せる田地の義なり。…日、隅、薩等の地方にありては、通例之をビュウと呼ぶ。蓋しベフの訛音なり」（喜田貞吉『日向国史上』540・541ページ。昭和四年）。②「予の考えた所ではビウは今日は別府と書くが本来は別符である。符とは太政官符即ち太政官の発した特許状を意味している。…主たる荘園の既に十分繁栄して後に、第二の官符に由つて附近の山野を拡張開墾するのが別符である。即ち追加開墾特許状を意味し、更に之に由る開墾地を意味している」（『定本柳田⑳・地名の研究』16ページ）。③「別符をもって指定された保で、社寺の封米を担当したもの」（鏡味『地名の語源』155ページ）。その他、④別納徴符の荘園の意（中野幡能氏談、谷川健一編『地名の話』208ページ）、⑤国衙領の特別区域の意（『日本歴史地理用語辞典』486ページ）、⑥アイヌ語（ペップ）の川尻の意（山本多助『九州旧地名調査と各地方の見聞記』8・42ページ）、⑦支府の意、⑧賜田の意など（『日本地名ルーツ辞典』935ページ）がある。

○辺路番人＝ヘンロバンニン　73ページ。資料①〜③。

①「野尻之内紙屋綾境目、他領へ抜道有之、不締ニ付、此節より辺路番人被差置候旨、被仰渡、天明二寅八月」（『藩法集8鹿児島藩上』173ページ）。天明二年は一七八二年。②「裏道の通行を見張る辺路番所には少人数の辺路番人がいた」（桑畑初也『みまた歴史散歩』3ページ）。③「旧島津藩の境目番所（番屋）は領地の外から入ってくる者を見張る国境にある番所。辺路番所は内陸部の領地内で重要な場所に設けられた番所」（『南九州の地名』228ページ）。

○星原＝ホシバル　49ページ。本文の語意①〜③の他に諸説④⑤がある。

④「星原（ほしはら）　星の群れ集まっている所。星の多く出ている空。星原（ほしばる）の方言　夜空にたくさんの星が輝く所」（『日本国語大辞典⑫』92ページ）。⑤「愛媛県新居浜（にいはま）市星原町（ほしばらちょう）、当地に落ちた隕石を祀る星ノ宮がある」（『愛媛県地名大辞典』585ページ）。「同市字星の久保、隕石を祀った真星明神があり、大同三年（八〇八）のほか、天禄・

大治・文治の棟札がある」（『愛媛県の地名』134ページ）。天禄は九七〇～九七三年、大治は一一二六～一一三一年、文治は一一八五～一一九〇年。

○マタ（俣・岐・杈・股） 222・223ページ。語意。

俣は「①また＝川筋や道のわかれめ。②俟（し）（待つ）の字形を変えて、「また」と読ませた日本製の漢字（国字）」。**岐**は「①えだみち＝枝状にわかれた細い道。②山＋音符支の会意兼形声文字で、枝状のまたにわかれた山、または、細い山道のこと」。**杈**は「①またになったえだ。②さすまた＝物を高い所にかけるのに使うY字形をした棒状の道具。また、先端部がY字形をした棒状の武器。③木＋叉の会意兼形声文字で、またになって突きさしたり、または物をはさんだりする棒」。**股**は「①もも＝またぐとき∧型に開くところ。ひざから上の内股の部分。太もも。②枝やかんざしなどのふたまたになっている部分。③肉＋殳の会意文字で、胯（コ）（∧型にわかれるまた）や跨（コ）（∧型にまたぐ）などと同系のことば」（『学研漢和大字典』79・389・627・1054ページ）。

○マブ 195ページ。語意①～③。

①「マブ　宮崎縣では道の頭の傾斜地」の意（山口貞夫「地形名彙(二)」『地理学第三巻第六号』131ページ）。②「マブ　傾斜したる小谿の水源又は小迫の頭に塚状を為し居る処を云ふ。猪は大概マブ下を通過し、巨猪は群犬を茲に引き受けて闘ふ」（「後狩詞記」『定本柳田㉗』14ページ。野間吉夫『椎葉の山民』166ページも同様の記述）。③「マブ　崩壊地等に雑草木の茂っている処。クラマブは岩を囲んだ雑草木地」（日本地名学研究会編『地名学研究上巻（創刊号）』49ページ）。

○丸＝マル 86・88ページ。語意の補足①～③。

①「三重県度会郡玉城町（ちょう）田丸（たまる）、中世の名田百姓村の一種で、名主が中心となって田地を開発した地をいう。丸は村人が開墾した田地に用いる歴史地名」（『日本地名事典』297ページ）。②「諏訪神社のある部落を諏訪丸とよび、上・下の部落を上丸・下丸、二部落の中間にある部落を中丸とよぶ。マルが部落を意味するのは、恐ら

くムラの転訛であろう」（松尾俊郎『地名の探究』189ページ）。③「都城市宮丸町、宮のある区域を意味する」（『都城市史別編 民俗・文化財』679ページ）。

○元町＝モトマチ　23ページ。本文の語意①～④の他に諸説⑤～⑨がある。資料⑩。

⑤「栃木県那須郡烏山町元町、町名は烏山城下では最も早く発達し、城山に近いところに位置することによる」（『栃木県地名大辞典』887ページ）。⑥愛知県豊橋市元町新、城主水野忠清（寛永九年［一六三二］～同十九年）のときにつくられ今新町に対し元からの新町をいう」（『愛知県の地名』1047ページ）。⑦「台風や地震の被害で他の地への「移転前の元の町」を元町という」（中根洋治「愛知・岐阜の災害地名 危険を孕んでいるところ」。谷川健一編『地名は警告する 日本の災害と地名』131ページ）。⑧「京都市東山区元町、宝永年間（一七〇四～一一）に近隣の他町に先立って街並みが開けたことにちなむという」（『京都地名語源辞典』567ページ）。⑨本町より元町が圧倒的に多いのは、「元の字には頭、もののはじめ、さらには善などの意があり、「本」が木の根本を意味する具体性より抽象的なよい意味がある」（『苗字と地名の由来事典』160ページ）からであろう。⑩『新日本地名索引』には、元町が142例、本町が76例あり、元町が三分の二を占める（ホンマチ＝本町232例・ホンチヨウ＝本町122例・モトチョウ＝元町2例を除く）。

※薬師堂由来の碑文（現地・北俣121本堂）　93ページ。資料。

「梅藪薬師堂は凡そ五百年前即ち室町時代に法華嶽薬師寺の搖拝所として創設されたと伝える　当時本堂の参詣者は後を絶たず祭祀行事も毎年盛大に行われてゐたといふ　徳川幕府の末期薩摩藩の廃佛の厄を受け綾郷内でも数ケ所の寺院仏堂が破却焼失した　この時当部落民は逸早く薬師如来像及び脇侍佛を天領森永の大乗寺へ避難したので無事であった　さきの明治百年記念の年文化財調査委員計ひで大乗寺より綾町へ仮遷座された　今春北麓老人クラブが御堂再建を決議して事業を起こし会員は労力を出し合ひ広く有志の御芳志を受け芽出度く御堂新築を完成して如来の御座を受けたのである。本堂が永遠に当地方の平和と楽土建設の基盤になり益々繁栄することを期待する　昭和四十八年九月二十九日」

○弥五郎の足跡＝ヤゴロウノアシアト　55ページ。資料①〜③。

①「宮崎郡田野町には弥五郎の足跡と称するものがある。広さ二畝歩位の凹地が各所に点在するのをいう。因に世俗にいう「弥五郎さんの洗濯」とは、一日に乾しきれない程の洗濯物の量を風刺する言葉である」（松尾宇一『日向郷土事典』203ページ）。②「鰐塚山に登って、雷様をかきまぜた弥五郎どんは井倉（宮崎市田野町の地名）に足をのばして、台地に窪地をつくった。井倉にはその足跡が残っている」（山口保明『「弥五郎どん」は何者か』208ページ）。③「養老四年（七二〇）の隼人の乱の最後の首長が弥五郎どんであった」（宮崎県『みやざきの神話と伝承101』171ページ）。

○八坂＝ヤサカ　33ページ。語意。本文①の他に諸説②③がある。

②「八坂　ヤは数多いことをいう接頭語、サカは傾斜地である」（『古代地名語源辞典』314ページ。『奈良・京都地名事典』270ページ、吉田茂樹『図解雑学日本の地名』146ページも同様）。③「ヤサカ（八坂）の本来の意味は鎮魂の意味をこめたヤサカ（安息処＝魂が休息し安らぐ処）であろうと思う。清水坂や三年坂や霊山坂など、ここに八つの坂道があるのも事実だし、イヤサカエ（弥栄）にも解せられる。が、それは関連した説明であって、本来の八坂は鎮魂の霊所なのである」（吉田金彦『京都滋賀 古代地名を歩く』11ページ）。

○山畑＝ヤマハタ　53・57・67・95・148ページ。語意。

「山畑と云は村居（ムライ）に離れたる山方に畑地ありて、本村下々畑よりも地面宜しからず、作物も生立（ヲヒタチ）あしく、禽獣の荒しも強く、下々畑の高請（タカウケ）等成がたき分、又ハ畑の名目はありといえども、作物も仕付ず、楢（ナラ）・櫟（クヌギ）などを植え、薪に伐出し、或ハ松・杉・檜等材木になる木を植置もあり、又柿・栗などの果実を仕立るもありて、下々畑の位は受けがたく、依て山畑と云名目を附け、無位にて石盛取箇（コクモリトリカ）とも低く附るなり」（『地方凡例録上』101〜102ページ）。石盛（コクモリ）は石高、取箇（トリカ）は収穫高のこと。**田畠の等級**247ページ参照。

綾南川

引用参考文献・資料

『綾郷土史』：綾郷土史編集委員会編著：綾町長発行：昭和四十年
『綾郷土誌』：綾郷土誌編纂委員会編：綾町発行：昭和五十七年
『綾のむかし話第一集・第二集』：継松敏夫編：一九八二・三年
『高岡名勝志』：宮崎県地方史研究会発行：昭和四十七年：薩摩藩命で高岡藩が作成した地誌、文政七年（一八二四）年完成
『日向地誌』：平部嶠南著　宮崎県発行（復刻版・青潮社　昭和五十一年）：宮崎県の委嘱を受けて明治八年から日向国全域三七四村を踏査した総合地誌。明治十七年完成。綾郷調査は明治十三年六月
『三国名勝図会』（復刻版・青潮社　昭和五十七年）：薩摩藩主島津斉興の命で、五代秀尭・橋口兼柄等が編纂した薩摩藩の総合地誌。天保十四年（一八四三）成立。全六十巻。
『薩隅日地理纂考』：樺山資雄他編著：明治四年。藩命により編纂した薩摩藩の旧跡沿革等の地誌　昭和四十六年復刻
『宮崎県史史料編　中世・近世』『宮崎県史資料編　民俗2』：県史編纂室：ぎょうせい：平成四年
『日本地誌提要　第四巻』：内務省地理局編纂物刊行会：ゆまに書房：昭和六十年：明治前期の地誌資料
『地方凡例録』：大石敬原著・大石信敬補訂・大石慎三郎校訂：近藤出版：一九六九年：近世農政全般の手引書
『全国地名読みがな辞典』第四版：清光社：平成三年
『地名語源辞典』『続地名語源辞典』：山中襄太著：校倉書房：一九六八年・七九年
『地名用語語源辞典』：楠原佑介・溝手理太郎：東京堂出版：昭和五十八年
『地名の語源』：鏡味完二・鏡味明克著：角川書店：昭和五十二年
『古代地名語源辞典』：楠原佑介・桜井澄夫・柴田利雄・溝手理太郎：東京堂出版：昭和五十六年
『京都地名語源辞典』：吉田金彦・糸井通浩・綱本逸雄編：東京堂出版：二〇一三年
『日本地名基礎辞典』：池田末則：日本文芸社：昭和五十五年
『地名の語源と謎』：丹羽基二：南雲堂：一九八八年
『日本地名ルーツ辞典』：池田末則・丹羽基二監修：創拓社：一九九二年
『日本山岳ルーツ大辞典』：池田末則監修・村石利夫編著：竹書房：平成九年
『難読姓氏・地名大事典』『続難読姓氏・地名大事典』：丹羽基二：新人物往来社：二〇〇二年・〇五年
『地名アイヌ語小辞典』：知里真志保：北海道出版企画センター：一九八四年
『改訂綜合日本民俗語彙』全五巻：日本民俗学研究所編著：平凡社：昭和三十年
『分類山村語彙』『分類漁村語彙』：柳田國男・倉田一郎共著：復刻版：国書刊行会：昭和五十年
『分類農村語彙増補版上下』：柳田國男：東洋堂：昭和二十三年
『民俗地名語彙事典上下』：松永美吉：三一書房：一九九四年
『日本民家語彙集解』：日本建築学会民家語彙集録部会編：日外

アソシエーツ株式会社・一九八五年
『日本「歴史地名」総覧』…新人物往来社・一九九四年
『日本地名事典』『日本地名大事典上下』…吉田茂樹著・新人物往来社・一九九一年・二〇〇四年
『奈良・京都地名事典』…吉田茂樹・新人物往来社・二〇〇七年
『日本地名事典第5版』…谷岡武雄監修・三省堂・二〇〇七年
『日本民俗語大辞典』…石上堅著・桜楓社・昭和五十八年
『日本地図地名事典』…三省堂編修所・三省堂・一九九一年
『地名苗字読み解き事典』…丹羽基二・柏書房・二〇〇二年
『日本民俗事典』…大塚民俗学会編・弘文堂・昭和四十七年
『民俗学辞典』…柳田国男監修・東京堂出版・昭和二十六年
『地名の由来を知る事典』…武光誠・東京堂出版・平成九年
『新版郷土史辞典』…大塚史学会編・朝倉書店・一九六九年
『日本国語大辞典第二版①〜⑬・別巻』…第二版編集委員会編…小学館・二〇〇〇〜〇二年
『新編大言海』…大槻文彦・冨山房・昭和五十七年
『広辞苑第一版』…新村出編・岩波書店・昭和三十年
『日本語大辞典』…梅棹忠夫・金田一春彦・阪倉篤義・日野原重明監修・講談社・一九八九年
『新編日本古語辞典』…松岡静雄・刀江書院・昭和十二年　復刻版・昭和三十七年
『岩波古語辞典補訂版』…大野晋・佐竹昭広・前田金五郎編・岩波書店・一九九三年
『角川新版古語辞典』…久松潜一・佐藤謙三編・角川書店・昭和五十四年
『日本古語大辞典語誌篇』…松岡静雄編・刀江書院・昭和四年・復刻版・東出版・平成七年
『学研漢和大字典』…藤堂明保編・学習研究社・昭和五十三年
『新版漢語林』…鎌田正・米山寅太郎・大修館書店・平成六年
『全国方言辞典』…東条操編・東京堂・昭和二十六年
『定本柳田國男集第二十巻　地名の研究』…築摩書房・一九七〇年
『日本地名大辞典1〜50』…角川書店・一九七八〜九〇年
『日本歴史地名体系1〜50』…平凡社地方資料センター編・平凡社・一九七九年〜二〇〇五年
『日本地名大百科』…浮田典良・中村和郎・高橋伸夫監修・小学館・一九九一年
『日本の地名』…鏡味完二・角川書店・昭和三十九年
『地名の研究―社会科教授資料―』…松尾俊郎編・大阪教育図書…昭和三十四年
『日本の地名―歴史のなかの風土』…松尾俊郎・新人物往来社・昭和五十一年
『地名の探究』…松尾俊郎・・新人物往来社・昭和六十年
『地名を歩く』…山口恵一郎・新人物往来社・昭和五十一年
『日本の地名』…藤岡謙二郎・講談社・昭和四十九年
『日本の地名』…菊池紳一編・新人物往来社・二〇〇三年
『日本の地名』『続 日本の地名』…谷川健一・岩波書店・一九九七年・九八年
『日本の地名　60の謎の地名を追って』…筒井功・河出書房新社・二〇一一年
『地名』…丹羽基二・秋田書店・昭和五十年
『崩壊地名』…小川豊・山海堂・平成七年

『地名の語源が意味する地すべり危険地帯』…小川豊…山海堂…平成十年
『あぶない地名』…小川豊…三一書房…二〇一一
『日本人の常識　地名と苗字の謎』…丹羽基二…幻冬舎…二〇〇四年
『地名語源からの万葉集』…吉田金彦…東京堂出版…平成九年
『日本人として知っておきたい　地名の話』…北嶋廣敏…毎日新聞社…二〇〇八年
『地名のはなし』『続・地名のはなし』…都丸十九一…煥乎堂（前橋市）…昭和六十二年・平成元年
『日本縦断アイヌ語地名散歩』…大友幸男…三一書房…一九九五年
『地名の謎』…今尾恵介…新潮社…二〇〇一年
『地名の社会学』…今尾恵介…角川書店…二〇〇八年
『地名の秘密』…古川愛哲…株式会社経済界…二〇〇二年
『地名語彙の開く世界』…上野智子…和泉書院…二〇〇四年
「本の窓　9・10月合併号」特集「地名」の不思議…高橋攻編…小学館…一九九六年十月
「地名語源字引」（『やまがた地名伝説』の付録）…安彦好重監修…山形新聞社…平成十五年
『東京の地名　地形と語源をたずねて』…筒井功…河出書房新社…二〇一四年
『地名由来　飛騨・美濃』…山内和幸…まつお出版…二〇一四年
『奈良の地名由来辞典』…池田末則編…東京堂出版…二〇〇八年
『奈良　地名の由来を歩く』…谷川彰英…KKベストセラーズ…二〇一〇年
『奈良県史一四―地名伝承の研究』…奈良県史編集委員会編…池田末則…名著出版…昭和六十年
『飛鳥地名紀行』…池田末則…ファラオ企画…一九九〇年
『長野県の地名　その由来』…松崎哲夫…信濃古代文化研究所…一九九一年
『筑前故地名ばなし』…池田善朗…海鳥社…二〇〇四年
『九州の先住民はアイヌ　新地名学による探究』…根中治…葦書房…一九八三年
『地名覚書』…染谷多喜男編著…いずみ書房…一九六二年
『南日本の地名』…小川亥三郎…第一書房…一九九八年
『南九州の地名』…青屋昌興…南方新社…二〇〇八年
『かごしま民俗散歩』…小野重朗…春苑堂書店…昭四十一年
『沖縄地名考』…宮城真治…沖縄出版…平成四年
『日向郷土事典』…松尾宇一編著…文華堂…昭和二十九年…歴史図書社（復刻版）…昭和五十五年
『日向郷土読本第一巻』…日野巌編著…昭和十四年…日向郷土会…増補編者小倉栄嗣…日向郷土会出版部…昭和四十九年
『日向記上下』…落合兼朝著…飫肥藩の歴史書…『日向郷土史料第一・二巻』所載…日向文化研究所…昭和三十六・三十七年
『日向今昔物語』…日高重孝…ひうが社…昭和二十六年
『照葉樹林って何だろう？―森の復元と文化再生・綾からアジアへ―』…上野登著…二〇一〇年…鉱脈社
『宮崎県神社誌』…宮崎県神社庁編…神社庁編集発行…一九八八年
『宮崎県土木史』…宮崎県建設技術協会編出版…一九八九
『宮崎県林業史』…宮崎県編集発行…一九九七年

『諸県県有林』：宮崎県中部農林振興局：平成五年
『椎葉のことばと文化』：徳川宗賢・吉岡泰夫・那須林・山中和子・甲斐光義の共著：宮崎日日新聞社：一九九四年
『銀鏡神楽―日向山地の生活誌―』：濵砂武昭：弘文堂：平成二十四年
『宮崎市の小字地名考』：岩満重信編著：平成二十五年
『南・西都地名考』：田代学：ロキシーヒルの会：二〇〇九年
『郷土の地名雑録』：佐藤忠郎：地域文化研究所点昭和六十年
『西臼杵方言考』：原田欣三：高橋書店：昭和四十三年
『たかなべ　地名の由来』：高鍋町教育委員会：平成十八年
『木城の地名』史誌第８号：木城史友会編集発行：平成二十四年
『みやざきの自然』17号：坂元守雄発行：鉱脈社：一九九九年
『大淀川流域　地名いわれ辞典』：編集委員会：宮崎国道河川事務所：平成十九年
『南九州路をさるく』：園田隆：小柳印刷：平成二十一年
『野尻町史』：野尻町編集発行：平成六年
『須木村史』：須木村史編さん委員会：須木村：平成六年
『国富町郷土史』：坂本貞義編：国富町：昭和五十二年
『国富町郷土史上下』：国富町郷土史編さん委員会：国富町：平成十三年
『国富町の地名　土地の呼び名の由来と俗名』：国富町教育委員会編集発行：平成十年
『綾方言集』：綾町文化財調査委員会編：綾町教育委員会発行：平成六年
『綾街道』：綾町教育委員会企画：綾町：平成九（一九九七）年
『結いの心』：郷田實：ビジネス社：一九九八年
『綾の照葉樹林ガイド』：綾の森を世界遺産にする会編：鉱脈社：二〇〇五年
『綾の森と暮らす　照葉樹林とともに』：てるはの森の会編：平成二十一年
「旧綾郷土史」：『綾郷土史』（40ページ）に「古記録写本」とある：「綾郷土史・郷土地理資料・綴方教授細目・神社」の四部より成る：綾尋常高等小学校昭和五年六月作製：昭和六年綾小学校発行『郷土読本』の原資料（松元捨雄氏談）
「公民館亜椰」平成二年四月号等：綾町教育委員会：平成二年等
『綾・ふれあいの里 古屋（完全版）』：てるはの森の会編：二〇一二年
『杢道　語り部聞き書き集』：てるはの森の会編：二〇一五年
『上畑　語り部聞き書き集』：てるはの森の会編：二〇一六年
『照葉の森が育む山のくらし』：てるはの森の会編：二〇一六年

あとがき

地名には四十代の頃から魅力を感じていた。教員を定年退職した後、綾町の社会教育指導員として勤務した時に綾町の地名と出会い、地名の現地を調べ歩き、何故かその由来・語意の解明に挑戦した。しかしそれが如何に無謀で果てしない困難な手仕事の作業であるか、を思い知るにはあまり時間はかからなかった。その後二十有余年の間には二度三度と断念しかけたが、『大淀川流域　地名のいわれ事典』(平成十九年)に関わったこともあって、今なお地名の奥深い森の中を一人さまよっている。

地名は土地に刻まれた貴重な言語文化財であり、多様な性格を持ち歴史の証言ともなっている。明治期以来多大な地名が抹殺されてきたことに危機感を持っている。明治五年(一八七二)に全国に八万一四二六あった町村が明治・昭和・平成の大規模合併により、平成十八年には一八一七の市町村に激減した。昭和三十七年(一九六二)の「住居表示に関する法律」では住居訪問や郵便物の配達が簡易化したものの「地名の大量虐殺」(谷川健一)が行われる結果となった。平成の大合併(十一年四月地方分権一括法施行〜十八年三月)は、国の財政負担を軽減するための市町村の削減であった。今後も減少する傾向にある。宮崎県の場合、『日向地誌』(明治十七年)には三七四の村(むら)があったが、平成十一年には四十四市町村(そん)に、平成二十二年には僅か二十六市町村に減少した(八市十五町三村)。

地名には祖先の願望や期待や警告が込められている。地名を尊重し大事にしたいと思う。地名を尊重し大事にするとは、例えば、地名を使う、地名に興味関心を持つ、地名の由来語意を考える、故事来歴のある地名を尊重する、安易な合併地名に反対する、自然や国土の保全に努める、などである。

地名にこよなく愛着を持つ地名愛好者として切に願っていることがある。

①自然地名の多い綾町の地名を尊重し大事にする。そのことが綾町憲章（昭和五十八年三月制定）の「自然生態系を生かし育てる町」にすることにもなる。②綾町の電話帳や道路標識に小字名も表記する（現在はごく僅か）。小字名が目に付くようになれば、住む土地やその歴史・風土・伝説・地名などに一層の愛着と誇りを持つ人々が増え、郷土の振興にも繋がる。③綾町町制施行百年（令和十二年〔二〇三一〕十月一日）の記念誌等の発行に向けて早急に組織体制を整える。④綾町に関する古文書等の蒐集や遺跡等の調査発掘を積極的に行い、綾町の歴史や地名の解明を推進する。⑤特に古老からの聞き取りは早急に始める。⑥九州自然歩道の一部を川中神社への参詣道＝照葉古道として復活する（上野登氏提言『照葉樹林って何だろう?』170ページ）。⑦命と自然讃嘆の「川中曼荼羅」を創造する。

今後も健康維持に努め、綾町地名の解明に取り組んで行くつもりである。

思い返せばいわば「地名探究の職人」に明け暮れた苦楽充実の二十有余年であった。令和への改元を機に、綾町の地名探索に一旦区切りを付けることにした。私見（仮説）や実例の引用には牽強付会も多々あることと思う。忌憚なき教示助言をお願いしたい。

綾町内外の有志の方々や多くの古老住民の方々にはいろいろご教示をいただいた。また綾町の生き字引であった松元捨雄氏には多大なご助言をいただいた。誠に有り難うございました。

本書をきっかけに、地名に興味関心を持ち、その魅力や面白さに気づき、県内のみならず全国各地で地名解明の気運が少しでも高まり、さらには綾町の風土や日本の国土を大事にしたいと思う人が一人でも多く増えるならば、望外の喜びであります。

令和二年四月

柳田康博

や行

ら行・わ行

さ行

か行

綾町の地名等索引

括弧内の数字は小字名の番号で、大字南俣（1～91）、大字北俣（100～182）、大字入野（200～321）である。綾町の地名に関連する語や事項も記載した。

あ行

［著者略歴］

柳田康博（やなぎた やすひろ）

昭和９（1934）年愛知県碧海郡安城町生まれ
昭和16年７月　安城國民學校より金州國民學校へ転校
昭和21年10月　大連市日僑初等學校第十一校へ転校
昭和21（民國35）年12月　引揚のため繰上修了
昭和22年２月　大連港より父の郷里北方村下崎へ引揚
昭和25年３月　北方中學校卒業
その後延岡向洋高等学校・宮崎大学学芸学部卒業
県内公立中学校教員・綾町社会教育指導員を勤める

編書『津田先生ご夫妻を偲んで』（鉱脈社）

住所　〒880-0951　宮崎市大塚町天神後2745-2
TEL0985-51-4732

※本書をお読みくださり、ありがとうございます。
綾町の地名の謎解き、いかがでしたでしょうか。ご感想、ご意見をいただければ幸甚に存じます。また、綾町の地名で「こんなのもあります」など情報をいただければ、たいへん嬉しく存じます。

著者あてに連絡ください。よろしくお願いいたします。

綾町地名の謎解き

二〇二〇年五月二十八日　初版印刷
二〇二〇年六月　五　日　初版発行

著　者　柳田康博©
発行者　川口敦己
発行所　鉱脈社
〒八八〇-八五五一
宮崎市田代町二六三番地
電話　〇九八五-二五-一七五八

印刷
製本　有限会社　鉱脈社